Damaris Kofmehl · Der Bankräuber

Damaris Kofmehl

Der Bankräuber

Die wahre Geschichte des Farzad R.

SCM Hänssler

SCM

Stiftung Christliche Medien

Dieses Buch basiert auf einer wahren Geschichte. Sie wird aus Farzads Perspektive weitergegeben und muss nicht unbedingt die Ansicht der Autorin oder die Empfindungen von Dritten widerspiegeln. Einige Namen und Details wurden aus Gründen des Persönlichkeitsschutzes geändert. Die Ortsnamen wurden beibehalten.

SCM Hänssler im SCM-Verlag GmbH & Co. KG · 71088 Holzgerlingen
Internet: www.scm-haenssler.de; E-Mail: info@scm-haenssler.de

Die Bibelverse sind folgender Ausgabe entnommen:
Neues Leben. Die Bibel, © Copyright der deutschen Ausgabe 2002 und 2006 by SCM R.Brockhaus im SCM-Verlag GmbH & Co. KG, Witten.

Umschlaggestaltung: gestalterstube, Arne Claußen
Titelbild: istockphoto.com
Satz: Breklumer Print-Service, Breklum
Druck und Bindung: CPI – Ebner & Spiegel, Ulm
Printed in Germany
ISBN 978-3-7751-5281-5
Bestell-Nr. 395.281

Für meine Freundin Mirjam Bratzel.
Wir haben schon viele herrliche Kaffeepausen
zusammen genossen und es werden noch viele folgen.

Inhalt

1 Nach Deutschland geschmuggelt

»Farzad, in die Sporttasche mit dir, los!«

»Aber Rashno, da pass ich doch gar nicht rein!«

»Willst du jetzt nach Deutschland oder was?«

»Und wenn ich keine Luft mehr kriege?«

»Ich lass einen Spalt offen, dummer Bruder. Mama und Shirin, ihr versteckt euch im Kofferraum. Sind nur noch ein paar Kilometer bis zur Grenze. Keine Sorge, wir schaffen das!«

»Und wenn sie uns erwischen?«

Rashno verlor langsam die Geduld mit mir.

»Halt endlich den Mund, Farzad! Sie werden uns nicht erwischen. Daria und Nasrin haben sie auch nicht entdeckt, als ich letztes Mal den Zoll passierte. Und jetzt hör auf zu jammern wie ein kleines Kind und versteck dich in der Tasche!«

Mein Bruder hielt mir die rote Adidas-Sporttasche unter die Nase und bedeutete mir mit einem scharfen Blick zu tun, was er sagte. Ich senkte folgsam die Augen, nahm die Tasche entgegen und öffnete mit meinen zarten Fingern den Reißverschluss.

Mein Herz hämmerte wie ein Heer von Spechten gegen meine kleine Brust. Ich war erst neun Jahre alt, aber mir war durchaus bewusst, wie viel für mich und meine Familie auf dem Spiel stand. Wir hatten unsere geliebte Heimat verlassen, alles, was uns vertraut war und etwas bedeutete, und waren dabei, in ein Land zu fliehen, das wir nicht kannten und dessen Sprache wir nicht sprachen. Natürlich freute ich mich darauf, meine Schwestern Daria und Nasrin wiederzusehen, die schon vor ein paar Monaten nach Deutschland geflohen waren, sowie meinen Bruder Milad, der in der Zwischenzeit genau wie Rashno als politischer Flüchtling anerkannt worden war. Doch im Augenblick graute mir einfach nur davor, in einer Sporttasche zusammengepfercht als lebendiges Gepäckstück über die Grenze geschmuggelt zu werden.

Ein seitlicher Blick auf meine Mutter und meine fünfzehnjährige

Schwester Shirin bestätigte mir, dass ich nicht der Einzige mit einem mulmigen Gefühl im Magen war. Meine Mama zupfte sich schweigend ihr schwarzes Kopftuch zurecht und half Shirin in den Kofferraum. Sie legten sich zwischen die Koffer, die wir vor ein paar Tagen in unserer Villa in Teheran gepackt hatten, und mein Bruder ermahnte sie, keinen Ton von sich zu geben. Mama und Shirin nickten. Mama hielt meiner Schwester von hinten die Hand auf den Mund, damit sie nicht im falschen Moment niesen oder husten würde, und Rashno klappte den Kofferraumdeckel zu.

»Und jetzt du, Farzad.«

Folgsam kletterte ich in die Sporttasche hinein. Ich war schon immer ein kleiner Hüpfer gewesen, dünn wie ein Strohhalm, und hatte problemlos Platz in der Tasche. Die Beine eng an den Körper gezogen, die Arme um meine Knie geschlungen, kauerte ich mich hin wie ein Käfer, während mein Bruder mich mitsamt Tasche auf die Rückbank hob und den Reißverschluss bis auf einen kleinen Spalt zuzog.

»Kein Mucks mehr, verstanden?«, warnte er mich ein letztes Mal mit drohend erhobenem Zeigefinger. Dann verschwand er aus meinem Blickfeld und ich hörte, wie er sich hinters Lenkrad setzte und den Zündschlüssel drehte. Der VW-Golf sprang an, und los ging die Fahrt - eine Fahrt ins Ungewisse, eine Fahrt in ein komplett neues Leben und in eine völlig andere Welt: Deutschland.

Ich wusste nicht viel über dieses Land, nur, was mir Barzin, mein zweitältester Bruder, der als Einziger meiner Geschwister im Iran geblieben war, vor der Abreise ins Ohr geflüstert hatte.

»Kannst du dir vorstellen, Farzad«, so hatte er gesagt, »die Menschen dort haben Autos und Motorräder, die sich mit einem einzigen Knopfdruck auf die Größe einer Streichholzschachtel zusammenschrumpfen lassen!«

»Ist das wahr, Barzin?«, hatte ich gestaunt und ihn mit meinen schwarzen Kulleraugen fasziniert angestarrt. Ich glaubte ihm jedes Wort. Auch hatte mir Daria bei einem Telefonanruf vorgeschwärmt, wie viele Fernsehkanäle sie hätten und dass sie sich die tollsten Zeichentrickfilme anschauen würde, Mickey Mouse,

Aschenputtel, Dornröschen und viele mehr. Ich war ziemlich neidisch auf sie, denn im Iran gab es gerade mal zwei Fernsehkanäle, einen politischen und einen Gebetskanal. Beide waren nicht gerade sehr verlockend für einen neunjährigen Jungen wie mich. Aber schon bald würde ich all das Wundersame, das ich über Deutschland gehört hatte, mit eigenen Augen sehen. Ich konnte es kaum erwarten.

Ich war so aufgeregt und nervös, dass ich mir beinahe in die Hosen machte, als wir den Zoll erreichten. Rashno kurbelte die Scheibe herunter, und ich konnte durch mein Luftloch einen Mann in Uniform erkennen, der eine Maschinenpistole um den Körper trug und den Lauf direkt auf meinen Bruder gerichtet hatte. Er sprach Rashno in einer mir völlig fremden Sprache an, und mein Bruder antwortete ihm in derselben Sprache. Ich verstand kein Wort von dem, was sie sagten, und hielt einfach nur den Atem an.

Der soll bloß nicht auf die Idee kommen, einen Blick in die Sporttasche auf dem Rücksitz zu werfen! Bloß nicht!, dachte ich, während ich spürte, wie eine seltsame Hitzewelle meinen kleinen mageren Körper von Kopf bis Fuß erfasste. Mucksmäuschenstill lag ich da, und es kam mir vor, als würden sich mein Bruder und der Grenzwächter eine halbe Ewigkeit unterhalten. Endlich setzte sich unser Auto wieder in Bewegung. Rashno kurbelte die Scheibe hoch und stieß einen lauten Jubelschrei aus.

»Ja!«, rief er voller Begeisterung. »Ja! Ja! Ja! Wir haben es geschafft! Wir haben es geschafft! Ihr seid jetzt auf deutschem Boden!«

Ich atmete tief durch. Die Sekunden der Angst wichen einem unbeschreiblichen Gefühl von Euphorie. *Es hat geklappt!,* dachte ich erleichtert. *Wir sind in Deutschland!*

Beim nächsten Parkplatz fuhr Rashno raus und befreite Mama und Shirin aus dem Kofferraum, und ich kroch aus der Sporttasche und nahm wieder auf dem Rücksitz Platz. Während der ganzen restlichen Fahrt presste ich gespannt mein Gesicht an die Fensterscheibe und sog alles in mich auf, was an mir vorüberflitzte. Die Landschaft meiner neuen Heimat war allerdings nicht halb so aufregend, wie ich sie mir ausgemalt hatte. Das Einzige, was mir auffiel, war, dass die Ortsschilder nicht mehr auf Persisch geschrieben waren.

Es war ungefähr zwei Uhr morgens, als wir unser Ziel, den Adenauerring 28 in Kempten, erreichten. Der Wagen hielt vor einem riesigen Hochhaus, das zwischen einer sechsspurigen Schnellstraße und einem Friedhof eingeklemmt war.

»Da wären wir«, meinte Rashno. »Die Wohnung befindet sich im achten Stock.«

Mein Blick glitt an der düsteren Fassade in die Höhe. Das Gebäude wirkte nicht gerade einladend auf mich, aber das konnte auch daran liegen, dass es mitten in der Nacht war. Bei Tag würde bestimmt alles viel freundlicher aussehen. Wir parkten den Wagen in der Tiefgarage, hievten die Koffer in den Lift und fuhren in den achten Stock hoch. Rashno schloss die Wohnungstür auf. Als wir unser neues Zuhause, eine gerade mal 15 Quadratmeter große Einzimmerwohnung, betraten, wurden wir stürmisch von meinen drei Geschwistern begrüßt.

Die Wiedersehensfreude kannte keine Grenzen. Jeder umarmte jeden, und alle plapperten gleichzeitig. Mama weinte vor Freude, als sie ihren geliebten Sohn Milad in die Arme schloss, Shirin musste dringend mal auf die Toilette, Rashno und Nasrin unterhielten sich darüber, wie die Fahrt gewesen sei, und meine zwölfjährige Schwester Daria zerrte mich am Arm in eine Ecke des Zimmers, um mir ihre neuen Spielsachen und ihre deutschen Schulbücher zu präsentieren.

»Kannst du denn schon deutsch sprechen?«, fragte ich sie.

Sie lachte. »Natürlich kann ich das. Ist ganz einfach.«

»Okay. Was heißt: Ich habe Hunger?«, testete ich sie auf Farsi.

»Ich habe Hunger«, übersetzte sie den Satz auf Deutsch und strahlte dabei wie ein Honigkuchenpferd. Ich war mächtig beeindruckt, obwohl ich kein Wort verstanden hatte von dem, was sie sagte. Ich versuchte ihr den Satz nachzusprechen, gab es aber bald auf.

»Ich glaube nicht, dass ich diese Sprache je lernen werde«, seufzte ich.

»Ach was«, kicherte sie amüsiert. »Das kriegst du schon hin. Du wirst sehen.«

Nasrin, meine älteste Schwester, hatte für unsere Ankunft extra etwas gekocht, und nachdem sich der allgemeine Begrüßungssturm gelegt hatte, breitete sie das »Sofreh«, ein iranisches Esstuch, in der Mitte der engen Wohnung aus, und wir setzten uns zu siebt darum herum und genossen unsere erste warme Mahlzeit auf deutschem Boden - im wahrsten Sinne des Wortes.

Ich war einfach nur glücklich. Dass wir unsere geräumige Villa im Nobelviertel von Teheran gegen ein Ei in einem hässlichen Wolkenkratzer eingetauscht hatten und es nur ein Bett und einen Schrank für uns alle gab, störte mich nicht im Geringsten. Unsere Familie war wieder vereint, das war das Einzige, was im Moment zählte. Und da draußen wartete eine Welt voller Abenteuer auf mich.

2 Der Krieg

Das Schicksal geht oft merkwürdige Wege. Noch vor einem Jahr hätte ich mir nicht träumen lassen, dass meine Familie nach Deutschland auswandern würde. Niemand von uns hatte das geplant. Warum sollten wir auch? Wir lebten in einer wunderschönen Villa im Norden von Teheran, in der sogenannten Öl-Gegend. Im Garten roch es nach frischen Rosen, es gab Feigenbäume, und wenn der nasse Marmorboden auf der Terrasse nach dem Begießen der Pflanzen in der Sonne glitzerte, konnte man beinahe glauben, im Paradies zu sein.

Aber dann kam der Tag, an dem Bilder von einer der grausamsten Taten Saddam Husseins um die Welt gingen: der 16. März 1988, der Tag, an dem die Bewohner der kurdischen Kleinstadt Halabja Opfer des größten Giftgasangriffs seit dem Ersten Weltkrieg wurden. Das Senfgas, welches innerhalb von Sekunden Tausende unschuldiger Menschenleben auslöschte, war in Deutschland entwickelt worden. Dieser Umstand und die furchtbare Tatsache, dass mein ältester Bruder bei dem Angriff dabei gewesen war, sollte unser Leben auf einen Schlag für immer verändern ...

Die Schrecken des Krieges hatten mein Leben von klein auf geprägt. Ich kam am 8. Februar 1980 in Teheran zur Welt, ausgerechnet in einer Zeit, in der der Schah aus Persien geflohen und der Revolutionsführer Ayatollah Chomeini aus dem Pariser Exil zurückgekehrt war; er hatte Millionen von Iranern für seine Ideale mobilisiert. Jeden Tag kam es auf den Straßen Teherans zu Schlägereien und Schießereien zwischen Chomeinis Anhängern und dem Rest des Militärs des Ex-Schahs.

Meine Mutter war 43 Jahre alt, als ich geboren wurde, und mein Vater 50. Ich habe sechs Geschwister: die drei Jahre ältere Schwester Daria, meine sechs Jahre ältere Schwester Shirin, die geistig behindert ist, einen acht Jahre älteren Bruder namens Milad, dann meine 16 Jahre ältere Schwester Nasrin, die immer wie eine Mutter zu mir gewesen ist, und schließlich mein 18 Jahre älterer Bruder Barzin und mein 20 Jahre älterer Bruder Rashno.

Mein Vater war Analphabet und stammte aus sehr ärmlichen Verhältnissen. Trotzdem hatte er den Mut, mit uns vom Land in die Großstadt zu ziehen und eine eigene Schneiderei aufzubauen. Zu diesem Zeitpunkt befand sich der Iran im Krieg mit dem Irak, und während mein Vater unermüdlich Tag und Nacht in seiner neu gegründeten Firma arbeitete, fielen die irakischen Bomben auf unsere Städte und rissen Abertausende Menschen in den Tod.

Noch heute erinnere ich mich an die heulenden Sirenen und das Geschrei der Bevölkerung, und die Haare stehen mir zu Berge, wenn all die Bilder und vor allem die Gefühle von damals wieder in mir hochsteigen. Wir waren angewiesen worden, alle Lichter zu löschen, sobald wir angegriffen würden, damit die irakische Luftwaffe keine Orientierungspunkte avisieren könne. Mein Bruder Barzin war der Meinung, wir hätten im Keller die größte Überlebenschance, falls unsere damalige Wohnung im Stadtzentrum von Teheran von einer Bombe getroffen und einstürzen würde.

»Schnell! Jeder stellt sich in eine Ecke!«, wies er uns jeweils hastig an, sobald die Sirenen ertönten. Ich war gerade mal vier, fünf Jahre alt und wäre viel lieber von meiner Mutter in den Arm genommen und getröstet worden. Aber Befehl war Befehl, mein zartes Alter hin oder her. Und so stellte ich mich bibbernd in eine Ecke unseres stockfinsteren Kellers und wartete leise wimmernd, bis der Angriff vorüber war. Unsere Wohnung wurde Gott sei Dank nie getroffen.

Mein ehrgeiziger und fleißiger Vater hatte in der Zwischenzeit seine Einmann-Schneiderei in ein richtiges Unternehmen verwandelt und finanziell so weit ausgesorgt, dass er uns eine dreistöckige Villa in einer der edelsten und besten Gegenden Teherans bauen lassen konnte. Alle, die hier wohnten, waren hohe Würdenträger, Ehrenmänner und Millionäre. Einer unserer Nachbarn war ein Stararchitekt, ein anderer ein hohes Parteimitglied des gefürchteten Paramilitärs, es gab einen stinkreichen Schiffskapitän mit einer Augenklappe und einen hoch ausgezeichneten General, der wegen einer Beinverletzung in Frühpension war.

Obwohl mein Vater kein Akademiker war, genoss er bei den Nachbarn hohes Ansehen. Er war ein stämmiger und rauer Mensch, der es von Kindesbeinen an gelernt hatte, sich mit beiden Ellenbogen durchs Leben zu boxen. Und so kam es, dass mein Vater in dieser ruhmreichen und millionenschweren Straße zu einer Art Schlichter wurde, der bei Streitfällen zwischen den Nachbarn vermittelte. Oft wurde er auch um Hilfe gebeten, wenn ein korrupter Staatsbeamter der Gaskompanie von einem unserer noblen Nachbarn Bestechungsgelder verlangte, nur, um seinen Job zu erledigen. Mein Vater sorgte dann dafür, dass dieser Beamte ein nettes Souvenir aus der Nachbarschaft mit nach Hause nahm, zum Beispiel ein blaues Auge oder eine gebrochene Nase. Durch diese kleinen Gefälligkeiten wurde mein Vater zu einem privilegierten und gefürchteten Mann in der Gegend und der gezollte Respekt galt selbstverständlich unserer ganzen Familie.

Indessen tobte der Iran-Irak-Krieg, auch Erster Golfkrieg genannt, unerbittlich weiter. Auf jeder Seite starben täglich Tausende von Menschen. Die Chance, dass unsere Villa getroffen würde, stand praktisch bei null, da hinter unserer Wohngegend die Berge schützend Wache hielten. Aber da sich unsere Villa auf einem Hügel befand, konnten wir aus fast allen Räumen das Herz von Teheran überblicken, und viele Male sahen wir in der Abenddämmerung, wie unsere geliebte Stadt bombardiert wurde. Barzin besaß ein derart gutes geografisches Gedächtnis, dass er uns bis auf drei Kilometer genau sagen konnte, wo die Bomben detoniert waren.

Meine zwei ältesten Brüder Barzin und Rashno sowie meine älteste Schwester Nasrin, die sich während der Revolution an der Universität in Teheran eingeschrieben hatten, mussten ihre Pläne aufgeben, da die Universitäten zu Beginn des Krieges geschlossen worden waren. Die Basijis, eine Chomeini treu ergebene Truppe aus Selbstmordattentätern zwischen 18 und 20 Jahren, suchten an Schulen immer wieder nach neuem Kanonenfutter, nach jungen Menschen, die bereit waren, für einen symbolischen Plastikschlüssel zum Paradies durch Minenfelder zu laufen.

In diesem Alltag, welcher von Angst und Bomben geprägt war,

kam ich in die erste Klasse. Da das junge Regime von Chomeini jede westliche Lebensweise als satanisch klassifizierte, gab es keine Schulen oder öffentlichen Verkehrsmittel, bei denen beide Geschlechter vermischt waren. Somit bestand meine Klasse nur aus Jungen, und sämtliche meiner Lehrerinnen waren verschleierte konservative Fundamentalisten, die nur deshalb als Lehrerinnen eingestellt worden waren, weil sie im Krieg einen Bruder, Vater oder Ehemann verloren hatten. Ihre Bitterkeit ließen sie oft einfach an uns Kindern aus.

Einmal flüsterte ich meinem Nachbarn etwas ins Ohr – was ich besser unterlassen hätte.

»Farzad!«, rief die Lehrerin durch den Klassenraum. »Komm sofort nach vorne!«

»Aber ... warum denn?«

»Halt den Mund und tu, was ich dir sage!«

Zögernd trat ich vor die Klasse.

»Streck beide Hände aus!«, befahl mir die Lehrerin und holte einen Stock aus massivem Holz aus der Tischschublade. »Für dein unverschämtes Benehmen erhältst du zehn Schläge auf die flache Hand. Und gnade dir Allah, wenn du die Hände zurückziehst!«

Meine Hände zitterten.

»Bitte«, piepste ich mit flehender Stimme, »ich verspreche, ich mache das nie wieder!«

»Das würde ich dir auch dringend raten«, keifte sie, »aber Strafe muss trotzdem sein für dein schlimmes Verhalten!«

Als die ersten Schläge auf meine kleinen unschuldigen Hände peitschten, waren meine schwarzen Dackelaugen nur noch ein Meer aus Tränen, und nach den ersten drei Schlägen spürte ich meine Hände nicht mehr.

Unsere Lehrerin hatte noch andere sadistische Bestrafungsmethoden auf Lager. An jedem ersten Wochentag ging sie durch die Reihen und kontrollierte unsere Fingernägel auf Länge und Sauberkeit. Auch die dunkelblaue Schuluniform musste perfekt zugeknöpft und in tadellosem Zustand sein. Wenn dem nicht so war, nahm die uns verhasste Frau einen Holzbleistift und klemmte ihn so lange zwischen unseren Zeige- und Ringfingern ein, bis der Bleistift brach - und unsere Seelen gleich dazu. Bei schlechten Schulnoten mussten wir uns eine ganze Stunde lang einbeinig mit dem Gesicht zur Wandtafel hinstellen und die Hände in die Luft strecken. Es dauerte keine halbe Stunde, bis man nicht einmal mehr fühlte, dass man ein Bein hatte.

Doch ich glaube, das Schlimmste an der Schule waren nicht die Bestrafungen, sondern die wöchentlichen Fliegeralarme. Dann wurden wir mitten im Unterricht aufgescheucht und rannten voller Panik in die Luftschutzbunker. Das Schluchzen und Herzklopfen in diesen unbeleuchteten, finsteren Räumen werde ich bis an mein Lebensende nicht vergessen. Ja, das waren meine ersten unschönen Erfahrungen mit dem Krieg. Aber es war erst der Anfang meiner Odyssee. Es sollte schlimmer kommen. Viel schlimmer.

3 Der Tod meines Bruders

Meine Schwester Nasrin hatte sich damit abgefunden, dass sie nicht studieren konnte, und hatte einen Job als Reporterin bei der berühmtesten Teheraner Tageszeitung gefunden. Meine beiden ältesten Brüder wurden dagegen für den Militärdienst eingezogen. Rashno wurde an die vorderste Front geschickt, und Barzin stationierten sie in einer Wüstenstadt, ca. 700 Kilometer von Teheran entfernt, in einem Kriegsgefangenenlager für irakische Soldaten. Oh, ich wünschte mir, er wäre nie dort gewesen. Denn das war der Ort, an dem er das grausame Handwerk des Foltermeisters erlernte. Um Informationen aus den feindlichen Soldaten herauszubekommen, folterte er sie tagelang, indem er sie zum Beispiel des Schlafes beraubte oder kopfüber an eine Stange hängte, bis sich das Blut im Kopf staute.

Jedes Mal, wenn Barzin auf Heimaturlaub war, bekam ich genau diese Foltermethoden an meinem eigenen Körper zu spüren. Ich war gerade mal sieben Jahre alt, doch mein Bruder kannte keine Gnade. Die Zeit im Kriegsgefangenenlager hatte ihn jeglicher Menschlichkeit beraubt.

An einem schwülen Sommerabend kam ich mit einer schlechten Note nach Hause. Es war keine wirklich schlechte Note, sie lag nur einen halben Punkt unter der Bestnote. Aber in Barzins Augen war jede Note, die von der Bestnote abwich, eine schlechte Note und musste dementsprechend bestraft werden.

»Geh ruhig mit deinen Freunden spielen«, sagte er, als ich ihm das Diktat vorlegte, »ich bestrafe dich dann am Abend.«

Ich schluckte, denn ich wusste genau, was mich erwartete, wenn ich vom Spielen zurückkam. Und ich wusste ebenfalls, dass mir niemand zu Hilfe kommen würde, selbst meine Eltern nicht. Mein Vater und meine Mutter mischten sich schon lange nicht mehr ein, wenn es um meine Erziehung ging. Von klein auf waren es meine beiden ältesten Brüder gewesen, die mir sagten, wo's langging, und

Nasrin hatte sozusagen die Rolle der Mutter übernommen. So sehr ich Nasrin liebte, fürchtete ich mich vor Barzin und Rashno, aber am meisten vor Barzin und seinen brutalen Züchtigungen, die er im Krieg erlernt hatte.

Es kam, wie es kommen musste: Nachdem sich alle schlafen gelegt hatten, riss mich Barzin unsanft aus meinem Bett und befahl mir, mich im Wohnzimmer ihm gegenüber hinzusetzen. Während er seiner Lieblingsbeschäftigung nachging, welche darin bestand, alle Zeitungen nach interessanten Artikeln zu durchforsten und diese auszuschneiden, musste ich still dasitzen und ihm dabei zusehen, und zwar stundenlang. Jedes Mal, wenn ich kurz davor war einzunicken, schickte er mich ins Badezimmer, damit ich mir mit kaltem Wasser das Gesicht waschen konnte. Auf diese Weise hielt er mich bis zum Morgengrauen wach.

Weit schlimmer als Schlafentzug war es, kopfüber an einer Stange zu hängen. Diese Strafe kassierte ich ein, wenn ich eine Note nach Hause brachte, die mehr als einen ganzen Punkt unter der Bestnote lag. Es war grausam. Mein Bruder band mich mit den Füßen an einer Trainingsstange fest und setzte sich dann seelenruhig an den Tisch, um die Zeitung zu lesen.

»Bitte lass mich runter!«, flehte ich ihn unter Tränen an, während mir das Blut in den Kopf lief und ich das Gefühl hatte, er müsste gleich explodieren. »Bitte, Barzin! Bitte!«

Aber Barzin war damit beschäftigt, minutiös und hingebungsvoll Zeitungsartikel auszuschneiden, und ignorierte mich einfach. Von Zeit zu Zeit warf er mir einen prüfenden Blick zu, um zu sehen, ob ich noch bei Bewusstsein war, und kurz bevor ich ihm wegkippte und womöglich einen Hirnschaden hätte davontragen können, erlöste er mich für einige Minuten von meinen Qualen, um dann wieder von vorne zu beginnen.

Meine Eltern und Geschwister pfuschten ihm nie ins Handwerk. Oft wünschte ich mir, wenigstens meine Mama hätte den Mut aufgebracht, die Stimme gegen meinen Bruder zu erheben und mich von meiner Tortur zu befreien. Aber sie hatte es nie gelernt, sich durchzusetzen. Ein Leben lang war sie von ihrem eigenen Vater misshandelt und schließlich prügelnd in eine Zwangsehe weitergereicht worden, wo sie ebenfalls nur ausgenutzt und sogar dann noch von meinem Vater geschlagen wurde, wenn sie sechs Stunden lang mit drei kleinen Kindern im Arm in der Küche verbracht hatte, um etwas zu kochen und zum Schluss vergessen hatte, den Salzstreuer aufs Sofreh zu stellen. Bedingungslose Unterwerfung war alles, wozu sie erzogen worden war. Und deswegen konnte ich auch nicht mit ihrer Unterstützung rechnen, wenn es um meine Züchtigung ging.

Nur einmal, nur ein einziges Mal mischte sie sich ein. Und ich weiß ehrlich gesagt nicht, was sonst aus mir geworden wäre. Es begann damit, dass Ali, ein Nachbarsjunge, und ich nur so zum Spaß bei den geparkten Autos in der Nachbarschaft die Luft aus den Reifen ließen. Dabei musste auch das Motorrad meines Bruders Barzin dran glauben. Kichernd ließen wir eine Menge Luft aus dem Hinterrad entweichen. Dann wandten wir uns anderen Spielen zu und dachten nicht mehr weiter über den Streich nach. Dass Barzin ein paar Minuten später das Haus verließ, um ein paar Besorgungen zu machen, bemerkte ich nicht, sehr wohl aber, dass er zwanzig Minuten später, das Motorrad neben sich herschiebend, zurückkam und mich mit finsterer Miene im Garten des Generals aufsuchte, so als wüsste er Bescheid.

»Verabschiede dich von deinem Freund«, sagte er schroff. »Wir beide haben etwas zu bereden.«

Ich wusste sehr wohl, was diese Worte bedeuteten, und folgte meinem Bruder mit hängenden Schultern nach Hause. Barzin stapfte zielstrebig ins Wohnzimmer, bückte sich und klappte ein Stück des Perserteppichs zurück. Ich erschauerte, als mir klar wurde, was Barzin vorhatte. Unter dem Teppich kam eine Falltüre zum Vorschein. Es war der Einstieg in eine geheime unterirdische Kammer, in welcher mein Vater seinen Safe und andere wichtige Dinge aufbewahrte. Ich mied diesen Raum wie der Teufel das Weihwasser, denn Barzin hatte mir erzählt, dass dort unten in der Dunkelheit Geister wohnen würden. Manchmal, so hatte er mir gesagt, höre er nachts ihre furchterregenden Schreie. Natürlich glaubte ich ihm jedes

Wort, und als er mich nun aufforderte, in den Kerker hinunterzuklettern, wurde mir angst und bange. Unter Tränen flehte ich ihn an, mich nicht zu den Geistern zu schicken. Aber es half alles nichts.

»Strafe muss sein!«, sagte Barzin emotionslos. »Los! Runter mit dir!«

»Bitte, Barzin! Ich will nicht!«

Meine kleinen Hände klammerten sich verzweifelt an den Hosenbeinen meines Bruders fest, doch er schüttelte mich ab wie ein lästiges Insekt und stieß mich grob in die Dunkelheit hinunter. Ein lautes Ächzen, und die Falltüre fiel über mir ins Schloss. Ich hörte ein leises Rascheln, als der Teppich über die Tür gezogen wurde. Dann war es still, totenstill. Kühle Finsternis umschlang mich. Ich rechnete mir aus, dass Barzin mir bloß eine Lektion erteilen und mich jeden Moment wieder aus dem unheimlichen Kerkerloch befreien würde. So schlimm war mein Vergehen nun auch wieder nicht gewesen, dass er mich tatsächlich den Geistern überlassen würde. Oder etwa doch?

Mein Herz pochte zum Zerspringen. Ich stand in der Dunkelheit und wartete. Aber nichts geschah. Nur wenige Sekunden waren verstrichen, als ich plötzlich spürte, wie sich etwas im Raum bewegte! Ich war nicht allein hier! Die Geister waren da! Sie waren da, um mich zu holen! Panische Angst erfasste mich. Wie am Spieß begann ich zu schreien und zu weinen. Ich war mir sicher, dass ich meine Eltern und Geschwister nie mehr wiedersehen würde. Das war das Ende. Ich verkroch mich wie ein geprügelter Hund in eine Ecke und wartete darauf, von den Geistern angegriffen und verschleppt zu werden. Und mit jeder Minute, die verstrich, wurden die Qualen meiner zarten Kinderseele größer. Irgendwann verwandelte sich mein Schreien in ein Wimmern, und schließlich drang nur noch ein leiser Schluckauf aus meiner trockenen Kehle. Wie lange ich in dem dunklen Verlies kauerte, hätte ich nicht sagen können. Es fühlte sich an wie eine Ewigkeit. Irgendwann verlor ich das Bewusstsein und kam erst wieder zu mir, als mir jemand eiskaltes Wasser ins Gesicht leerte. Alles um mich herum war verschwommen. Wie aus weiter Ferne oder durch Watte hindurch hörte ich die Stimme meiner Mutter, die Barzin mit vielen Kraftausdrücken betitelte und ihn aufs Heftigste beschimpfte.

»Du hättest ihn fast umgebracht!«, schrie sie ihn an.

Die Umrisse wurden wieder schärfer, meine Sinne kehrten zu mir zurück, und ich sah, dass ich auf dem Boden unseres Wohnzimmers lag. Meine Mama hatte sich über mich gebeugt wie eine Löwin, die ihr Junges verteidigt, und kühlte mit einem nassen Tuch meine Stirn. Ich war unsagbar froh, sie zu sehen. Nicht auszudenken, was mit mir geschehen wäre, hätten meine Eltern mich nicht rechtzeitig aus meinem Martyrium befreit. Das war meine erste und letzte Erfahrung mit dem Haus der Geister. Von da an verschonte mich mein Bruder mit den Geistern und bestrafte mich wieder mit den herkömmlichen Foltermethoden.

Rashno, mein ältester Bruder, der bereits 25 Jahre alt war, hatte bei seiner Rekrutierung nicht so viel Glück wie Barzin. Er wurde an die vorderste Front geschickt. Hier standen sich die iranischen und irakischen Soldaten auf eine Distanz von 50 Metern gegenüber. Jeden Tag gab es Dutzende von Toten auf beiden Seiten durch Scharfschützen und Mörsergranaten. Rashno teilte sich mit einem Soldaten einen Zweimann-Grabenbunker. Es schneite zu dieser Zeit unbarmherzig viel, und Rashno und sein Kamerad, der in dieser harten Zeit wie ein Bruder für ihn geworden war, fragten sich, was sie wohl zuerst umbringen würde: die feindlichen irakischen Scharfschützen oder die eisigen Temperaturen unter minus 20 Grad.

Zur selben Zeit und unendlich viele Kilometer von diesem Ort des Grauens entfernt, brachte mir meine Schwester Daria bei sommerlichen Temperaturen das Fahrradfahren bei. Im Iran kann man tatsächlich in ein und derselben Jahreszeit im Meer schwimmen oder in den Bergen Skilaufen gehen. Ich hatte keine Ahnung, wie es Rashno im Krieg erging. Wir konnten nicht miteinander telefonieren, da unsere Siedlung noch in der Bauphase steckte und es in unserer Gegend keinerlei Telefonleitungen gab. Die nächste Telefonkabine befand sich einige Kilometer weit entfernt und war außerdem nur für Stadtgespräche geeignet. Für Telefonate ins Ausland oder in eine andere iranische Stadt musste man zum »Mochaberat«, einer Art Vermittlungszentrale. Selbstverständlich wurden hier die Gespräche ins Ausland streng kontrolliert und auf Band aufgezeichnet, um mögliche Regimegegner und Fahnenflüchtige zu fassen. Die einzige Möglichkeit der Kommunikation waren somit Briefe.

Eines Nachmittags, als Daria und ich vor unserer Haustür Fahrrad fuhren, brachte ein Postbote einen Brief vorbei, der einen Militärstempel trug. Meine Schwester Nasrin, die gerade von der Zeitungsredaktion nach Hause gekommen war, öffnete den Umschlag. Sie las den Brief, und augenblicklich wich jede Farbe aus ihrem Gesicht. Mit der einen Hand stützte sie sich an die Mauer, mit der anderen zerknüllte sie das Papier. Entsetzen und Unglauben spiegelten sich in ihren dunklen Augen. So stand sie da, und plötzlich begann sie zu weinen und rannte ins Haus. Daria und ich lehnten sofort unsere Fahrräder an die Mauer unserer Villa und folgten ihr besorgt. Meine Mutter und mein Vater kamen Nasrin von der anderen Seite entgegengeeilt und fragten sie, was denn eigentlich los wäre.

»Rashno ist bei einer Bombenexplosion ums Leben gekommen!«, brach es aus ihr heraus. Auch wenn ich damals noch nicht wirklich begriff, was der Tod bedeutete, so wusste ich sehr wohl, dass Bomben große Schäden anrichten konnten. Mama hielt sich bei dieser furchtbaren Nachricht sofort die Hände vors Gesicht und begann, sich vor Kummer und Schmerz Haare auszureißen. Mein Vater stieg unverzüglich ins Auto und fuhr fort, um, wie es bei uns üblich war, die Angehörigen zu benachrichtigen. Meine Mutter taumelte, und Nasrin konnte sie gerade noch rechtzeitig auffangen, bevor sie in Ohnmacht fiel. Daria wurde zu den Nachbarn geschickt, um Hilfe zu holen, während ich in die Küche rannte, um ein Glas Wasser für meine Mama aufzutreiben. Ich war so klein, dass ich mich auf einen Schemel stellen musste, um bis zum Wasserhahn zu gelangen.

Einige Minuten später kamen die Frauen des Generals, des Schiffskapitäns, des Stararchitekten und einige andere Frauen aus der Nachbarschaft völlig hysterisch herbeigeeilt und versuchten, so gut es ging zu helfen. Meine Mutter kam wieder zu sich, und eine Nachbarin kümmerte sich um Daria und mich. Im Laufe der Abenddämmerung füllte sich unsere Villa mit den Trauernden: in Schwarz gekleidete Verwandte, Bekannte und Nachbarn. Bald saßen mindestens fünfzig Leute bei uns herum und ließen sich von den Frauen Schwarztee, unser Nationalgetränk, Früchte und iranische Süßigkeiten servieren.

Die Männer unterhielten sich eifrig darüber, wie man das Land hätte führen müssen, damit der Schurke Saddam Hussein niemals soweit gegangen wäre, den Iran anzugreifen. Bis zu diesem Zeitpunkt hatte der blutige Krieg bereits das Leben von mehr als 300000 iranischen Teenagern gefordert. Viele empfanden es als eine große Ehre, im Krieg zu fallen. Sogar die düstere Rabenmiene meiner Lehrerin hellte sich auf, als Nasrin mich am nächsten Tag zur Schule begleitete, um mich wegen der mehrtägigen Trauerfeier vom Unterricht suspendieren zu lassen. Ich hatte meine Lehrerin, von Kopf bis Fuß in einen schwarzen Tschador gehüllt, noch nie lachen sehen. Aber an diesem Morgen umarmte sie meine Schwester, und das nicht etwa, um uns ihr Beileid auszusprechen, sondern um uns zu beglückwünschen, einen Märtyrer in der Familie zu haben.

»Euer Bruder ist jetzt im Paradies und lässt sich von 70 Jungfrauen bedienen«, meinte sie mit feierlicher Stimme. Ich beobachtete meine Schwester und sah ihr deutlich an, dass sie am liebsten etwas erwidert hätte. Nasrin war eine kluge, intelligente Frau, hatte aber unter dem Regime gelernt, ihre Zunge zu zügeln und sich zu beherrschen. So schluckte sie ihre ganze Bitterkeit über so viel Schwachsinn aus dem Munde einer gebildeten Lehrerin hinunter und schwieg. Sie wusste, dass nur ein falsches Wort über Chomeini oder sein Regime genügte, um einer ganzen Familie den Besitz, das Auto, die Firma oder ihr Haus wegzunehmen. Und ihren Job als Reporterin wäre sie auch gleich losgeworden. Die Regierung kannte keine Gnade, wenn es darum ging, Andersdenkende in die Schranken zu weisen. Einmal wurde mein Vater vom Inlandmilitär verhaftet, weil er es gewagt hatte, in der Öffentlichkeit ein kurzärmliges

Hemd zu tragen (wohlgemerkt bei 50 Grad im Schatten!). Nachdem sie ihn mit auf die Wache genommen und erfahren hatten, dass zwei seiner Söhne im Krieg dienten, ersparten sie ihm die Peitschenhiebe und bestraften ihn damit, seine beiden Arme bis zum Schultergelenk in Farbe einzutauchen.

Nach der Hiobsbotschaft von Rashnos Tod war es bei uns zu Hause merkwürdig still geworden. Niemand lachte mehr. Meine Mutter weinte die ganze Zeit. Ganz egal, ob sie beim Kochen, Essen oder Putzen war, sie weinte. Die Tage schlichen freudlos und unendlich langsam dahin. Und dann, eines Tages, klingelte es an unserer Haustür. Shirin, meine geistig behinderte Schwester, öffnete die Tür.

»Shirin«, rief meine Mutter aus der Küche. »Wer ist es denn?«

»Es ist Rashno«, antwortete Shirin wie selbstverständlich, worauf meine Mutter sie in aggressivem Ton anfuhr: »Wie oft soll ich dir noch sagen, dass du nicht lügen sollst? Dein Bruder lebt nicht mehr!«

Meine Mutter ließ die Pfanne auf dem Herd stehen und ging in den Garten, um zu sehen, wer wirklich gekommen war. Im selben Moment erstarrte sie. Ein junger Mann kam freudig auf sie zugeeilt, um sie zu umarmen. Es war Rashno! Instinktiv trat meine Mutter ein paar Schritte zurück und griff zu einer Schaufel, die in der Ecke des Gartens stand, im Glauben, den Geist ihres verstorbenen Sohnes vor sich zu haben.

»Mama? Was soll das? Ich bin es doch!« Rashno entwaffnete Mama, ziemlich verblüfft von ihrer Reaktion, und verstand die Welt nicht mehr.

»Aber du bist doch ... tot!«

»Was?«

»Wir ... haben um dich getrauert!«

»Was?!!!«

Es dauerte eine ganze Weile, bis sich meine Mutter einigermaßen beruhigt hatte und Rashno endlich in ihre Arme schloss. Die Trauer um den Tod meines Bruders verwandelte sich nun in grenzenlose Freude, dass er noch am Leben war. Wie sich herausstellte, war das

Ganze ein furchtbares Missverständnis gewesen. Nicht Rashno war von einer Bombe getötet worden, sondern sein Kamerad, als er im verschneiten Wald nach Holz gesucht hatte und auf eine Landmine getreten war. Die Informationsabteilung hatte die beiden Soldaten miteinander verwechselt und die falsche Familie vom Tod ihres gefallenen Sohnes unterrichtet.

4 Halabja

Nicht lange nach Rashnos überraschender Rückkehr von den Toten wurde er auch schon wieder eingezogen, diesmal in das irakisch-kurdische Dorf Halabja. Und mit dieser Versetzung kam ein Stein ins Rollen, der mein Schicksal und das Schicksal von uns allen auf wundersame, wenn auch tragische Weise mit Deutschland verknüpfte – einem Land, das zu diesem Zeitpunkt niemand von uns kannte.

Es geschah im März 1988, einen Monat nach meinem achten Geburtstag. Obwohl meine beiden ältesten Brüder bereits ihre Pflicht für diesen sinnlosen Krieg erfüllten, blieb mein jüngster Bruder Milad, der damals 16 Jahr alt war, auch nicht verschont vom langen Arm der blutrünstigen Turbanträger. Eines Tages kam er von der Schule nach Hause und erklärte, sich stolz in die Brust werfend, er hätte sich freiwillig für den Kampfeinsatz an der Front gemeldet. Für diesen Satz kassierte er gleich eine Ohrfeige von Nasrin, gefolgt von Mamas Begründung: »Ich werde dich eher eigenhändig im Garten unseres Hauses begraben, als monate-, vielleicht sogar jahrelang voller Sehnsucht auf ein Lebenszeichen von dir zu warten, während deine zerfetzte Leiche irgendwo auf einem Minenfeld längst von Aasgeiern aufgefressen wurde!«

Doch die Gehirnwäsche, der Milad unterzogen worden war, hatte ganze Arbeit geleistet. Er war nicht von seiner sturen Entschlossenheit abzubringen. Schließlich griff mein Vater drastisch ein. Er verbot Milad jeglichen Religionsunterricht und sonstige Aktivitäten, die mit Krieg zu tun hatten, und verkündete dem Schuldirektor unmissverständlich: »Zwei Söhne habe ich diesem Land überlassen. Nehmen Sie mir meine zwei jüngsten nicht auch noch weg, oder bei Gott, ich werde Sie eigenhändig hier an Ort und Stelle erwürgen!«

Milads junges Leben war damit außer Gefahr. Doch das Leben meines Bruders Rashno war noch immer Spielball des Krieges, und die Lage spitzte sich gefährlich zu. Bis zu jenem furchtbaren Tag, der als einer der düstersten Tage in die Geschichte des ersten Golfkrieges eingehen sollte: der 16. März 1988.

An diesem Tag, in den frühen Morgenstunden, wurde die irakische Kleinstadt Halabja von der eigenen Luftwaffe mit Senfgas bombardiert. Das tödliche Gift war ein Kampfgas, das mit deutscher Hilfe in irakischen Chemiefabriken hergestellt worden war. Der Vizepräsident des Irak nannte es offiziell »Gift zur Vernichtung von Persern, Juden und anderen Insekten«. Und das irakische Regime scheute sich nicht einmal davor, das Gift gegen seine eigene Bevölkerung einzusetzen. Über 10000 Menschen wurden lebensgefährlich verletzt, 5000 von ihnen starben eines qualvollen Todes. Alte und Junge, Männer, Frauen und Kinder erstickten vor ihren Haustüren, in den Schulen und auf den Feldern.

Viele iranische Soldaten hielten die Bomben für Fehlzündungen und rannten auf sie zu. Als sie die aufsteigende Rauchwolke bemerkten, war es bereits zu spät. Rashno erkannte schon von Weitem, wie seine Kameraden sofort zu ihren Gasmasken griffen. Auch er setzte sich eilends seine Maske auf. Doch der Wind hatte den stillen Tod bereits zu seinen Nasenflügeln getragen. Er hatte keine Chance, dem Gift zu entkommen.

Zur selben Zeit, ohne zu wissen, dass unser eigener Bruder Opfer dieses fürchterlichen Giftgasangriffes geworden war, erhielt Nasrin von ihrer Redaktion den Auftrag, mit einem Militärhubschrauber in das Berggebiet zu fliegen, um für die Zeitung die brisantesten Fotos des Massakers einzufangen. Sie hatte als Reporterin eine erstaunliche Karriere hingelegt, durfte über die explosivsten Themen schreiben und hatte sogar ihre eigene Assistentin sowie einen eigenen Fotografen. Doch das schockierende Szenario, das sich ihr in Halabja bot, sprengte jegliche Vorstellungskraft. Wieder zurück in Teheran wurden sie und ihr Team ins Büro des Chefredakteurs zitiert, wo ihnen mitgeteilt wurde, der iranische Geheimdienst hätte sich eingeschaltet und ihnen verboten, die Bilder zu veröffentlichen. Man befürchtete, sie würden den Kampfgeist der Truppen sowie der Bevölkerung brechen.

Als meine Schwester zu Hause erzählte, was sie dort in den Bergen mit eigenen Augen gesehen hatte, bestand Barzin darauf, die zensierten Fotos sehen zu dürfen. Obwohl es Nasrin Kopf und Kragen kosten konnte, wenn sie dabei erwischt würde, schmuggelte sie die Fotos unter ihrem schwarzen Mantel aus der Agentur, um die Neugier Barzins zu befriedigen. Natürlich wollten auch meine Eltern die Fotos sehen, wandten aber nach den ersten Bildern angewidert ihre Blicke davon ab.

Barzin blätterte hingegen fasziniert durch den gesamten Fotoordner hindurch und beschloss unverzüglich, dass Daria, Shirin und ich uns die Bilder unter keinen Umständen ansehen durften. Doch zu spät. Ich hatte bereits einen Blick von der grausigen Realität erhascht, und die Bilder brannten sich tief in meine kindliche Seele ein. Das Bild von toten Kindern in meinem Alter, die mit weit aufgerissenen Augen im ganzen Klassenzimmer verteilt auf dem Boden lagen, werde ich wohl mein Leben lang nicht vergessen. Ein Bild zeigte eine etwa vierzigjährige Bäuerin, die dabei war, ihrem Säugling die Brust zu geben.

An diesem Abend, als ich in meinem Bett lag und das Kopfkissen vollheulte, weil ich von diesen abscheulichen Bildern verfolgt wurde, begriff ich zum ersten Mal das Grauen des Krieges in seinem ganzen furchterregenden Ausmaß. Ständig sah ich das Gesicht meiner Mutter anstelle der Bäuerin, und es kam mir vor, als wäre meine Mutter gestorben.

Was keiner von uns wusste, war, dass zum selben Zeitpunkt, wie meine Schwester in das Krisengebiet hineingeflogen, mein Bruder herausgeflogen wurde. Die anrückende Armee, die ihn gefunden hatte, hatte ihn zuerst für tot gehalten, bis einer seinen Puls fühlte und merkte, dass er noch lebte. Er wurde ins Krankenhaus gebracht, in dem er nach einigen Tagen mit einer Amnesie und Wahnvorstellungen aus dem Koma erwachte. Nicht einmal an seinen Namen konnte er sich erinnern. Man fand seine Personalien anhand seiner Soldatenmarke heraus. Und so setzte man ihn einige Zeit später einfach vor unserer Haustür ab.

Obwohl er nicht wusste, wer er war, noch, was er vor dieser Villa tat, klingelte er an der Tür. Meine Mutter öffnete und war ziemlich überrascht, als Rashno vor ihr stand. Es war nicht seine Art, unangemeldet nach Hause zu kommen. Normalerweise kündigte er seinen Heimaturlaub vorher schriftlich an. Meine Mutter umarmte ihn und wunderte sich darüber, dass er sie nicht zurückumarmte. Dann führte sie ihn, wie es bei Iranern üblich ist, an der Hand ins Wohnzimmer und begab sich gleich in die Küche, um etwas für ihn zu kochen.

»Warum hast du uns denn nicht geschrieben, dass du vom Krieg heimkehrst?«, rief sie ihm beim Zerhacken von Zwiebeln und Fleisch zu.

»Welcher Krieg denn?«, fragte Rashno teilnahmslos zurück.

»Lass die Scherze, Rashno, und erzähl!«

Doch nach und nach merkte meine Mutter, dass etwas nicht mit ihm stimmte. Als ich ein paar Stunden später von der Schule nach Hause kam, fand ich meine Geschwister Daria, Shirin und Milad im Garten vor, wie sie eifrig miteinander tuschelten. Sofort ließ ich meine Schultasche in einer Ecke stehen und gesellte mich zu ihnen. Milad und Daria spielten mit dem Wasserschlauch herum und begossen unter der drückenden Hitze die Rosen im Garten. Das Wasser auf dem bunten italienischen Marmor unseres Gartens löste sich bei der 50 Grad heißen Lufttemperatur augenblicklich in Dampf auf.

»Warum tuschelt ihr so?«, fragte ich. Daria und Milad drucksten herum und wollten nicht damit herausrücken. Nur Shirin plapperte gleich heraus: »Rashno ist nach Hause gekommen.«

»Wirklich?«, sagte ich erfreut. »Und weswegen macht ihr so ein großes Geheimnis daraus?«

»Er hat den Verstand verloren«, erklärte Shirin mit nicht allzu ernster Miene. »Er ist nicht mehr normal.«

Ich wusste nicht, was ich davon halten sollte. »Ihr wollt mich nur auf den Arm nehmen«, sagte ich ungläubig.

»Es stimmt wirklich«, bestätigte Daria. »Geh und sieh selbst, wenn du uns nicht glaubst.«

Und das tat ich. Ich ließ die drei stehen, packte meine Schultasche und ging ins Haus, wo ich meine Mutter weinend in der Küche vorfand.

»Mama, warum weinst du denn?«, fragte ich sie.

»Ach, es ist nichts«, gab sie mir zur Antwort, während sie sich die Tränen mit dem Handrücken aus dem Gesicht wischte. »In einer halben Stunde ist das Essen fertig.«

Ich ging ins Wohnzimmer. Und da sah ich ihn. Mein geliebter Bruder Rashno war tatsächlich vom Krieg zurückgekehrt. Er saß auf dem Sofa und blickte mich mit einem Ausdruck des Erstaunens an. Ich freute mich riesig, ihn zu sehen. Im Gegensatz zu Barzin hatte Rashno mich nie gefoltert oder sonst schlecht behandelt. Alle meine Erinnerungen mit ihm waren wunderschön, die Zoobesuche, das Füttern der Fische in unserem Aquarium. Er hatte mir nie etwas zuleide getan, und ich liebte ihn. Stürmisch rannte ich auf ihn zu und fiel ihm um den Hals.

»Rashno! Du bist wieder da!«

Anstatt meine Euphorie zu teilen, blieb Rashno jedoch apathisch sitzen und starrte mich an, als wäre ich eine ihm völlig fremde Person.

»Was ist los mit dir?«, fragte ich ihn verwundert. »Freust du dich etwa nicht?«

Mama kam eben mit einem Serviertablett und Tee in der Hand ins Wohnzimmer und sagte zu mir: »Geh und ruf die anderen zum Essen.« Während ich aus dem Raum hüpfte, hörte ich noch, wie meine Mutter zu Rashno sagte: »Das war dein jüngster Bruder Farzad.«

Langsam kapierte ich, dass wirklich etwas Merkwürdiges mit ihm geschehen war. Wie konnte es sein, dass er nicht einmal mehr seinen eigenen Bruder erkannte?

Das Mittagessen verlief wie eine Beerdigung, bei der alle Trauergäste aus Anstand dem Toten und der Familie gegenüber schweigen. Nur Mama weinte zwischen jedem Bissen. Diese kalten und toten Augen meines Bruders werde ich niemals vergessen. Nicht das geringste Anzeichen von Freude, Hass, Neid, Mitleid oder irgend sonst einem Gefühl war darin zu erkennen. Da war nichts. Absolut nichts. Als hätte jemand seine Seele geraubt und seinen Körper als leere Hülle zurückgelassen. Er saß da wie ein Gespenst.

Nach dem Mittagessen zündete er sich eine Zigarette an, obwohl er eigentlich Nichtraucher war. Zum Glück lockerte sich die angespannte Atmosphäre im Verlauf des Nachmittages etwas, als mein Bruder sämtliche unserer Nachbarn neu kennenlernte, bevor sie mit meiner Mutter in einem Nebenraum verschwanden und erfuhren, was geschehen war. Für mich verlor die Situation jeden Funken von Ernsthaftigkeit, als Rashno sich ohne jede Vorwarnung plötzlich mitten im Wohnzimmer auf den Boden warf und schrie: »Achtung! Granate im Anflug!«

Sofort rief ich meine Mutter, die entsetzt beide Hände vors Gesicht hielt, als sie ihren Ältesten so auf dem Boden liegen sah. Die Frau des Generals, die ebenfalls anwesend war, schickte ihren Sohn Ali nach Hause, um ihren Mann herzuholen. Kurz darauf kam der General angehumpelt, betrachtete meinen Bruder, stellte ein paar gezielte Fragen und meinte dann mit der Miene eines Experten: »Macht euch keine Sorgen. Es handelt sich hier um eine Art Kriegstrauma, hervorgerufen durch dramatische Bilder. So etwas hab ich öfters erlebt, als ich noch im Dienst war. Ein paar Tage, und die Lage normalisiert sich wie von selbst.«

Allein, die Lage normalisierte sich ganz und gar nicht. Die Zeit verging ohne eine sichtbare Besserung seines Zustandes. Ein paarmal schickte mich Rashno mit etwas Geld zum Kiosk, um ihm Zigaretten zu kaufen, und ermahnte mich dabei eindringlich, mich vor den irakischen Scharfschützen in Acht zu nehmen. Es war ihm bitterernst, aber ich musste mir jedes Mal das Lachen verkneifen. Alle, vom Briefträger bis zum Bäcker, gaben uns gut gemeinte Ratschläge, was wir tun sollten, aber schließlich war es der General, der uns den entscheidenden Wink gab.

»Ich habe mir Rashnos Militärakte angesehen und mich etwas umgehört. Habt ihr gewusst, dass das Senfgas, das er in Halabja eingeatmet hat, aus deutscher Produktion stammte? Über 50 deutsche Firmen haben dem irakischen Regime über Jahre hinweg im großen Stil Rohstoffe, Fertigungsanlagen und die nötige Technologie zur Produktion von Massenvernichtungswaffen geliefert. Gleichzeitig hat sich Deutschland dem Iran und Irak gegenüber verpflichtet, sich um die Soldaten zu kümmern, die durch ihre Waffen geschädigt würden. Wenn ihr möchtet, kann ich ein paar Beziehungen spielen lassen und dafür sorgen, dass euer Bruder in ein deutsches Rehabilitationsprogramm aufgenommen wird.«

Natürlich willigten meine Eltern ein, und so leitete der General alles Nötige in die Wege, damit mein Bruder nach Deutschland fliegen konnte.

Im August 1988, nach achtjährigem sinnlosem Blutvergießen, war der Golfkrieg zu Ende. Kurz davor hatte Nasrin in der Redaktion erfahren, dass es schon bald ein Ausreiseverbot für alle männlichen Iraner über 16 geben würde.

»Milad sollte unbedingt mit einem Visum zu Rashno fliegen, bevor sie hier alles dicht machen«, schlug sie vor. »Das ist *die* Chance, in den Westen zu kommen. Eine zweite kriegt er nicht.«

Meine Eltern fanden Nasrins Vorschlag gut. Und so reiste auch Milad nach Europa und lebte fortan bei Rashno, welcher in der Zwischenzeit durch die Behandlung der deutschen Ärzte sein Gedächtnis wiedererlangt und politisches Asyl erhalten hatte. Allerdings kam Milad in Deutschland überhaupt nicht klar. Am Gymnasium fand er keinen Anschluss. Er vermisste seine Heimat, seine Geschwister, die vertraute Umgebung, seine Freunde, einfach alles. Aber zurück in den Iran konnte er nicht mehr kommen. Denn dadurch, dass er und Rashno in Deutschland als politische Flüchtlinge anerkannt worden waren, galten sie im Iran als Verräter und wären bei einer Rückkehr sofort hingerichtet worden. Daher schlug Rashno vor, dass wir uns alle in der Türkei treffen sollten, was wir denn auch taten.

Es waren zwei unvergessliche Ferienwochen, die wir gemeinsam in Istanbul verbrachten. Wir unternahmen Ausflüge, gingen jeden Abend auswärts essen, schlenderten durch die Basare der Innenstadt, und vor lauter Glück vergaßen meine Eltern sogar, sich wegen jeder Kleinigkeit zu streiten. Doch dann kam der Tag des Abschieds. Milad, dem das Wiedersehen mit der Familie am wohlsten getan hatte, drohte in eine tiefe Depression zu fallen und beharrte unter Tränen darauf, mit uns zurück in den Iran zu reisen. Meine Familie stand vor einem unüberwindbaren Dilemma. Nach einer langen Familiensitzung kam Rashno zu folgendem Schluss: »Wenn Milad nicht mehr zurück in den Iran kann, warum zieht ihr dann nicht einfach zu uns nach Deutschland?«

Es wurde lange hin und her diskutiert, und schließlich willigten alle ein: Wir würden staffelweise nach Deutschland auswandern, angefangen mit Nasrin und Daria, die Rashno gleich mitnehmen und im Kofferraum über die Grenze schmuggeln würde. Der Rest von uns sollte später nachkommen, sobald mein Vater die Firma und die Villa verkauft hätte.

»Wenn alles klappt«, sagte Rashno, »treffen wir uns in drei Monaten wieder hier in Istanbul und ich bringe euch alle sicher nach Deutschland. Dann ist unsere Familie endlich wieder vereint.«

So wurde es beschlossen, und so machten wir es. Wieder zurück in Teheran bemühte sich mein Vater um den Verkauf der Villa und unserer Firma, was sich jedoch als schwieriger erwies als angenommen. Nach sechs Monaten war die Sache noch immer nicht erledigt, und auf Rashnos Druck hin entschied sich mein Vater, dass Mama, Shirin und ich trotzdem gehen sollten, während er und Barzin sich weiter um den Verkauf kümmerten. Meine Mutter hatte ihre Zweifel.

»Aber du wirst nachkommen, ja?«, sagte sie. »Du weißt, ich kann nicht nach Deutschland gehen ohne die Gewissheit, dass du nachkommst. Versprich es mir!«

Mein Vater versprach es ihr hoch und heilig. »Ich schwöre dir auf den heiligen Koran«, so waren seine Worte, »dass ich nachkomme, sobald ich unsere Immobilien verkauft habe.«

Ja, und so kam es also, dass ich als Neunjähriger in einer roten Adidas-Sporttasche nach Deutschland geschmuggelt wurde und zusammen mit meiner siebenköpfigen Familie in einer 15 Quadratmeter großen Einzimmerwohnung im achten Stock eines Hochhauses in Kempten landete. Und damit begann ein völlig neues und ziemlich hartes Kapitel in meinem jungen Leben.

5 Raus aus der Sardinenbüchse

»Farzad, morgen ist dein erster Schultag«, verkündete Rashno eines Tages. Ich fiel aus allen Wolken. Es waren bereits ein paar Wochen seit unserer illegalen Ankunft in Deutschland vergangen. Wir hatten alle Antrag auf Asyl gestellt und warteten nun auf die Antwort der Ausländerbehörde. Aber dass ich hier in Deutschland mit deutschsprachigen Kindern zur Schule gehen sollte, wäre mir im Traum nicht eingefallen.

»Ich will aber nicht zur Schule!«, protestierte ich. »Was soll ich da? Ich versteh kein Wort von dieser komischen Sprache!«

»Ist alles halb so wild«, machte mir Daria Mut. »Die Schule hier ist total locker. Ganz anders als im Iran. Du brauchst wirklich keine Angst zu haben. Und die Sprache lernst du auch.«

All mein Flehen nützte nichts. Der Montagmorgen kam, und Rashno begleitete mich zur Wittelsbacher Grundschule, wo ich vom Schuldirektor in Empfang genommen und zu meinem Klassenzimmer begleitet wurde. Er klopfte an die Tür, und eine ältere Dame trat auf den Flur, musterte mich von oben bis unten und schenkte mir ein freundliches Lächeln. Mir war eher nach Heulen zumute. Rashno und der Schuldirektor unterhielten sich mit meiner neuen Lehrerin, wobei ich kein einziges Wort von dem verstand, was sie sagten. Dann überließen sie mich meinem Schicksal.

Frau Kautz nahm mich bei der Hand und führte mich in die Klasse. Es war eine zweite Klasse. Ich war zurückgestuft worden, damit ich genügend Zeit hatte, die Sprache zu lernen. Als ich vor der Wandtafel stand und meinen Blick über die zwanzig Schüler gleiten ließ, wurde ich plötzlich feuerrot und wäre am liebsten in Grund und Boden versunken. Nicht nur, dass ich der einzige Junge mit schwarzen Haaren und etwas dunklerer Hautfarbe war, da gab es doch tatsächlich *Mädchen* in meiner Klasse! Die Lehrerin platzierte mich neben einen strohblonden Jungen namens Fabian, und auf der anderen Seite saßen zwei Mädchen, in die ich mich natürlich prompt verliebte.

Daria hatte recht gehabt: Die Schule war gar nicht so schlimm, wie ich gedacht hatte. Ich freundete mich auch mit Fabian an, und oft trafen wir uns nach der Schule und gingen auf der Wiese Fußball spielen. Fabian war ein ausgezeichneter Fußballspieler. Ich wäre wahrscheinlich auch besser gewesen, hätte ich nicht die ganze Zeit ein gebügeltes Hemd und feine Stoffhosen tragen müssen, die unter keinen Umständen schmutzig werden durften. Kam ich mit Grasflecken nach Hause, beschimpfte mich Rashno aufs Übelste und ohrfeigte mich sogar manchmal.

Überhaupt hatte sich Rashno verändert und begann mich des Öfteren zu schlagen. Im Iran hatte er das nie getan. Er war wegen des Krieges auch nur selten zu Hause gewesen. Hier in Deutschland jedenfalls entwickelte er sich zu einem richtigen Tyrannen. Da sowohl mein Vater als auch Barzin im Iran geblieben waren, hatte nun Rashno die Rolle des Familienoberhauptes übernommen, und er bestimmte, was getan oder nicht getan wurde.

Meine Mutter, und daran hatte sich eigentlich nichts geändert, mischte sich nie in Rashnos Erziehungsmethoden ein. Dazu wäre sie auch gar nicht in der Lage gewesen. Seit wir in Deutschland waren, kam es mir so vor, als hätte sie aufgehört zu leben. Sie wollte nur noch zurück in den Iran und lag uns damit ständig in den Ohren. Sie hatte auch zu rauchen begonnen. Meine Mama, die in ihrem ganzen Leben keinen einzigen Schluck Alkohol getrunken und auch niemals Drogen genommen hatte, rauchte auf einmal eine ganze Packung Zigaretten am Tag. Wenn ich nach Hause kam und mich darauf freute, ihr zu erzählen, was ich in der Schule Neues gelernt hatte, verflog mein Enthusiasmus in dem Moment, in dem ich meine Mama mit Kopftuch in einer Ecke des Zimmers sitzen sah, eine Zigarette in der Hand, die Augen verquollen vom vielen Weinen.

»Mama, was ist denn passiert?«, fragte ich sie besorgt.

»Ach nichts«, gab sie mir tagtäglich zur Antwort und blickte dabei sehnsüchtig zum Fenster hinaus.

»Mama, rate mal, was ich heute in der Schule gelernt habe!«

»Farzad, bitte, ich möchte es nicht hören«, murmelte sie mit melancholischer Stimme, »beschäftige dich irgendwie selbst.«

Mamas Zustand wurde von Monat zu Monat schlimmer. Eines Tages, als ich von der Schule kam, war sie weg.

»Wo ist Mama?«, fragte ich Shirin.

»Sie ist zum Friedhof gegangen, um zu weinen«, sagte sie mir.

Ich ließ meine Schultasche fallen und stürmte davon. Unserem Wolkenkratzer gegenüber, hinter der sechsspurigen Schnellstraße, befand sich ein riesiger Friedhof. Ich hatte ihn bisher noch nie betreten. Er war ein gewaltiges Labyrinth, und ich irrte eine ganze Weile umher, bis ich endlich meine Mutter fand. Mit schwarzem Mantel und Kopftuch bekleidet, kniete sie auf einem Grabstein und weinte sich die Seele aus dem Leib.

»Mama, Mama, bitte wein doch nicht!«, bat ich sie. Meine Stimme zitterte ein wenig und mein Körper auch. Irgendwie war mir das alles zu viel. Meine Mutter reagierte nicht. Sie schien sich in einer anderen Welt zu befinden, und als ich von hinten an sie herantrat und vorsichtig meine Hand auf ihre Schulter legte, zuckte sie zusammen. Endlich, nach einer Ewigkeit des Bettelns und Überredens, ließ sie sich von mir wie ein kleines verlorenes Kind nach Hause führen.

Ich hatte alles gründlich satt. Über zwei Jahre waren wir nun schon in Deutschland, und mein Vater und Barzin hatten die Villa und die Firma in Teheran aus unerfindlichen Gründen noch immer nicht verkauft. Aber das war nur das geringste meiner Probleme. Viel schlimmer war es, in diesem elenden Loch zu hausen, das es nicht verdiente, überhaupt Wohnung genannt zu werden. Es war so eng in dem Raum, dass wir gezwungen waren, eine absurde Regel aufzustellen: Es durften nie mehr als drei Personen gleichzeitig aufstehen und herumlaufen. Wenn also Nasrin den Abwasch erledigte, Shirin ihre Kleider zusammenfaltete und Milad aß, durfte ich zum Beispiel erst dann aufstehen und auf die Toilette gehen, wenn sich einer der drei wieder hingesetzt hatte. Jeden Tag vertröstete uns Nasrin, dass alles besser würde, wenn wir erst einmal als Flüchtlinge anerkannt sein würden.

»Dann krieg ich meine Arbeitsbewilligung, such mir einen Job, und wir können uns endlich eine größere Wohnung leisten.«

Doch solange die Mühlen der Bürokratie mahlten, steckten wir in diesem 15-Quadratmeter-Ei fest wie die Sardinen in der Büchse. Was für ein himmelweiter Unterschied zu unserer hellen und freundlichen Villa in Teheran! Dort hatte sich uns von der Küche aus ein wunderschönes Panorama auf die Berge geboten. Hier hingegen blickten wir auf einen Friedhof und eine mehrspurige Straße, deren Lärm so ohrenbetäubend war, dass man bei offener Balkontüre kein normales Gespräch führen konnte.

Aber noch schlimmer als die bedrückende Enge und das ewige Jammern meiner Mutter, sie würde sich umbringen, wenn sie nicht in den Iran zurückgehen könne, waren die Schläge meines Bruders. Für jede Kleinigkeit gab es eine Ohrfeige oder eine Tracht Prügel.

Eine Ohrfeige blieb mir besonders schmerzhaft in Erinnerung. Wir führten in der Schule ein Theaterstück auf, bei dem ich die Hauptrolle spielte. Der ganze Saal war überfüllt von stolzen Eltern. Einige saßen sogar in Anzügen und Krawatten auf dem Boden, weil es sonst keinen Platz mehr gab. Nur von meiner Familie kam niemand. Und während die Eltern ihren Kindern nach der Vorführung bei Getränken und Knabbergebäck auf die Schultern klopften und ihre Darbietung in den höchsten Tönen lobten, stahl ich mich heimlich davon und weinte bitterlich. Auf dem ganzen Nachhauseweg rollten mir die Tränen über die Wangen vor Enttäuschung und Zerrissenheit. Sie waren nicht gekommen. Nicht einmal meine eigene Mutter war gekommen. Dabei hatte ich es ihr gesagt. Und sie mehrmals daran erinnert.

Wie konnte sie es nur vergessen?, dachte ich, während sich alles in mir zusammenkrampfte. *Bin ich ihr nicht wichtig? Warum interessiert sie sich nicht für mich? Warum liebt sie mich nicht?*

Ich konnte mich an kein einziges Mal erinnern, wo sie mich in den Arm genommen und mir gesagt hätte, dass sie mich liebt.

Manchmal kam es mir so vor, als würde sie sich schämen, so etwas zu tun. Dabei hätte ich es mir so sehr gewünscht! Ich hatte beobachtet, wie zärtlich Fabians Mutter zu ihm war und wie sie ihn sogar danach fragte, was er in der Schule gelernt hätte, sobald er nach Hause kam. Warum konnte mich meine Mama nicht genauso lieben? Und warum musste ich mich immer schuldig fühlen, wenn ich mit Fabian Fußball spielte und mich amüsierte? Warum kamen immer diese Schuldgefühle in mir auf, sobald ich lachte, nur weil ich wusste, dass meine Mama zu Hause saß und weinte? Es war, als hätte ich kein Recht darauf, glücklich zu sein, solange meine Mutter traurig war.

Warum ist sie nicht gekommen?, fragte ich mich die ganze Zeit. *Warum konnte sie nicht wenigstens so tun, als wolle sie mich auf der Bühne stehen sehen? Als wäre sie stolz auf mich? Warum hat sie mich nicht lieb? Warum hat mich überhaupt niemand lieb?*

Als wäre der Riss in meiner kindlichen Seele nicht schon groß genug, wurde ich gleich an der Wohnungstür von Rashno abgefangen. Er gab mir eine schallende Ohrfeige und fauchte mich an: »Wo zum Teufel warst du?«

»Heute Abend war die Theateraufführung«, piepste ich kleinlaut und hielt meine brennende Wange.

»Welche Theateraufführung?«

»Du hast die Einladung der Schule doch selbst unterschrieben«, erinnerte ich ihn mit Tränen in den Augen. »Ich hab die Hauptrolle gespielt.«

»Ach das«, brummelte Rashno gleichgültig und ließ mich durch. Er machte sich nicht einmal die Mühe, mich danach zu fragen, wie die Vorstellung gewesen wäre. An diesem Abend schwor ich mir, nie wieder an irgend so einer blöden Schulaufführung teilzunehmen. Nie wieder! Und wenn sich meine Familie eh nicht für mich interessierte und ich ohnehin nur die ganze Zeit Prügel kassierte, sobald ich nach Hause kam, wenn mir von Rashno eingebläut wurde, was für ein Taugenichts ich sei, war es vielleicht besser, gar nicht mehr nach Hause zu kommen.

Von da an verbrachte ich immer mehr Zeit außerhalb unserer

Sardinenbüchse und ging erst nach Hause, wenn es sich nicht mehr vermeiden ließ. Ich begann meinen Bruder zu belügen, und es funktionierte erstaunlich gut. Wenn um halb zwölf die Schule aus war, kam ich meistens erst gegen halb zwei nach Hause und sagte einfach, ich hätte Sportunterricht gehabt. Damit gab sich Rashno zufrieden, sogar, als sich die vermeintlichen Sportstunden bis auf 16 Uhr ausdehnten.

Die ganzen Nachmittag über schlenderte ich durch die Innenstadt und zog von einem Geschäft zum nächsten. Ich sah mir vor allem die Spielsachen an, und irgendwann begnügte ich mich nicht mehr damit, sie nur anzusehen, sondern ließ sie heimlich unter meiner Jacke verschwinden. Es war viel leichter, als ich gedacht hatte. So spazierte ich mit ferngesteuerten Helikoptern, Autos, irgendwelchen Weltraumstationen oder Robotern aus den Läden heraus und keiner merkte was. Meine Spielzeugsammlung dehnte sich in rasantem Tempo aus, und es fiel meinen Geschwistern auch nur deshalb auf, weil wir keine Schränke hatten, wo ich die Sachen verbergen konnte.

»Sag mal, Farzad, wo hast du eigentlich all das Spielzeug her?«, fragte mich Nasrin eines Tages.

»Fabian hat es mir ausgeliehen!«, antwortete ich wie aus der Kanone geschossen.

Nasrin stellte keine weiteren Fragen, und das Thema war abgehakt.

Ich merkte, wie einfach es war, die Erwachsenen um den Finger zu wickeln. Und beflügelt von meinem Erfolg, machte ich immer weiter, bis geschah, was irgendwann geschehen musste: ich wurde erwischt.

Ich hatte im Kaufhaus Quelle eine Wasserpistole mitlaufen lassen und ein Kaufhausdetektiv hatte mich dummerweise dabei beobachtet, wie ich das Spielzeug unter mein Leibchen steckte. Er schnappte mich kurz vor dem Ausgang, packte mich am Kragen und schleppte mich in sein Büro. Dann rief er über die Lautsprecheranlage einen Verkäufer aus der Teppichabteilung zu Hilfe, weil er offenbar etwas unsicher war, was er mit einem so jungen Dieb wie mir anfangen sollte.

»Immer diese verfluchten Ausländer!«, wetterte der Teppichverkäufer, kaum hatte er das Büro betreten und die Wasserpistole auf dem Tisch gesehen, die mir der Detektiv abgenommen hatte. »Kommen in unser reiches Land, zeugen so elende Bastarde wie diesen hier, zocken unsere Sozialhilfe ab und schicken ihre Kinder zum Klauen!«

»Das ist nicht wahr!«, protestierte ich, und obwohl mein bayerischer Dialekt perfekt war, beugte sich der Teppichverkäufer zu mir herunter und sagte: »Du immer kommen, machen sab sarab hier, oder Mama und Papa sagen zu dir: du machen klauen? He?«

Er machte eine Bewegung mit der Hand, als würde er etwas stehlen, und sah mich herausfordernd an. »Du nix mehr stehlen! Du Gefängnis!«

Bei diesem Wort wurden meine Augen ganz wässrig. Dieser Teppichverkäufer machte mir Angst. Ich erwartete, dass er mich jeden Moment an den Ohren ziehen oder ohrfeigen würde, wie es im Iran gang und gäbe war. Aber er tat es nicht.

»Wie heißt du?«, fragte mich nun der Kaufhausdetektiv um einiges freundlicher als der ausländerfeindliche Kollege.

»Farzad«, sagte ich wahrheitsgetreu.

»Und wie alt bist du, Farzad?«

»Elf«, sagte ich.

»Du sein Dieb! Du Gefängnis!«, mischte sich der Teppichverkäufer wieder ein, und jetzt klang seine Stimme nicht mehr nur herablassend, sondern auch noch schadenfroh. Ich konnte meine Tränen nicht mehr länger zurückhalten.

»Ich verspreche, ich werde es nie wieder tun!«, sagte ich schniefend.

»Na schön«, meinte der Detektiv versöhnlich, »für diesmal lass ich dich laufen. Aber ich will dich hier nie mehr wiedersehen. Verstanden?«

Ich nickte folgsam und war heilfroh, dass mir der Teppichverkäufer nicht den Hintern versohlt hatte, obwohl ich in seinen Augen las, wie sehr ihn danach gelüstete. Jedenfalls ließ mich der Detektiv wieder frei, und außer einem Kaufhausverbot hatte der Vorfall keine weiteren Konsequenzen für mich. Das Klauen ließ ich für eine Weile bleiben, zumindest, bis ich den drohenden Blick des Teppichverkäufers aus meinem Gedächtnis verbannt hatte.

6 Zwischen Diebstahl und Schlägen

Der erste Lichtschimmer in meinem trostlosen Leben im grünen Allgäu war die Nachricht, dass wir alle als Asylanten in der Bundesrepublik Deutschland anerkannt worden waren und eine unbefristete Aufenthaltsbewilligung erhielten. Und das wiederum bedeutete, dass wir endlich umziehen konnten! Die Gemeinde sprach uns eine Viereinhalb-Zimmer-Wohnung im Stadtteil Thingers zu, und ich konnte es kaum erwarten, sie zu sehen. Ein Freund von Rashno riet ihm allerdings dringend davon ab, in diesen Stadtteil zu ziehen: »Thingers weist mit einem Ausländeranteil von 85% die höchste Kriminalitätsrate von Kempten auf«, so war seine Begründung. »Für eine Familie wie die eure mit Kindern im Teenageralter kann das sehr schädigend sein.«

Doch als wir die Wohnung im Schwalbenweg 64 besichtigten, schlugen wir seine Warnung augenblicklich in den Wind. Es war ein Traum von einer Wohnung, riesige Zimmer, hell und freundlich. Natürlich kam die Wohnung bei Weitem nicht an unsere Villa in Teheran heran, aber im Gegensatz zum Adenauerring war sie ein echtes Paradies. Die Aussicht war traumhaft und die Gegend ebenfalls. Gleich hinter dem Haus befanden sich ein Weiher und ein Wald mit vielen Spazier- und Wanderwegen, und nur 200 Meter entfernt gab es verschiedenste Einkaufsmöglichkeiten. Was konnte man sich mehr wünschen? Vier Jahre waren wir zu siebt in einem Ei von Wohnung eingepfercht gewesen, ohne Kleiderschrank und mit nur einem Bett. Diese Zeiten waren nun ein für alle Mal vorbei!

Wir zogen also überglücklich in die Wohnung ein, und ich fand auch ziemlich rasch neue Freunde. Einer von ihnen war Waldemar, ein Russlanddeutscher, mit dem ich von nun an um die Häuser zog. Die Freundschaft mit Fabian war leider zu Ende gegangen, als er ans Gymnasium und ich auf die Realschule wechselte. Dafür verbrachte ich jetzt fast jeden Nachmittag mit Waldemar. Eines Tages, als wir gelangweilt auf einem Mäuerchen saßen, fragte mich Waldemar plötzlich: »Sag mal, hast du schon mal gestohlen?«

»Nein«, log ich, »du?«

»Ich schon«, erzählte er mir stolz, »ich klaue immer im Supermarkt Schokolade und Isostars und all so'n Zeug. Der Super1000 ist gleich um die Ecke. Wie wär's? Traust du dich?«

»Sicher trau ich mich«, sagte ich ohne zu zögern und sprang unerschrocken vom Mäuerchen. Dass ich tatsächlich Erfahrung im Klauen hatte, verschwieg ich ihm. Wir machten uns auf den Weg zum Super1000, und Waldemar weihte mich in eine wichtige Strategie ein.

»Du darfst nie etwas stehlen, ohne nicht auch etwas zu kaufen. Das fällt sonst auf, ey. Aber wenn du eine Packung TicTac oder ein Spezi für 50 Pfennig kaufst, vermutet kein Mensch, dass du klaust. Hat bisher immer funktioniert.«

»Clever«, machte ich beeindruckt. »Aber ich hab kein Geld dabei.«

»Ich auch nicht«, sagte Waldemar und deutete auf einen Mülleimer. »Aber wir könnten ein paar Pfandflaschen sammeln.«

Und genau so machten wir es. Wir sammelten eine ganze Menge Pfandflaschen, und dann marschierten wir zielstrebig in den Super1000 hinein.

»Du stehst Schmiere«, raunte mir Waldemar zu.

Ich nickte und stellte mich zwischen die Regale, um aufzupassen, dass niemand kam. Waldemar ließ unterdessen eine Fünferpackung Snickers und Mars und eine Packung M&Ms in seinem Hosenbund verschwinden. Dann spazierten wir mit Unschuldsmienen zur Kasse, lösten seelenruhig die Pfandflaschen ein und kauften uns vom Erlös ein paar Kaugummis. Es war ein Kinderspiel. Die Frau an der Kasse schenkte uns keine große Beachtung, und nachdem wir bezahlt hatten, verschwand sie im hinteren Teil des Ladens, weil außer uns keine weitere Kundschaft mehr da war.

Waldemar zwinkerte mir grinsend zu. Wir hatten uns bereits ein paar Schritte Richtung Ausgang entfernt, als Waldemar sich jäh umdrehte, zur Kasse zurückrannte und rasch zwei Schachteln Marlboro-Zigaretten einsteckte. Ich war ziemlich schockiert. Klauen war ja noch in Ordnung, aber rauchen? Nachdem wir den Laden verlassen und die Beute in einem kleinen Gässchen gerecht untereinander aufgeteilt hatten, fragte ich ihn verwundert: »Wieso hast du eigentlich Zigaretten mitgehen lassen?«

Waldemar lachte spöttisch. »Sag bloß, du hast noch nie geraucht!«

Ich war dreizehn und hatte wirklich noch nie geraucht, aber natürlich konnte ich ihm das unmöglich verraten. Schließlich wollte ich mich nicht blamieren.

»Klar rauche ich«, sagte ich so locker wie möglich, nahm ihm großkotzig eine der beiden Schachteln aus der Hand und steckte mir eine Fluppe in den Mund. »Hast du Feuer?«

Er zückte ein Feuerzeug, gab mir Feuer und klaubte sich dann ebenfalls eine Zigarette aus der Schachtel. Ich musste mich übelst zusammennehmen, um nicht zu husten oder mich von dem ekligen Rauch zu übergeben. Aber es ging hier immerhin um meine Ehre, also paffte ich mich tapfer durch mein erstes Lungenbrötchen und schaffte es tatsächlich, Waldemar davon zu überzeugen, dass ich schon öfters an einem Glimmstängel gezogen hatte.

Der Adrenalinschub, etwas Verbotenes zu tun, und der Reiz, alles gratis zu bekommen, trieb uns von diesem Zeitpunkt an, regelmäßig auf Diebestour zu gehen. Mal stand ich Schmiere, mal Waldemar. Und immer kauften wir uns noch eine Kleinigkeit, um jeglichen Verdacht von uns abzulenken. Es klappte hervorragend, und wir wurden ein richtig gutes, eingespieltes Team.

Zu Hause hatte sich außer der neuen luftigen Wohnung nicht viel geändert. Immer noch gab es ständig Zoff mit meinem Bruder. Da es in seinen Augen die Aufgabe des Staates war, für unseren Unterhalt aufzukommen, bemühte er sich nicht groß um Arbeit. Er konnte eh keinen Job länger als einen Monat halten, und so hing er nur faul rum und ließ seinen ganzen Frust und Unmut an mir aus. Daria und Shirin schlug er nie, weil sie Mädchen waren. Nur ich, ich allein war dieses Ungeziefer, diese Kakerlake, die zertreten werden musste, wie er zu sagen pflegte. Verhauen zu werden gehörte zu meinem Leben, so war es schon immer gewesen. Doch bei Barzin hatte ich wenigstens gewusst, für welche Vergehen ich bestraft wurde. Rashno hingegen war unberechenbar. Er konnte ohne Vorwarnung zuschlagen, völlig willkürlich und für die banalsten Sachen.

An einen Abend kann ich mich ganz besonders gut erinnern. Wir waren mit verschiedenen anderen iranischen Familien befreundet, und an den Wochenenden traf man sich häufig zum Mittag- oder Abendessen. Dabei kamen locker 20 bis 25 Leute zusammen. Die Erwachsenen saßen mit Tee und Gebäck in einer Ecke und unterhielten sich, während die Kinder draußen oder im Wohnzimmer herumtobten. An jenem besagten Abend war die Stimmung großartig. Im Hintergrund lief Musik, und der Sohn des Gastgebers, ein zwölfjähriger Junge, begann plötzlich zu klatschen und sich im Kreis zu drehen. Er kam auf mich zu und zog mich aus der Ecke der Erwachsenen, in die mich Rashno verbannt hatte.

»Komm, Farzad! Tanz!«, rief er fröhlich, und ehe ich mich versah, tanzte ich mit ihm durchs Wohnzimmer, und nach und nach schlossen sich uns auch die anderen Kinder an und machten einen riesigen Lärm. Einer der Erwachsenen bat uns, etwas leiser zu sein, worauf aber keiner reagierte.

Und dann geschah es: Rashno kam mit einem Stück Kuchen ins Zimmer gelaufen, und inmitten der heiteren Kinderschar fiel sein Blick natürlich sofort auf mich.

»Beweg sofort deinen Arsch hierher!«, schrie er mich an, spuckend vor Wut. Schlagartig wurde es still. Die Musik verstummte, und die Kinder traten erschrocken zurück.

Nasrin versuchte Rashno klarzumachen, dass nicht ich an dem Lärm schuld gewesen war, aber er hörte ihr gar nicht erst zu. Das Urteil war bereits gefällt. Seine Augen begannen gefährlich zu zucken, wie sie es immer taten, kurz bevor er explodierte. Ich stand bloß steif da und rührte mich nicht von der Stelle. Mein Bruder stellte den Teller mit dem Kuchenstück ab und zog den Gürtel aus seiner Anzughose. Ich erschauerte, war aber vollkommen machtlos. Mit voller Wucht prallte die harte Gürtelschnalle auf meine Stirn.

Ich hatte das Gefühl, mein Kopf wäre aufgeplatzt. Erbarmungslos und vor aller Augen schlug Rashno auf mich ein, und mit jedem Schlag spürte ich mehr Beulen, die dort in die Höhe schossen, wo die Schnalle mich traf.

Alle Gäste starrten in meine Richtung, und ich, ich hielt schützend die Hände vor den Kopf, starrte auf den Teppich und wünschte mir die Laseraugen von Superman, um den Boden unter mir aufsplittern zu lassen und diesem unendlichen Schamgefühl zu entrinnen. Die ganze Zeit, während Rashno mit seinem Gürtel auf mich einprügelte, hoffte ich, jemand würde eingreifen und diesen Wahnsinnigen von mir wegzerren. Aber keiner griff ein. Keiner wagte es, sich meinem Bruder in den Weg zu stellen. Sie blieben alle stumm wie die Zuschauer einer öffentlichen Auspeitschung.

Erst, als ich mich in die Toilette flüchten und die Tür hinter mir verriegeln konnte, fühlte ich mich wieder in Sicherheit. Ich wollte nur noch eines: sterben. Denn so konnte ich nicht mehr weiterleben. In meiner Verzweiflung versuchte ich, die Luft so lange anzuhalten, bis ich erstickte. Doch als es mir schwarz vor Augen wurde, war der Reflex des Atmens stärker als mein Wille zu sterben, und mein Plan misslang. Dann füllte ich das Waschbecken mit Wasser, steckte meinen vor Schmerzen hämmernden Kopf hinein und versuchte, mich selbst zu ertränken. Natürlich scheiterte auch dieser Versuch kläglich. Und so brach ich neben der Toilettenschüssel zusammen, hämmerte mit den Fäusten auf den Boden und verfluchte Gott. Ja, ich verfluchte ihn für alles, was er mir in den vergangenen dreizehn Jahren angetan hatte. Ich verfluchte ihn für alles, was ich Tag für Tag über mich ergehen lassen musste und dafür, dass mein Leben eine einzige Qual war.

Ich hasste ihn. Ich hasste meine Familie. Ich hasste mich selbst. Und ich hasste es, immer wieder aufs Neue so tun zu müssen, als wäre nichts geschehen. Ich hasste es, meinem Bruder jeden Tag aufs Neue zu verzeihen, obwohl ich genau wusste, dass er es am nächsten Tag wieder tun würde. Oh wie ich mein Leben hasste! Wie ich es hasste, immer nur das Opfer zu sein, der Prügelknabe, das lästige Übel, das allen nur im Weg war, der Nichtsnutz, dessen Schicksal eh keinen kümmerte.

Wann nahm das alles ein Ende? Wann war es endlich genug?

7 Vom Opfer zum Täter

Eines Morgens vor dem Frühstück sagte Mama in einem unvorstellbar ruhigen Ton: »Euer Vater ist gestorben.«

»Ach was, Vater geht es gut«, sagte Nasrin. »Du hast nur schlecht geträumt.« Und Rashno warf ihr wie üblich vor, sie würde immer nur schlechte Laune verbreiten und solle endlich damit aufhören. Am Nachmittag jedoch klingelte das Telefon. Rashno, der die Regel aufgestellt hatte, dass in seiner Anwesenheit niemand außer ihm den Hörer abnehmen dürfe, nahm den Anruf entgegen.

»Barzin, Bruder, wie geht es dir?«, sagte er, und automatisch beschlich uns alle ein ungutes Gefühl. Rashnos Gesichtszüge veränderten sich so plötzlich, als hätte er einen Geist gesehen.

»Was ist denn?«, drängte ihn Milad.

»Vater ist tot?!?«, wiederholte Rashno die schreckliche Nachricht, die ihm Barzin soeben am anderen Drahtende mitgeteilt hatte.

Meine Mutter, Nasrin, Milad, Shirin, Daria und ich sackten auf unseren Stühlen zusammen wie nasse Kartoffelsäcke.

Es war noch keine zwei Wochen her, als Nasrin mit Vater telefoniert und ihn gebeten hatte, endlich das Haus zu verkaufen und zu uns nach Deutschland zu kommen. Doch mein Vater hatte seine Meinung auf Druck der gesamten Verwandtschaft geändert und wollte nichts mehr davon wissen.

»Wer seinen Anteil vom Haus haben möchte, soll nach Teheran zurückkommen!«, hatte er gesagt, wohl wissend, dass wir alle als politische Flüchtlinge anerkannt worden waren und uns bei einer Rückkehr in den Iran die Todesstrafe erwartete.

»Vater, wieso redest du so?«, hatte Nasrin entgegnet. »Vielleicht stirbst du morgen und siehst deine Kinder nie wieder.«

Aber mein Vater war hart geblieben. »Wenn ich sterben sollte, dann nehme ich meinen ganzen Reichtum mit mir ins Grab!«, hatte er geschworen, und genau das hatte er getan. Wie sich herausstellte, hatte er es nicht für nötig befunden, ein Testament zu verfassen, und damit hatte sein Tod es praktisch unmöglich gemacht, die Villa zu verkaufen.

»Wir könnten ein gefälschtes Testament erstellen lassen«, schlug Barzin Nasrin ein paar Wochen nach Vaters Tod bei einem Telefongespräch vor. »Das ist so ziemlich die einzige Möglichkeit, die wir haben.«

»Und wie viel würde das kosten?«, fragte Nasrin.

»In eurer Währung 10 000 Mark.«

»10 000 Mark?!« Nasrin schluckte. Es war ihr ein Rätsel, wie sie dieses Geld auftreiben sollte. Sie war von uns allen die einzige, die arbeitete. Im Iran eine hoch angesehene Journalistin, arbeitete sie jetzt als Putzfrau bei McDonald's, räumte Tische ab, entsorgte Abfälle und reinigte Toiletten. 10 000 Mark war eine exorbitant hohe Summe, wenn man im Monat gerade mal 1 500 verdiente und davon sieben Mäuler stopfen musste. Wir hatten ja noch nicht einmal unsere Wohnung in Thingers voll eingerichtet, weil das Geld an allen Ecken und Enden fehlte. Und Nasrin sparte sich wirklich jeden Groschen vom Mund ab. Ich bewunderte sie dafür. Das hatte ich schon immer getan. Sie war eine bildhübsche Perserin, konnte sich wegen ihrer Schönheit vor Verehrern kaum retten, und wenn ich mir Bilder von ihr ansehe, auf denen sie um die zwanzig war, habe ich keinen Zweifel, dass sie auf allen Laufstegen dieser Welt Erfolg gehabt hätte, von Paris bis New York. Doch Nasrin wollte immer nur für ihre Familie da sein. Alles andere war für sie nebensächlich.

»Barzin, ich muss das erst mit Mama und Rashno besprechen und geb dir dann Bescheid«, sagte sie, um keinen Ärger mit Rashno zu kriegen.

Rashno war absolut dagegen, Barzin das Geld zu besorgen. Erstens hielt er Barzin sowieso für unfähig, ein solches Geschäft abzuwickeln, und zweitens würde die Fälschung eines Dokumentes niemals so viel kosten. Meine Mutter, Nasrin und Milad (der übrigens in der Zwischenzeit auch schon 21 Jahre alt war) fanden jedoch, 10 000 Mark wären ein kleiner Verlust im Vergleich zum Erlös, den der Verkauf der Villa einbringen würde.

»Wir könnten von dem Geld ein Restaurant eröffnen und uns wieder selbstständig machen wie im Iran«, war Milads Vorschlag.

Da aber Rashno stur auf seiner Meinung beharrte, beschlossen meine Mutter, Nasrin und Milad, das Geld heimlich zusammenzusparen und Rashno einfach nichts davon zu verraten. Und so ließen sie Barzin einige Monate später die versprochenen 10 000 Mark zukommen, damit er alles in die Wege leiten könne. Dass der Plan gründlich in die Hose gehen würde, ahnte zu diesem Zeitpunkt natürlich niemand.

Waldemar zog in eine andere Gegend, und ich verlor den Kontakt zu ihm. Dafür lernte ich einen anderen Jungen kennen, und dieser Junge wurde zu meinem besten Freund. Sein Name war Andri. Er war ein Jahr jünger als ich. Seine Familie stammte aus dem Kosovo, aber er war in Deutschland geboren und seine vier jüngeren Geschwister auch.

Allerdings hätte ich nicht im Traum gedacht, dass ich mich mit diesem Albaner jemals anfreunden würde. Denn er und seine Clique hatten es auf mich abgesehen, nachdem ich einem Türken in Thingers den Mittelfinger gezeigt hatte. Sie beschlossen, sich an mir zu rächen, und Andri sollte mich in eine Falle locken.

So klingelte er eines Nachmittags an unserer Tür und fragte mich scheinheilig, ob ich Lust hätte, mit ihm zu spielen. Ich hatte nichts dagegen und ging mit ihm. Kaum draußen angekommen, wurde ich von seiner Bande hinter einen Müllcontainer gezerrt. Serkan, Ramsan und Adem, drei türkische Jugendliche aus der Nachbarschaft, sowie Andri umringten mich und grinsten hämisch auf mich herunter. Ramsan war der Älteste von ihnen und hatte offenbar das Sagen. Er trat ganz dicht an mich heran, legte den Kopf etwas schief und zischte: »Du hast einen von uns beleidigt, ey. Geh sofort auf die Knie, küss meine Schuhe und bitte um Verzeihung. Sonst kriegst du von uns die Fresse voll!«

Für ein paar Sekunden war ich wie gelähmt. Bilder flammten wie Blitzlichter in meinem Kopf auf. Bilder von Rashno, wie er mich ohrfeigte. Bilder von den unzähligen Situationen, in denen er mich wie einen Hund verprügelt hatte, mit den bloßen Händen, mit dem

Gürtel, vor meinen Geschwistern oder in aller Öffentlichkeit. Ich spürte die Demütigung und Scham, die ich dabei empfunden hatte, so intensiv, als würde mir jemand tausend Nadeln in meinen Körper stechen. Und in dem Moment wurde mir klar, dass ich eine Entscheidung treffen musste. Entweder, ich würde mich wehren, oder ich würde auch auf der Straße in die Rolle des Opfers schlüpfen. Und wenn die Rollenverteilung erst einmal vollzogen war, war sie nicht mehr rückgängig zu machen. Alle Fasern meines Seins sträubten sich gegen diese Vorstellung.

Nein!, schrie es in mir. *Niemals! Niemals werde ich mich von denen erniedrigen lassen! Niemals!*

Ich ballte meine Fäuste, und das Grinsen in den Gesichtern der Jungs erstarb, als ich entschlossen antwortete: »Ich werde einen Scheißdreck tun!«

Ziemlich verblüfft von meinem Mut, beäugte mich Ramsan mit kalten Augen und stellte ein Ultimatum auf.

»Du hältst dich wohl für was ganz Besonderes, was? Ich werd dir jetzt mal sagen, wie das hier läuft, ey: Ich zähle bis fünf, und wenn du dich bis dann nicht entschuldigt hast, fehlen dir ein paar Zähne. Klar? Eins ...«

Er begann zu zählen und ich zu schwitzen. Ich hatte keinen Schimmer, was ich tun würde, wenn er bei fünf anlangte. Die Türken waren in der Überzahl, und ich war nicht sonderlich gut im Kämpfen. Wenn ich mich nicht entschuldigte, würden sie mich verprügeln, so viel stand fest. Nicht, dass ich vor den Prügeln Angst hatte, ich war es gewohnt, davon eine Menge einzustecken, aber ich konnte, ich wollte, ich *durfte* es nicht zulassen, dass ich auch auf der Straße zum Prügelknaben wurde! Bloß: Womit um alles in der Welt sollte ich mich zur Wehr setzen?

»Zwei ... drei ...«, zählte Ramsan, und seine Kumpels schlugen sich bereits die Fäuste in die offenen Handflächen. Der Kreis um mich zog sich immer enger wie der Strick eines Galgens. Es gab kein Entkommen. Ich war den Typen hilflos ausgeliefert.

»Vier ...«

In diesem Moment, wie aus dem Nichts, tauchte meine Rettung

auf: mein Bruder Milad. Er kam ganz zufällig vorbei, entdeckte mich hinter dem Müllcontainer und blieb stehen.

»Hey, Farzad!«, rief er und trat einen Schritt näher. »Alles klar bei dir?«

Die Jungs traten automatisch von mir weg, durchbohrten mich aber mit eindeutigen Blicken, dass ich gefälligst den Mund halten solle.

»Ja, alles bestens«, log ich, um nicht als Verräter dazustehen. »Ich hab nur den Müll runtergebracht.«

Ich nützte die Gelegenheit und schloss mich rasch meinem Bruder an. Die Türken und Andri ließen mich ziehen. Aber ich wusste, dass die Geschichte noch nicht zu Ende war.

Ich hatte kapiert, wie es auf der Straße lief: Entweder, man war Opfer, oder man war Täter. Etwas anderes gab es nicht. In die Rolle des Opfers würde ich mich nicht drängen lassen. Das war eine beschlossene Sache. Aber wenn ich Täter sein wollte, musste ich mir irgendwie Respekt verschaffen. Und das war gar nicht so einfach bei meiner Statur. Ich war nicht nur relativ klein für mein Alter, sondern so dünn, dass man hätte meinen können, ich sei magersüchtig. Keiner würde sich von einem wie mir beeindrucken, geschweige denn einschüchtern lassen. Ich musste mir also anders helfen. Und da kam mir eine clevere, wenn auch gefährliche Idee ...

Ich holte das Telefonbuch, setzte mich damit an meinen Schreibtisch, schlug es auf und suchte nach einem Waffengeschäft in Kempten. Ich fand eines in der Nähe des Stadtgefängnisses und ging am nächsten Tag mit meinen gesamten Ersparnissen hin, um mir eine Pistole zu kaufen.

Ein kleines Glöckchen erklang, als ich das Geschäft betrat. In dem Laden gab es nebst Schusswaffen auch noch Westen, Kampfstiefel, Schießsportzubehör, Messer, Harpunen, Outdoorartikel, Anglerzubehör und allerlei andere Utensilien. Doch ich hielt zielstrebig auf die gut verschlossene Glasvitrine zu, in der eine große Auswahl an Handfeuerwaffen ausgestellt war. Fasziniert betrachtete ich die vielen verschiedenen Modelle, und ein angenehmes Kribbeln breitete sich in meinem Magen aus.

Ja, das ist es, was ich brauche!, dachte ich. *Genau das!*

»Kann ich dir helfen?«

Erst jetzt bemerkte ich den Mann mit dem Käppi hinter der Theke.

»Ja«, sagte ich und ging auf ihn zu. »Wie viel kostet eine Pistole?«

Der Verkäufer sah mich ziemlich verblüfft an. »Wie alt bist du?«

»Dreizehn«, gab ich wahrheitsgetreu Auskunft und deutete auf eine Pistole in der Vitrine. »Die da gefällt mir. Wie teuer ist die?«

Der Mann lachte. »Junger Mann, um eine echte Waffe zu kaufen, musst du mindestens 18 sein und einen Waffenschein besitzen.«

»Oh«, machte ich erstaunt. »Und das gilt für alle Waffen?«

»Na ja, für die Gaspistolen brauchst du keinen Waffenschein«, klärte mich der Mann auf. »Aber 18 musst du trotzdem sein.« Er beugte sich zu mir herunter und zwinkerte mir zu. »Ich schlage vor, du schaust in fünf Jahren nochmals vorbei.«

»Na gut«, seufzte ich achselzuckend, »darf ich mich trotzdem noch etwas umsehen?«

»Aber sicher, schau dich ruhig um. Wir haben Kinderarmbrüste. Könnte dich vielleicht interessieren. Du findest sie da drüben.«

Ich lächelte höflich. »Danke.«

Kinderarmbrüste. Was soll ich mit einer Kinderarmbrust?

Trotzdem watschelte ich brav zu den Kinderarmbrüsten hinüber und tat so, als würde ich mich für sie interessieren, bis der Verkäufer im Lager verschwand. Auf diesen Moment hatte ich gewartet. Rasch huschte ich zur Vitrine zurück und versuchte sie aufzukriegen. Aber natürlich war sie abgeschlossen und gut gesichert. Plötzlich fiel mein Blick auf ein kleines Regal unterhalb der Kasse, auf dem sich eine Menge kleiner Koffer stapelte. Neugierig trat ich einen Schritt näher und las die Beschriftungen auf der Stirnseite der Plastikbehälter.

Walter P88, Beretta, Glock ... Mein Herz begann automatisch höherzuschlagen. Das waren alles Waffenbezeichnungen! Ohne mich vorher zu vergewissern, ob die Köfferchen leer oder voll waren, schnappte ich mir zwei davon und steckte sie in meine Schultasche. Aber bevor ich mich mit meinem kostbaren Diebesgut aus dem

Staub machte, befolgte ich Waldemars Regel und kaufte mir eine Packung Angelhaken.

Ich spürte den Puls bis in meine Fingerspitzen, als ich das Waffengeschäft wieder verließ. In sicherer Entfernung versteckte ich mich hinter einer Hecke und öffnete die beiden kleinen Koffer. Ich traute meinen Augen nicht: Vor mir lagen zwei nigelnagelneue, mit Fett eingeschmierte und mit Preisschildern etikettierte Pistolen der Marke H&W 94, 9 mm Kaliber. Eine Pistole kostete 399 Mark. Also hatte ich Ware im Gesamtwert von 800 Mark geklaut, worauf ich mächtig stolz war. Zum ersten Mal in meinem Leben hielt ich eine echte Waffe in der Hand, und es fühlte sich herrlich an. Es gab mir das Gefühl, unbesiegbar zu sein.

Ich überredete eine Freundin von Daria, die schon 18 war, mir im selben Waffengeschäft noch die passenden 9-mm-Patronen zu kaufen, und so trug ich bereits zwei Tage nach dem Vorfall hinter dem Müllcontainer eine Pistole im Hosenbund und war bestens gewappnet für den Fall, dass Andri und seine Bande mich wieder angreifen würden. Diesmal würden sie ihr blaues Wunder erleben! Oh ja, das würden sie!

Der Tag der Abrechnung kam schneller als erwartet. Eines Abends, als ich mit dem Fahrrad nach Hause kam, sprangen mich plötzlich Ramsan und seine Jungs von der Seite an und zerrten mich vom Rad.

»Na, du Hosenscheißer«, meinte Ramsan schadenfroh, während sie mich hinter ein Gebüsch schleppten, »jetzt kommt dir dein Bruder nicht mehr zu Hilfe. Du bist ganz allein. Und rate mal, was wir jetzt mit dir machen werden!«

Andri, Adem und Serkan standen über mir und grinsten total dreckig auf mich herunter.

»Ich hab euch nichts getan«, sagte ich zu meiner Verteidigung und rappelte mich wieder vom Boden auf, »lasst mich einfach in Ruhe, oder ...«

»Oder was?«, fragte Andri provozierend.

Adem nahm mich in den Schwitzkasten, aber ich wand mich unter ihm weg, zog meine entsicherte und durchgeladene Pistole aus dem Hosenbund und zielte damit auf ihre Köpfe, während ich einen Schritt zurücktrat.

»Kommt mir bloß nicht zu nahe, ihr dreckigen Mistkerle!«, schrie ich mit einer riesigen Wut im Bauch. »Oder ich knall euch alle ab! Ich schwör's beim Leben meiner Mutter!«

Ihnen war wohl nicht klar, wie ernst es mir war. Jedenfalls machte Adem einen Schritt auf mich zu, worauf ich meine Pistole nach oben richtete und dreimal abfeuerte. Es war ein irres Gefühl. Mit schreckensweiten Augen nahmen meine Peiniger Reißaus und rannten um ihr Leben.

»Ja, lauft nur!«, rief ich ihnen triumphierend hinterher. »Lauft nur, ihr Hasenfüße! Verpisst euch!«

Nachdem die Türken und Andri hinter einem Häuserblock verschwunden waren, steckte ich die Waffe wieder ein, hob mein Fahrrad von der Wiese auf und ging nach Hause. Die Befriedigung, die ich verspürte, es ihnen gezeigt zu haben, war unbeschreiblich. Ich fühlte mich so stark wie nie zuvor. Die würden sich nicht mehr an mich ranwagen! Keiner würde das tun, wenn sich die Geschichte erst mal herumsprach. Und das würde sie mit Sicherheit. Ich legte die Hand an meine Hüfte, spürte das Metall unter meinem Leibchen und lächelte zufrieden in mich hinein. Ich war kein Opfer mehr - ich war ein Täter.

8 Ein Fausthieb mit Folgen

Von jetzt an nahm ich meine H&W 94 überallhin mit - sogar zur Schule. Zwei Tage später, als ich zur Schule unterwegs war, kam Andri auf mich zugelaufen. Er war allein. Sofort griff ich in die Außentasche meines Schulranzens, um meine Waffe zu zücken, doch er hob abwehrend die Hände und gab mir durch Gestik zu verstehen, dass er in friedlicher Absicht käme. Ich ließ ihn näherkommen.

»Was willst du?«, fragte ich ihn.

Er lächelte verlegen. »Ich wollte dich eigentlich fragen ... na ja, ob ich dein Freund sein kann.«

Ich glaubte ihm kein Wort. »Pass bloß auf. Wenn das wieder einer von deinen Tricks ist, mach ich dich fertig, klar?«, drohte ich ihm und schielte dabei auf meine Schultasche.

Andri schüttelte den Kopf. »Nein, das ist kein Trick. Ich mein es ernst, ey. Ich möchte dein Freund werden.«

Ich musterte ihn skeptisch.

»Ehrlich«, schwor er zum dritten Mal und sah mich dabei direkt an. Ich hatte nicht den Eindruck, dass er mir etwas vorspielte. Das mit der Freundschaft war wirklich ein ernst gemeintes Angebot. Ganz offensichtlich hatte meine Aktion eine Menge Eindruck hinterlassen.

»Okay«, willigte ich schließlich ein und nickte ihm zu. »Freunde.«

Er strahlte. »Freunde«, wiederholte er, und wir gingen zusammen weiter. »Meine Kumpels reden noch immer von der Sache«, erzählte er mir, während wir nebeneinander hergingen. »Weißt du, wie sie dich jetzt nennen?«

»Nein, wie denn?«

»Psycho.«

»Psycho?!«

»Ja. Wenn sie von dir reden, reden sie nur noch vom Psycho. Und nicht nur die Türken. Dein Ruf macht die Runde, Farzad. Sie sagen, dass du zwar so dünn bist wie ein Streichholz und körperlich

– na ja – ziemlich schwach und so. Aber es heißt, wenn man dich provoziere oder blöd anmache, wärst du zu allem fähig.«

Andris Worte waren wie Balsam für mein Selbstwertgefühl. Was für ein Triumph. Ich hatte es geschafft. Ich war nicht mehr derjenige, auf dem herumgehackt wurde. Jetzt war ich es, der anderen Angst und Respekt einflößte. Das gefiel mir. Sehr sogar.

Jetzt hatte ich zwei beste Freunde: Andri, mit dem ich von nun an jede freie Minute zusammen war, und meine Pistole. Wobei ich in meine Pistole regelrecht verliebt war. Ich hatte ja zwei davon geklaut. Eine hatte ich im Keller versteckt, und die andere war mein ständiger Begleiter. Meine Liebe zu ihr war so real, dass ich sie sogar entsichert und durchgeladen unter mein Kopfkissen legte, wenn ich ins Bett ging. Beim Duschen lag sie neben meinem Handtuch, und in der Schule war sie fein säuberlich in meiner Tasche verstaut. Meine H&W 94 und ich waren unzertrennlich. Ich fing sogar an, Nachts mit ihr zu sprechen.

Ich hatte aufgehört mir einzureden, es gäbe etwas da oben im Himmel, das sich Gott nannte und mir gnädig war. Wie viele Nächte hatte ich mein Kissen vollgeheult und mit meinen kleinen Kinderhänden Gott darum gebeten, er möge mir doch in einer Vision Bruce Lee erscheinen lassen. Der sollte mir dann die absolute Kampfkunst beibringen, wie im Film Karate Tiger 1, damit ich endlich Rashno besiegen und wieder ein Kind sein könnte. Aber nichts dergleichen war geschehen. Gott hatte mich im Stich gelassen – im Gegensatz zu meiner neuen Pistole.

»Wirst du immer für mich da sein, so wie ich für dich da sein werde?«, fragte ich manchmal meine Pistole und streichelte ihr dabei sanft über den Lauf. Ihr vertraute ich mein Herz an. Sie hörte mir zu. Sie war die Einzige, auf die ich mich hundertprozentig verlassen konnte.

Dass ich eine Waffe besaß, änderte leider nichts daran, wie mein Bruder mich behandelte. Als ich eines Abends mit dreckverschmierten Schuhen nach Hause kam, weil Andri und ich im strömenden Regen Fußball gespielt hatten, empfing mich Rashno bereits unter der Eingangstür.

»Wo warst du?«

»Andri und ich haben Fußball gespielt«, sagte ich. Andri hatte mich nach Hause begleitet und stand triefnass neben mir.

Rashno sah ihn herablassend an. »Verpiss dich!«, knirschte er. »Mein Bruder wird sich nicht mehr mit dir treffen.«

»Aber, Rashno!«, rief ich irritiert. »Wir haben nichts getan!«

Rashnos kleine schwarzen Augen blickten Unheil verkündend auf mich herab. »Dieser Albaner hat einen schlechten Einfluss auf dich. Du wirst dich nicht mehr mit ihm treffen. Hast du mich verstanden?«

»Aber das kannst du nicht machen!«, stammelte ich vewirrt.

»Kann ich wohl!«, fauchte mich Rashno an.

»Nein!«, rief ich und schüttelte energisch den Kopf. »Andri ist mein Freund!«

Weiter kam ich nicht. Mein Bruder holte aus, und im nächsten Moment schlug er mir seine Faust so heftig gegen mein Auge, dass ich nur noch Sternchen sah.

»Du widersprichst mir nicht, kapiert?!«, brüllte er mich an und holte zu einem weiteren Fausthieb aus, der mich gegen den Türrahmen schleuderte und meine Lippe aufplatzen ließ.

Andri stand entgeistert daneben und wusste nicht, was er machen sollte.

»Und du geh nach Hause!«, befahl ihm Rashno unmissverständlich. »Und halt dich von meinem Bruder fern, klar?!«

Andri schluckte, warf mir einen traurigen Blick zu, dann drehte er sich um und lief durch den Regen davon. Ich blickte ihm hinterher und fühlte mich elend. Andri war mein bester Freund. Mein Bruder hatte kein Recht, ihn mir wegzunehmen! Alles in mir schrie danach, mich endlich gegen Rashnos Tyrannei zur Wehr zu setzen. Doch ich brachte den Mut dafür nicht auf. Ich war wie blockiert. Es war, als würde jemand einen Hebel umlegen, sobald mein Bruder vor mir stand, und alles in mir lähmen. Ich wischte mir das Blut von den Lippen und taumelte schweigend ins Haus.

Als ich am nächsten Morgen in den Spiegel schaute, sah ich, dass mein Auge ganz blau und zugeschwollen war. Ich konnte es gar nicht mehr richtig öffnen, und meine Lippe war ebenfalls geschwollen und blutverklebt. So konnte ich unmöglich zur Schule gehen. Ich würde mich hoffnungslos blamieren. Mein Bruder sah das natürlich anders und fuhr mich sogar hin. Nachdem ich alle meine Klassenkameraden und auch meine Lehrerin angelogen und gesagt hatte, ich wäre gegen eine Tür gelaufen, wurde ich in der großen Pause aufs Sekretariat zitiert. Der Schuldirektor empfing mich in seinem Büro. Ein etwa vierzigjähriger Mann und eine junge Frau waren ebenfalls anwesend.

»Hallo, du musst Farzad sein, richtig?«, begrüßte mich der Mann freundlich und streckte mir die Hand entgegen.

Ich ergriff sie und fragte mich, was ich wohl angestellt hatte.

»Setz dich doch«, sagte der Direktor, nachdem auch die Frau meine Hand geschüttelt hatte, und schob mir einen Stuhl entgegen. Ich setzte mich, und der Direktor und die beiden Fremden ebenfalls.

»Farzad, wir sind vom Jugendamt«, kam der Mann gleich auf den Grund ihres Besuches zu sprechen. »Ich bin Herr Mössner, und das ist Frau Schulze. Wir sind hier, weil wir nicht glauben, dass du aus Versehen gegen eine Tür gelaufen bist.«

Ich rutschte unruhig auf meinem Stuhl hin und her. »Aber so ist es gewesen«, murmelte ich, wenn auch nicht sehr überzeugend.

Herr Mössner sah mich an. Sein Blick war sehr warm und mitfühlend. Ich hatte den Eindruck, als könne ich ihm vertrauen.

»Du brauchst keine Angst zu haben«, sagte er, »wir sind hier, um dir zu helfen. Willst du uns nicht sagen, was wirklich passiert ist?«

Ich senkte den Kopf und knetete nervös meine Finger. Mein Herz begann schneller zu pochen. So gerne hätte ich die Wahrheit gesagt. Aber wenn ich das tat, was genau würde dann geschehen? Was konnten sie schon tun, um irgendetwas zu ändern? Sie kannten meinen Bruder nicht. Sie wussten nicht, wozu er in der Lage war, wenn ich ihn verraten würde.

»Vertrau uns«, redete Herr Mössner ruhig auf mich ein. Er sprach so, als wüsste er bereits über alles Bescheid. »Wir werden dich beschützen, das verspreche ich dir. Wir werden alles dafür tun, dass es nicht wieder geschieht. Aber du musst mit uns reden.«

Ich schwieg noch immer, auch wenn es in mir brannte wie Feuer.

»Wirst du zu Hause geschlagen?«, stellte Herr Mössner die alles entscheidende Frage.

Ich starrte auf meine Schuhe. So lange hatte ich alle Schläge und alle Schmähungen in mich hineingefressen und versucht, irgendwie alleine damit klarzukommen. Ich hatte das Gefühl, als würde es mich zerreißen, wenn ich jetzt nicht den Mund auftat. Aber was, wenn sie mich nicht beschützen konnten?

»Farzad.« Die Stimme des Sozialarbeiters klang voller Verständnis und Aufrichtigkeit, als er mich zum zweiten Mal fragte: »Wer hat dir das angetan?«

Ich konnte es nicht mehr länger für mich behalten. Die Last war einfach zu schwer.

»Mein Bruder«, sagte ich, und kaum ausgesprochen, rollten mir bereits die ersten Tränen übers Gesicht. Ich wischte sie mir mit dem Ärmel meines Pullovers ab, doch es nützte nicht viel. Wie aus einem Sturzbach liefen mir jetzt die Tränen über die Wangen, während das furchtbare Geheimnis meiner Misshandlung zum ersten Mal überhaupt aus mir herausbrach. Stockend erzählte ich, wie Rashno mich fast täglich verprügelte und wie meine Familie mit Ausnahme von Nasrin es einfach duldete und nichts dagegen unternahm.

Die Frau vom Jugendamt kam zu mir und nahm mich in die Arme. Herr Mössner brachte mir ein Glas Wasser. Fassungslos hörten sie sich meine Geschichte an. Dann, als ich alles gesagt hatte, was es zu sagen gab, beschlossen die Sozialarbeiter, mich nach Hause zu begleiten und mit meinem Bruder zu reden. Der Direktor gab mir für den Rest des Tages schulfrei, und Herr Mössner und Frau Schulze fuhren mich in ihrem Wagen zum Schwalbenweg 64. Ich hatte furchtbare Angst vor Rashnos Reaktion und bat die beiden mehrmals inständig darum, mich unter keinen Umständen mit meinem Bruder allein zu lassen. Sie versprachen es.

Meine Mutter war allein zu Hause und kochte gerade das Mittagessen, als ich mit meinem Schlüssel die Tür aufsperrte und ihr in die Küche zurief, wir hätten Besuch.

»Versteht deine Mutter Deutsch?«, fragte mich Herr Mössner, während ich sie ins Wohnzimmer führte.

»Nein«, sagte ich. »Sie spricht nur Farsi, persisch. Aber ich kann sie übersetzen.«

Meine Mutter kam soeben aus der Küche und schaute meine beiden Begleiter prüfend an.

»Wer sind die?«, fragte sie mich gleich auf Persisch. »Sind die von der Polizei?«

»Nein, Mama. Sie sind vom Jugendamt«, erklärte ich ihr. »Sie möchten mit Rashno reden.«

»Du dreckiger Bastard! Was hast du ihnen für Lügen über deinen Bruder erzählt?«, schimpfte sie und fuchtelte mit den Händen.

»Ich hab ihnen keine Lügen erzählt!«, antwortete ich energisch und deutete auf mein blaues, geschwollenes Auge und die aufgeplatzten Lippen. »Siehst du nicht, was Rashno mit mir gemacht hat?«

Doch meine Mutter wollte nichts davon wissen. »Ist das der Dank dafür, was er alles für dich getan hat?«, rief sie empört. »Brüder streiten sich ab und zu. Und deshalb kommst du gleich mit dem Jugendamt? Warum bist du überhaupt nach Hause gekommen? Es wäre besser für dich, du würdest nie mehr nach Hause kommen!«

Als sie das sagte, war es, als würde meine Seele in tausend Stücke zersplittern. Ein Kloß bildete sich in meinem Hals. Meine Augen wurden feucht.

»Was hat deine Mutter gesagt?«, wollte Herr Mössner wissen. Aber ich war nicht imstande, ihm zu antworten. Die Worte, die mir meine Mutter an den Kopf geworfen hatte, taten unsäglich weh. Wie konnte sie sich wünschen, ich würde nicht mehr nach Hause kommen? Als ich mich wieder einigermaßen gefasst hatte, übersetzte ich den Sozialarbeitern, was sie gesagt hatte.

»Dass Rashno dich schlägt, ist allein deine Schuld!«, giftete meine Mutter indessen weiter. »Würdest du tun, was man dir sagt, würdest du auch keine Schläge kriegen!«

Meine Mutter war noch nicht fertig mit ihrem Redeschwall, als die Tür aufging und meine Brüder Rashno und Milad nach Hause kamen. Ich zuckte automatisch zusammen, als Rashno das Wohnzimmer betrat, und drängte mich bewusst in die Nähe von Frau Schulze.

»Was ist denn hier los?«, fragte Rashno, dem sofort klar war, dass etwas nicht stimmte.

Herr Mössner stellte sich und seine Begleiterin vor und deutete dann auf mein geschwollenes Gesicht. »Herr Rasuli, haben *Sie* Farzad diese Verletzungen zugefügt?«

Rashno lachte hell auf. »Hat er Ihnen das gesagt? Sie glauben diesen Schwachsinn doch nicht etwa? Mein Bruder war schon immer ein guter Lügner.«

Ich wäre Rashno am liebsten an die Gurgel gesprungen, aber gleichzeitig zitterte ich innerlich und war mir auf einmal nicht mehr sicher, ob es richtig war, die Vertreter des Jugendamtes in die Sache einzuweihen.

»Sie bestreiten also, ihn geschlagen zu haben?«, hakte Frau Schulze nach.

Rashno spielte weiter den Unschuldigen, und das mit einer solchen Arroganz, dass ich weiche Knie kriegte. »Sie glauben den Worten eines Dreizehnjährigen mehr als denen eines Erwachsenen? Das ist doch lächerlich. Milad, sag du ihnen, wie lächerlich das ist.«

Milad grinste. »Farzad lügt eh die ganze Zeit«, bestätigte er Rashnos Aussage. Ich hätte es wissen müssen. Keiner würde für mich Partei ergreifen. Rashno war der perfekte Marionettenspieler, der genau wusste, an welchen Fäden er ziehen musste, damit alle nach seiner Pfeife tanzten. Und Nasrin, die Einzige, die sich von Rashno nicht so leicht einschüchtern ließ, war nicht da, um ein gutes Wort für mich einzulegen.

Es war ein Fehler, mich diesen Sozialarbeitern anzuvertrauen, dachte ich. *Ich hätte es nicht tun sollen. Ich habe alles nur noch schlimmer gemacht!*

»Und wie hat er sich das blaue Auge und die aufgeplatzte Lippe *dann* zugezogen?«, fragte Herr Mössner und sah zwischen Milad und Rashno hin und her.

»Woher soll ich das wissen?«, spottete Rashno, und mir entging nicht, dass er ziemlich sauer war über meine Unverschämtheit, diese wildfremden Personen in unseren Familienangelegenheiten herumschnüffeln zu lassen. »Schon mal in Erwägung gezogen, dass er sich vielleicht auf dem Schulhof geprügelt hat?«

Herr Mössner ließ sich nicht so leicht täuschen. »Hören Sie«, sagte er und sah meinen Bruder dabei ernst an. »Sie können uns nicht für dumm verkaufen. Es ist offensichtlich, was hier gelaufen ist. Und ich möchte Sie darauf aufmerksam machen, dass wir hier nicht im Iran sind, Herr Rasuli. Ganz egal, was Farzad getan oder nicht getan hat, es gibt Ihnen nicht das Recht, ihn derart zu misshandeln. Und sollte es sich wiederholen, werden wir bei der Polizei Anzeige gegen Sie erstatten.«

Rashno hatte alle Mühe, seine Zunge im Zaum zu halten. »Sie drohen mir?«, schnaubte er und kniff die Augen zu einem kleinen Spalt zusammen. »Wissen Sie was? Warum verschwinden Sie nicht einfach aus meinem Haus und nehmen Farzad als Geschenk mit, wo Ihnen doch so viel an seinem Wohlergehen liegt? Sie dürfen ihn gerne behalten. Mir soll's recht sein. Dann nervt er wenigstens nicht mehr die ganze Zeit.«

Herr Mössner und Frau Schulze waren sich offenbar nicht schlüssig darüber, wie sie weiter vorgehen sollten. Schließlich betonte Herr Mössner noch einmal, dass sie mich im Auge behalten und notfalls die Polizei einschalten würden, wenn sie erneut Grund zur Annahme hätten, dass ich häuslicher Gewalt ausgesetzt wäre. Dann verabschiedeten sie sich höflich von meiner Mutter und meinen beiden Brüdern, und ich geleitete sie zur Tür.

»Keine Sorge«, tröstete mich Frau Schulze, als sie die Verzweiflung in meinem Blick sah, »wir sind jederzeit für dich da. Wenn dein Bruder dich nochmals anfasst, wird er mächtig Ärger kriegen. Das verspreche ich dir.«

Der Einzige, der hier mächtig Ärger kriegt, sobald ihr die Wohnung verlassen habt, bin ich!, dachte ich, und mir fröstelte bei dem Gedanken.

Die Sozialarbeiter gingen, ohne meines Erachtens irgendetwas erreicht zu haben, und ich machte mich auf so ziemlich alles gefasst, als ich ins Wohnzimmer zurückkehrte. Zu meinem Erstaunen verzichtete Rashno darauf, mich für meinen Verrat zu züchtigen. Aber die Vorwürfe, die ich mir den ganzen Nachmittag über von ihm anhören musste, waren genauso schlimm, wenn nicht sogar noch schlimmer. Beim Abendessen trieb er es auf die Spitze.

»Du bist wie ein schief gewachsener Baum«, sagte er verächtlich, »jeder Versuch, dich wieder gerade zu biegen, ist reine Zeitverschwendung. Das Beste für uns alle wäre, du würdest sterben!«

Der Schmerz, der bei dieser Aussage durch meine Seele jagte, war wie ein Peitschenhieb. So sah es also aus: Meine eigene Familie wünschte sich meinen Tod. Wozu war ich eigentlich noch da? Wozu quälte ich mich Tag für Tag durch mein verfluchtes Leben, wenn es für alle besser wäre, ich würde nicht mehr existieren? Was zum Teufel hatte ich noch in dieser Welt verloren?

Gleich nach dem Abendessen schlich ich mich in Milads Zimmer und nahm seinen gesamten Medikamentenvorrat an Haarausfalltabletten aus dem Bücherregal. Ich schluckte die ganze Packung, mindestens 50 Tabletten, und hoffte, dass ich meinem Leben damit endgültig ein Ende setzen und Rashnos Wunsch meines Dahinscheidens erfüllen würde. Hier gab es nichts mehr für mich, wofür es sich zu leben lohnte. Es war vorbei.

Ich legte mich in mein Bett und wartete auf den Tod. Zu meinem Pech entdeckte Milad die leeren Medikamentenpackungen auf dem Boden seines Zimmers, und alle stürmten in mein Zimmer.

»Farzad«, fragte mich meine Mutter besorgt und hielt mir die leeren Schachteln unter die Nase. »Hast du das Zeug geschluckt?«

Ich nickte, worauf Rashno einen Fluch ausstieß und verärgert zu verstehen gab: »Ich sag's euch gleich: Ich werde ihn jedenfalls nicht ins Krankenhaus fahren! Von mir aus kann er hier wie ein Hund verrecken! Er hat sich das selbst eingebrockt!«

Mama, die sich doch langsam ihrer mütterlichen Pflichten bewusst wurde, drängte Milad dazu, die Ambulanz zu rufen. Wenig später wurde ich mit Blaulicht und heulendem Martinshorn auf die Kinderintensivstation des Stadtkrankenhauses gefahren. Niemand von meiner Familie begleitete mich, und als wir das Spital erreichten und man mich auf der Trage durch die Flügeltüren in einen langen weißen Korridor schob, wurde mir plötzlich schmerzhaft bewusst dass ich sogar im Sterben allein sein würde. Tränen rollten mir über die Wangen bei dieser schrecklichen Erkenntnis.

Ein Arzt ordnete sofort eine Magenspülung an, wobei ein hässlich dicker Kunststoffschlauch durch den Mund in meinen Magen geschoben wurde. Es war ein ekelhaftes Gefühl und löste einen Brechreiz bei mir aus. Ich wollte mich übergeben, was aber wegen des Schlauches nicht möglich war. Wieder begann ich zu weinen. Ich fühlte mich elend, körperlich, aber vor allem und in erster Linie psychisch. Da lag ich nun, angeschlossen an all diese Maschinen, und während die Ärzte sich darum bemühten, mir das Leben zu retten, wünschte meine eigene Familie meinen Tod.

Es gibt keine Worte, um zu beschreiben, wie sich so etwas anfühlt. Es war, als hätte jemand meine Seele vergewaltigt und mich danach wie ein Stück Dreck in einen tiefen, bodenlosen Abgrund geworfen. Nicht einmal im Angesicht des Todes bedeutete ihnen mein Leben etwas. Ich schwamm in einem Ozean unendlicher Einsamkeit, während die Verachtung meiner Familie sich wie ein Dolch in mein Herz bohrte. Woher sollte ich je die Kraft nehmen, weiterzuleben?

Nachdem die kritische Phase überwunden war und sich mein Zustand stabilisiert hatte, wurde ich in ein normales Zimmer verlegt. Ich fiel in einen unruhigen Schlaf, und als ich am nächsten Morgen aufwachte, standen Milad und Rashno an meinem Bett. Ich freute mich total, sie zu sehen. Sie hatten sich also doch Sorgen um mich gemacht, sonst wären sie nicht hergekommen, um mich zu besuchen! Was für ein wundervoller, was für ein tröstlicher Gedanke nach allem, was gestern geschehen war. Aber meine kindliche Hoffnung wurde nur allzu rasch im Keim erstickt, als Rashno etwas sagte, das mich augenblicklich zurück in das tiefe Loch hinabstürzen ließ, in dem meine zerfetzte Seele gefangen war: »Warum hast du überlebt?«

Mehr sagte er nicht, bevor er sich umdrehte und aus dem Zimmer stapfte.

Warum hast du überlebt? Die Worte hallten in meinem Kopf wider, während Milad mir meine Hausschuhe überreichte, mir vorwarf, Mama mit meinem dummen Selbstmordversuch zu Tode erschreckt zu haben, und dann ebenfalls wieder ging. In den nächsten drei Tagen kriegte ich ein einziges Mal Besuch von Nasrin, ansonsten kam keiner mehr vorbei, nicht einmal meine Mutter. Sie hätte keine Zeit gehabt, war ihre Begründung, als ich aus dem Krankenhaus entlassen wurde und wieder nach Hause zurückkehrte.

Die Illusion, mein verzweifelter Hilferuf hätte vielleicht doch irgendeine Wirkung erzielt, zerfloss schon nach wenigen Tagen. Es hatte sich rein gar nichts geändert. Es war alles wie eh und je.

9 Zu weit gegangen

Wegen meiner schlechten schulischen Leistungen und familiärer Schwierigkeiten, wie es in dem Schulbericht hieß, musste ich von der Realschule an die Hauptschule wechseln. Damit erfüllte sich Rashnos Prophezeiung über meinem Leben, dass ich eh für alles zu blöd wäre, und es war klar, dass ich in Zukunft irgendwo als Hilfsarbeiter enden würde. Nur mein Mathelehrer bedauerte den Schulwechsel aus tiefstem Herzen.

»Du hast die Intelligenz eines Gymnasiasten«, hatte er mir oft gesagt, »bloß ist niemand daran interessiert, dich genügend zu fördern.«

Ich und intelligent. Von wegen. Zu Hause gab Rashno Daria und mir ausreichend oft zu verstehen, dass wir die dümmsten Teenager auf dieser Welt wären und es nie zu etwas bringen würden. Daria hasste ihr Leben genauso wie ich. Das erfuhr ich, als ich eines Tages zufällig über ihr Tagebuch stolperte und heimlich darin zu lesen begann. Ich war ziemlich schockiert von den Dingen, die ich las, und merkte, dass sie innerlich genauso litt wie ich. Sie wünschte sich nichts sehnlicher als zu sterben und hatte sogar begonnen, Ecstasy zu nehmen. Das war ihr Ventil, um den ganzen Druck von zu Hause irgendwo abzulassen. Mein Ventil war die Gewalt auf der Straße. Und meine Aktionen wurden von Mal zu Mal aggressiver.

Andri und ich waren immer noch dicke Freunde, und jetzt, wo ich von der Realschule geflogen war, kam ich sogar in seine Klasse, was unsere Freundschaft noch mehr festigte. Wir waren beinahe so etwas wie Blutsbrüder, und so sehr Rashno ihn auch verabscheute, es gelang ihm nicht, uns auseinanderzubringen. Dafür musste sich Andri, wenn er bei mir zu Besuch war und Rashno überraschend nach Hause kam, oft unter meinem Bett, im Schrank oder auf dem Balkon verstecken und warten, bis mein Bruder auf die Toilette ging, um sich unbemerkt davonzuschleichen.

Andri und ich unternahmen alles gemeinsam. Nur von meinen

Klautouren war er nicht sehr begeistert und versteckte sich immer in sicherem Abstand, wenn ich dem Waffengeschäft wieder mal einen Besuch abstattete. Mindestens einmal pro Woche ging ich dort vorbei und klaute alle Militärartikel, die mir gefielen. Meine neuste Errungenschaft war eine Walter PPK, 8 mm Kaliber, dieselbe Waffe, die Roger Moore als James Bond benutzt hatte. Da ich ja schon zwei Pistolen besaß, schenkte ich Andri meine Reservepistole aus dem Keller. Ich teilte immer meine Beute mit ihm. Schließlich war er mein bester Freund.

Meine Walter PKK, 8 mm Kaliber, brachte mir allerdings schon bald meinen ersten Gerichtstermin und eine Woche gemeinnütziger Arbeit ein. Anna, ein Nachbarsmädchen, hatte mich provoziert, worauf ich meine Waffe gezogen und das ganze Magazin in die Luft geschossen hatte. Daraufhin war kurz vor Mitternacht die Polizei bei mir zu Hause aufgekreuzt, hatte mein Zimmer durchwühlt und sämtliche Waffen gefunden und beschlagnahmt. Das war zwar ärgerlich, aber nicht weiter tragisch. So ging ich halt wieder im Waffengeschäft vorbei und erleichterte sie diesmal um zwei Gaspistolen. Ich klaute wirklich alles, was nicht festgeschraubt war, auch in anderen Geschäften.

Nasrin, die übrigens in der Zwischenzeit geheiratet hatte und ausgezogen war, versuchte mir oft ins Gewissen zu reden, wenn sie zu Besuch war.

»Farzad, warum tust du das?«, fragte sie mich dann. »Du setzt deine Zukunft aufs Spiel. Siehst du das denn nicht?«

Sie redete auch mit Mama und sagte ihr, dass Rashno mich mit all seinen Prügeln in eine völlig falsche Richtung gelenkt hätte. Aber meine Mama wollte nichts davon hören. Sie war ohnehin die meiste Zeit zugedröhnt mit Beruhigungstabletten, sodass sie sich kaum aufrecht halten konnte und sich beim Gehen an den Wänden abstützen musste, um es von einem Raum zum anderen zu schaffen. Und seit Neuestem hatte sie ganz andere Sorgen als meine Leidenschaft für Schusswaffen: Barzin hatte uns übers Ohr gehauen. Anstatt Nasrins hart verdientes Geld wie vereinbart für den Verkauf unserer Villa einzusetzen, hatte er sich davon eine Jaguar-Limousine gekauft, und das in einem Land, in dem die meisten Menschen nicht einmal genug Geld für den Bus besaßen. Von Nachbarn und Verwandten erfuhren wir, dass er seit dem Eintreffen des Geldes unauffindbar war, offenbar eine wilde Party nach der anderen schmiss und mit der Kohle schließlich Mariam, eine Cousine väterlicherseits, heiratete. Seither gab es bei uns zu Hause kein anderes Thema mehr. Ich konnte es schon gar nicht mehr hören, dieses ständige Gezanke um den Verkauf der Villa. Manchmal dachte ich, es wäre für uns alle das Beste, die Villa würde von einem Erdbeben zerstört, dann könnten wir die Sache endlich abhaken.

Ein gutes Jahr nach Nasrins Heirat vermählte sich auch Rashno. Mama suchte die passende Frau für ihn aus. Sie hieß Azita, hatte an der Universität von Teheran Psychologie studiert und kam nach Deutschland, ohne Rashno überhaupt zu kennen. Mir wäre es natürlich sehr recht gewesen, Rashno hätte die Eheschließung zum Anlass genommen, sich eine eigene Wohnung zu suchen. Immerhin war er bereits 34 Jahre alt. Aber natürlich dachte er nicht daran auszuziehen. Und jetzt, wo Nasrin nicht mehr bei uns wohnte, gab es auch niemanden mehr, der mich vor seinem Zorn beschützen konnte. Ich war seinen Launen hilflos ausgeliefert.

In der Zwischenzeit war ich vierzehn Jahre alt geworden, und die Polizei kannte meine Adresse bereits auswendig. Mama beschimpfte mich jedes Mal, wenn ich wieder wegen eines Diebstahls von der Polizei aufgegriffen und nach Hause gebracht wurde. Bisher waren meine Vergehen immer verhältnismäßig harmlos gewesen, und ich schummelte mich ganz gut damit durchs Leben. Eines Winterabends allerdings eskalierte die Situation.

Es war Klausenabend, bei dem es Brauch war, dass die Kinder durch die Straßen zogen und Autos mit Toilettenpapier beklebten oder bei wildfremden Leuten an der Haustür klingelten und dann wegrannten. Bei uns in Thingers gab es aber auch immer Jugendliche, die randalierten oder Streit suchten mit verfeindeten Banden. Meine Schwester hatte eine Freundin zu Besuch, und als es dunkel wurde, hatte diese Angst, alleine nach Hause zu gehen. Spontan entschieden sich Andri und ich, ihr bis zu ihrem Block Geleitschutz zu geben.

Ich ging in mein Zimmer, nahm meine Gaspistole, lud sie durch, entsicherte sie und steckte sie in meinen Hosenbund.

»Was machst du da?«, fragte mich Andri, der mir dabei zusah.

»Ich bewaffne mich. Hier, nimm die hier«, sagte ich und reichte ihm meine zweite Gaspistole.

»Du spinnst, ey«, sagte er. »Wir begleiten doch nur Agathe nach Hause.«

»Es ist Klausenabend, Andri.«

»Na und? Ich will keinen Ärger.«

»Genau deswegen nehm ich sie ja mit. Solltest du auch tun«, drängte ich Andri. »Keine Angst, ich bau schon keinen Mist.«

»Na schön«, ließ sich Andri schließlich überzeugen und steckte die Waffe ein. »Aber wir gebrauchen sie nur zu unserer Verteidigung, klar?«

»Versprochen.«

Und so machten wir uns auf den Weg: meine Schwester Daria, ihre Freundin Agathe, Andri und ich. Wir waren noch nicht weit gekommen, als wir hinter uns plötzlich lautes Gelächter und Gejohle hörten. Ich drehte mich um und sah eine Gruppe von vielleicht zehn als Wikinger verkleideten Jugendlichen aus einer Seitengasse auftauchen. Sie blieben stehen, blickten in unsere Richtung wie ein Wolfsrudel, das leichte Beute sichtet, und Sekunden später setzte sich die Meute auch schon in Bewegung und stürmte brüllend auf uns zu.

Wir ergriffen Hals über Kopf die Flucht und spurteten zum Super1000, doch der Laden hatte bereits geschlossen. Mein Blick fiel auf eine gelbe Telefonkabine an der nächsten Straßenecke.

»Schnell!«, rief ich. »Die Telefonzelle!«

Wir rannten um unser Leben. Der Abstand zwischen den Wikingern und uns wurde immer geringer. Völlig außer Atem und mit weichen Knien erreichten wir die Telefonkabine, quetschten uns zu viert hinein und hielten von innen die Tür zu. Die wild gewordene Horde umzingelte uns wie blutrünstige Bestien, zerrte an der Tür und begann, mit allem, was sie zur Hand hatten, auf die Kunststoffscheiben einzuschlagen. Ein paar waren mit Baseballschlägern bewaffnet, und einer von ihnen hatte sogar eine Fahrradkette dabei. Ich kam mir vor wie in einer Szene aus einem Horrorfilm, wo die letzten Menschen sich gegen Untote verteidigen müssen, um nicht von ihnen verspeist zu werden. Mit Händen und Füßen stemmten wir uns von innen gegen die Scheiben und hielten die Tür zu. Die Wikinger mit ihren gehörnten Helmen und Kostümen blickten kampflustig zu uns hinein und schnitten Grimassen. Sie hatten Blut geleckt. Und es war nur eine Frage der Zeit, bis sie über uns herfallen würden.

»Lasst uns in Ruhe!«, schrie Agathe und war kurz davor, in Tränen auszubrechen. Die Furcht in ihren Augen erregte die Meute nur umso mehr. Schließlich gelang es den Typen, die Tür weit genug aufzureißen, um einen Baseballschläger in den Türspalt zu klemmen.

»Farzad, lass mich raus!«, sagte Daria total mutig. »Ich werde denen zeigen, dass wir keine Angst vor ihnen haben!«

»Bist du wahnsinnig?«, rief ich, während ich es kaum noch schaffte, die Tür zuzuhalten. »Die machen dich platt!«

Jetzt versuchten die Schläger sogar, die Telefonkabine zum Umsturz zu bringen, indem sie sich dagegen lehnten. Agathe drückte sich bibbernd in eine Ecke. Andri und ich hatten nicht mehr genügend Kraft in den Armen. Die Tür sprang auf, die Wikinger zerrten uns aus der Kabine, und ich sah, wie einer von ihnen meine Schwester zu Boden warf. Und da geschah es. In diesem Augenblick, als ich sah, wie meine geliebte Schwester hilflos auf dem Gehsteig lag, zuckte es wie ein Stromschlag durch meinen Körper. Mein Gehirn schaltete sich komplett aus. Ich zog die Pistole aus dem Hosenbund, richtete sie auf den Wikinger, der Daria zu Boden gerissen hatte, und ohne auch nur einmal zu zögern, zielte ich direkt auf seinen Kopf - und schoss.

Der Kerl sackte in sich zusammen und blieb reglos vor der Telefonkabine liegen. Agathe kreischte hysterisch. Daria hielt sich instinktiv die Hände vors Gesicht. Andri wich alle Farbe aus dem Gesicht, und die Wikinger starrten entsetzt auf ihren Kollegen, der aus einer Wunde am Kopf blutete. Sie waren so perplex von meiner Kaltblütigkeit und Entschlossenheit, dass sie unfähig waren, überhaupt zu reagieren. Doch mein Zorn war noch lange nicht gebändigt. Und bevor mich irgendjemand daran hindern konnte, eröffnete ich aus einer Distanz von einem Meter das Feuer auf unsere Angreifer. Die Jungs stoben auseinander wie aufgescheuchte Hühner, während ich wutentbrannt und völlig außer Kontrolle um mich herumballerte. Als der Lauf meiner Pistole in die offene Stellung einklinkte, was bedeutete, dass ich das gesamte Magazin leergeschossen hatte, stapfte ich zu Andri hinüber und forderte ihn auf, mir seine Pistole zu geben.

Andri kauerte auf dem Boden und war kreideweiß im Gesicht. »Farzad, bitte hör auf!«, flehte er mich an.

»Ich sagte, gib mir deine Pistole!«, befahl ich ihm mit fiebrig funkelnden Augen.

Er überreichte sie mir. Obwohl unsere Feinde längst außer Reichweite waren, entsicherte ich die Pistole und wollte eben weitere Schüsse abgeben, als sich Daria an meinen Arm hängte und mich völlig schockiert ansah.

»Farzad! Hör auf, um Himmels willen! Was hast du getan?!«

Ich senkte die Waffe und blickte heftig atmend auf den Wikinger zu meinen Füßen. »Ich habe uns beschützt, Daria«, rechtfertigte ich mich, immer noch innerlich geladen, als hätte ich eine Starkstromleitung angefasst, »ich hab unsere Ehre verteidigt!«

»Du hast ihn umgebracht, Farzad!«, schrie sie, und ihre Augen wurden auf einmal feucht vor Verzweiflung. »Du hast ihn ... erschossen!«

»Es waren Gaspatronen, okay?!«, schnaubte ich wutentbrannt zurück. »Wenn er draufgegangen ist, ist das sein verfluchtes Problem, nicht meins! Die haben uns angegriffen, nicht wir sie!«

»Leute, wir sollten besser von hier verschwinden, bevor die Bullen auftauchen«, mischte sich nun Andri ein, der bemerkte, wie immer mehr Nachbarn an den Fenstern und auf den Balkonen erschienen, um zu sehen, was da draußen los war.

Wir ließen den schwer verletzten Wikinger am Boden liegen und hauten ab, so rasch wir konnten. Ich empfand nicht das geringste Mitleid für den Jungen. Das Einzige, was ich empfand, war Stolz. Ja, ich war mächtig stolz auf mich, denn ich war soeben einen Schritt weiter gegangen: Ich hatte meine Waffe auf einen Menschen gerichtet. Das hatte ich bisher noch nie getan. Und ich hatte abgedrückt. Ich hatte tatsächlich abgedrückt, und das, ohne auch nur einmal mit der Wimper zu zucken! Mann, ich hatte es tatsächlich getan! Es war ein überwältigendes Gefühl. Es war ein Adrenalinkick, der mit nichts zu vergleichen war, was ich je zuvor erlebt hatte. Ich war der Größte. Ich war Farzad, der Psycho. Und ich war zu allem fähig. Zu wirklich allem.

Nachdem wir einige Häuserblocks weit gerannt waren, um sicherzugehen, dass uns niemand folgte, verlangsamten wir unser Tempo und verschnauften erst mal. Dann trennten wir uns mit dem gegenseitigen Versprechen, niemandem zu sagen, was heute Nacht passiert war. Die nächsten Tage fürchtete ich die ganze Zeit, die Polizei würde plötzlich vor der Tür stehen. Aber nichts dergleichen geschah. Die Wikinger verpfiffen uns nicht, denn schließlich waren sie mitschuldig gewesen an der ganzen Sache und hätten sich mit einer Anzeige nur selbst in Schwierigkeiten gebracht. Der Junge, dem ich in den Kopf geschossen hatte, überlebte, weil ich nur eine Gaspatrone verwendet hatte. Gaspatronen können zwar durchaus tödlich sein, aber nur, wenn man sie aus nächster Nähe auf jemanden abfeuert. Mein Opfer hatte also Glück gehabt.

Durch die Begegnung mit den Wikingern und die Tatsache, dass ich mir offenbar alles erlauben konnte, ohne dafür zur Rechenschaft gezogen zu werden, wuchs meine Kühnheit ins Unermessliche. Keiner fasste mich an, und wer keinen Ärger wollte, ging mir aus dem Weg. Andri als mein bester Freund genoss denselben Respekt. Er hatte begonnen, ebenfalls bewaffnet durch die Gegend zu spazieren, und wir beide fühlten uns als die Herren der Welt - oder zumindest von Thingers.

Genau ein Jahr war vergangen seit dem Vorfall mit den Wikingern, und wieder war Klausenabend. Ich hatte eigentlich nichts

Kriminelles vor an diesem Abend, und daher verließ ich die Wohnung unbewaffnet, als Andri mich abholte. Ich ging davon aus, dass auch er keine Waffe bei sich trug. Die Auseinandersetzung mit den Wikingern vor einem Jahr hatte uns gereicht. Heute vereinbarten wir, bloß etwas um die Häuser zu ziehen und vielleicht die eine oder andere Mülltonne umzukippen.

Es war eine eisig kalte Nacht. Eine dünne Schneeschicht bedeckte den Boden, und ein paar vereinzelte Flocken tanzten durch die Luft. Die Straßen waren menschenleer. Viel war nicht los bei der Kälte; nach einer knappen halben Stunde Frieren wurde es uns zu dumm und wir beschlossen, wieder nach Hause zu gehen. So machten wir uns auf den Heimweg, als wir in einiger Entfernung eine Gruppe von drei Jugendlichen ausmachten, die uns entgegenkamen. Andri stieß mich sofort mit dem Ellbogen in die Seite.

»Komm«, sagte er unternehmungslustig, »die knöpfen wir uns vor.«

Zu meiner großen Verwunderung zog er zwei Ski-Masken aus seiner Jackentasche und gab mir eine davon. Natürlich war ich sofort dabei. Wir grinsten uns verschwörerisch an, zogen uns die Masken über den Kopf und legten uns hinter einem Gebüsch auf die Lauer. Das würde eine Gaudi werden! Ahnungslos kamen die drei näher. Es waren drei deutsche Jungs, sogenannte »Kartoffeln«, wie wir Ausländer die Deutschen nannten. Als sie auf gleicher Höhe angelangt waren, sprangen wir maskiert aus unserem Versteck hervor, und ehe die Kartoffeln kapierten, was da eigentlich vor sich ging, attackierten wir sie mit Ohrfeigen und Fußtritten.

Es gab ein Gerangel. Die Jugendlichen setzten sich zur Wehr, und während Andri einen von ihnen an der Jacke herumzerrte, warfen mich die anderen zwei in den Schnee. Einer setzte sich auf mich und bearbeitete mich mit den Fäusten. Andri kam mir sofort zu Hilfe, und plötzlich riss er eine Pistole, die ich ihm einmal geschenkt hatte, aus dem Hosenbund und zog meinem Angreifer das 900 Gramm schwere Eisen über den Schädel. Der Typ verlor für einen Moment die Besinnung und sank neben mir in den Schnee. Ich war ziemlich perplex. Ich hatte nicht damit gerechnet, dass Andri bewaffnet war.

Aber noch perplexer waren die Deutschen, die beim Anblick der Pistole auf einmal wie gelähmt waren. Der, den Andri niedergeschlagen hatte, hielt sich den Kopf und blinzelte benommen.

»Los!«, befahl ihnen Andri und fuchtelte mit der Waffe vor ihren Köpfen herum. »Hinknien! Na, wird's bald!«

Wie Schafe, die zur Schlachtbank geführt wurden, knieten sich die drei vor uns in den Schnee. Jetzt, wo Andri die Pistole ins Spiel gebracht hatte, schaltete auch ich auf Gewaltmodus um und übernahm kurzerhand das Kommando. Ich streckte die Hand aus, und Andri gab mir die Waffe. Mit schreckensweiten Augen blickten die Teenager zu mir hoch. Ein berauschendes Gefühl ergriff Besitz von mir. Genau wie damals vor einem Jahr spürte ich wieder, wie das Adrenalin durch meinen Körper strömte. Aber da war noch etwas anderes, das mich überrollte, etwas, das ich in dieser Intensität noch nie empfunden hatte: Kontrolle.

Vor einem Jahr hatte ich sie ganz klar verloren, als ich völlig kopflos um mich herumgeballert hatte. Aber jetzt, jetzt in diesem Moment, wusste ich ganz genau, was ich tat. Ich war kein durchgeknallter Wahnsinniger, der sich nicht mehr im Griff hatte. Ich war ein Tyrann, der im vollen Besitz seiner geistigen Kräfte war und die Bosheit seiner Entscheidungen bis ins kleinste Detail auskostete. Dem, der in der Mitte kniete und aussah, als würde er sich jeden Moment in die Hosen machen vor Angst, drückte ich den kalten Lauf der Pistole auf die Stirn.

»Mund aufmachen!«, befahl ich ihm emotionslos.

Der Junge zitterte am ganzen Körper. Langsam begann ich zu verstehen, warum Rashno mich ständig verprügelte. Es musste dieses irre Gefühl von Macht und Überlegenheit sein, das ihn überkam, wenn er auf mich einschlug. Und es war dasselbe irre Gefühl, das *ich* jetzt empfand, als ich mit der Ski-Maske über dem Kopf vor meinen Opfern stand, dem Jungen die Waffe an die Schläfe hielt und sein Leben in meiner Gewalt hatte. Ich ergötzte mich an seiner Verzweiflung, seinem flehenden Blick, seinen angsterfüllten Augen. Ich genoss jede Sekunde davon. Ja, ich konnte mich nicht genug daran sattsehen.

»Jetzt mach schon deinen scheiß Mund auf!«, schrie ich ihn an. Andri hatte sich hinter die drei im Schnee knienden Jugendlichen gestellt und verlieh meinem Befehl mehr Nachdruck, indem er dem Jungen mit der flachen Hand auf den Hinterkopf schlug.

»Du hast ihn gehört! Tu, was er dir sagt, du Penner!«

Der Junge begann zu wimmern. »Bitte«, flehte er mich an, während ihm die Tränen über die blassen Wangen liefen. »Bitte lasst uns gehen! Bitte ...!«

Wie er mich um Gnade anwinselte, flammte plötzlich das Gesicht meines Bruders in mir auf, und etwas äußerst Seltsames geschah in mir. Ich war auf einmal nicht mehr ich selbst. Ich war Rashno. Ich war mein Bruder. Und so, wie er mich über die Jahre hinweg gedemütigt und gequält hatte, wollte ich diesen fremden Jungen vor mir quälen. Er sollte dasselbe erleiden, das ich erlitten hatte. Ich war in die Rolle meines eigenen Folterknechtes geschlüpft. Und es gefiel mir. Es befriedigte mich in einer kranken Art und Weise.

»Du sollst den Mund aufmachen!«, knirschte ich, während ich die Waffe ganz langsam über seine Wange zu seinem Mund hinuntergleiten ließ und das Gefühl genoss, die totale Herrschaft über einen Menschen zu haben.

»Bitte nicht«, stammelte der Junge. Seine Stimme war nicht mehr als ein erbärmliches Quieken.

»Bitte hört auf damit!«, mischte sich nun der zweite Junge ein. »Lasst uns gehen. Wir werden niemandem etwas sagen, ich schwör's!«

»Dich hat keiner gefragt!«, blaffte ihn Andri an und jagte ihm schmerzhaft sein Knie in den Rücken. Dann fauchte er den mittleren Jungen erneut an, endlich den Mund zu öffnen, was er schließlich vor lauter Angst und Verzweiflung tat.

Ich grinste zufrieden und schob ihm die Hälfte der Pistole in den Mund. Die Genugtuung, die ich dabei verspürte, war unbeschreiblich.

»Na, wie fühlt sich das an?«, fragte ich ihn und kam seinem Gesicht so nahe, dass ich jedes Äderchen in seinen vor Panik weit aufgerissenen Augen sehen konnte. Ich steigerte mich förmlich in meine Rolle hinein, und auch Andri wurde von demselben Machtgefühl überrumpelt und setzte dem Ganzen noch eins drauf.

»Erschieß ihn!«, forderte er mich auf, ein gieriges Funkeln in den Augen. »Tu es! Erschieß ihn!«

Ich hatte keine Ahnung, ob die Waffe in meiner Hand geladen war. Und ehrlich gesagt wollte ich es in diesem Moment auch gar nicht wissen. Ich schob dem Jungen die Pistole noch weiter in den Mund. Den Finger am Abzug. Der Junge und auch seine beiden Freunde begannen hemmungslos zu weinen.

»Erschieß ihn!«, rief Andri wie in fiebrigem Wahn. »Worauf wartest du? Knall ihn ab!«

Ich zögerte. Mein Herz pochte so heftig, dass ich meinen Puls bis in die Fingerspitzen fühlte. Und dann plötzlich erschauerte ich, als hätte mir jemand einen Kübel eisiges Wasser über den Kopf geleert. Ich wachte auf wie aus einer Trance und realisierte mit einem Mal, was ich im Begriff war zu tun. Ich war dabei, einen Menschen zu erschießen! Was um alles in der Welt war mit mir los? Hatte ich komplett den Verstand verloren?!

Ich erinnerte mich an den Wikinger, dem ich ohne zu zögern eine Gaspatrone in den Kopf gejagt hatte. Aber das hier war etwas anderes. Wenn ich jetzt abdrückte und die Waffe geladen war, wäre der Junge tatsächlich tot. Ich erschrak vor mir selbst. Auf einmal sah ich mich selbst wimmernd am Boden knien und meinen Bruder um Gnade anflehen, während er mit der Gürtelschnalle und seinen Fäusten immer und immer wieder auf mich eindrosch. Ein Frösteln ging durch meinen Körper, und es kam nicht von der Kälte. Ich schluckte. Ich nahm die Pistole aus dem Mund des Jungen und trat einen Schritt zurück.

»Verschwindet!«, rief ich, ohne selbst zu verstehen, was soeben in mir vorging. »Na los! Haut ab! Und lasst euch hier nie mehr blicken!«

Die drei rappelten sich auf und rannten davon, als wäre der Teufel hinter ihnen her. Andri sah mich etwas verwirrt an.

»Was soll das? Warum hast du sie laufen lassen?«

Ich gab ihm keine Antwort. Ich brauchte mich nicht vor ihm zu rechtfertigen. Schließlich war ich der Ältere von uns beiden, und ich hatte das Sagen. Aber tief in meiner Seele nagte mein schlechtes Gewissen an mir. Ich wusste, dass ich einen gewaltigen Fehler gemacht hatte. Diesmal hatte ich den Bogen eindeutig überspannt.

Was ist bloß in dich gefahren? Warum hast du das getan? Warum nur?, fragte ich mich.

Weil du Hass liebst, hörte ich eine zweite Stimme in mir drin. *Weil du nur durch Hass ertragen kannst, was du zu Hause erdulden musst.*

Ich gab Andri die Waffe zurück, und wir machten uns auf den Heimweg. Wir redeten nicht viel. Ich fragte ihn nicht mal, ob die Pistole geladen war oder nicht. Ich wollte es ganz einfach nicht wissen. Zu Hause angekommen, begab ich mich gleich in mein Zimmer, legte mich ins Bett und versuchte zu schlafen, was mir natürlich nicht gelang. Es war noch keine halbe Stunde vergangen, als blaue Lichter über die dunklen Wände meines Zimmers tanzten. Mit einem Ruck warf ich die Bettdecke zurück und ging ans Fenster. Ich sah mehrere VW-Polizeiautos, die mit eingeschaltetem Blaulicht im Schritttempo durch unser Wohnquartier fuhren. Natürlich war mir klar, wen sie suchten, aber da Andri und ich maskiert gewesen waren, machte ich mir keine Sorgen. Sie würden nie rausbekommen, wer für den Überfall auf die drei Kartoffeln verantwortlich war.

Trotzdem kriegte ich diese Nacht fast kein Auge zu und ein Albtraum jagte den nächsten. Diesmal war ich zu weit gegangen. Die Bilder verfolgten mich bis zum Morgengrauen.

10 Verhaftet

Am nächsten Morgen, kaum war ich aufgestanden, rief ich Andri an, erzählte ihm von der nächtlichen Polizeifahndung und riet ihm, auf keinen Fall dieselben Kleider wie abends zuvor zu tragen. Nicht, dass uns die Bullen doch noch kriegten. Als wir eine Stunde später in den überfüllten Schulbus stiegen und wie jeden Morgen zwei Schüler dazu zwangen, uns ihren Sitzplatz zu überlassen, zwickte mich Andri plötzlich in den Arm.

»Farzad, schau mal da vorne. Sind das nicht die drei Kartoffeln von gestern Nacht? Weißt du was? Ich geh jetzt zu denen hin und hau ihnen eins in die Fresse dafür, dass sie die Polizei gerufen haben!«

Er war bereits dabei aufzustehen, aber ich riss ihn am Ärmel seiner Jacke zurück. »Bist du wahnsinnig?«, raunte ich ihm zwischen den Zähnen zu. »Setz dich wieder hin! Gestern war gestern!«

»Jetzt hab dich nicht so«, entgegnete Andri und knackte mit den Knöcheln seiner Finger, »lass uns etwas Spaß haben!«

»Gestern waren wir maskiert, du Blödmann«, knurrte ich. »Ich hab keine Lust, von denen erkannt zu werden. Wir würden eine Menge Ärger kriegen, glaub mir.«

Andri grummelte etwas Unverständliches vor sich hin, beherrschte sich aber, und wir erreichten die Schule ohne Zwischenfälle. Aber dann, in der großen Pause, konnte sich Andri nicht mehr länger zurückhalten. Ich hatte ihn nur einen kurzen Moment aus den Augen gelassen, um mir ein Pausenbrot zu kaufen, als ich hinter mir laute Stimmen hörte. Ich drehte mich um und sah, wie sich in der Mitte des Schulhofes ein Kreis wie bei einem Streetfight gebildet hatte, der ständig mehr Schüler anzog. Mir schwante Böses. Ich hielt nach Andri Ausschau, konnte ihn aber nirgends finden.

Oh nein!, dachte ich und hoffte, meine schlimmste Befürchtung würde sich nicht bewahrheiten, *bitte nicht, Andri!*

Der Appetit auf mein Sandwich war mir vergangen. Rasch eilte ich auf die Menschentraube zu und bahnte mir einen Weg zwischen den dicht aneinandergedrängten Schülern hindurch. Ich erreichte die Mitte des Kreises und musste zu meinem Schrecken feststellen, dass Andri sich tatsächlich mit zwei der Jungs vom gestrigen Abend herumprügelte. Ohne lange zu überlegen, warf ich mich dazwischen.

»Verflucht noch mal, Andri!«, fauchte ich ihn an. »Was hab ich dir heute Morgen gesagt, du Idiot?!«

Im selben Moment zuckten die beiden Jungs zusammen, als hätte ihnen jemand einen Stromschlag versetzt.

»Deine Stimme!«, rief der eine aus und sah mich entgeistert an. »*Du* warst das gestern Abend! *Du* hast mir die Pistole in den Mund gesteckt! Ich erkenn deine Stimme! *Du* warst das!«

Die Zuschauer begannen, eifrig miteinander zu tuscheln.

»Ach ja?!«, tat ich und fixierte ihn mit zusammengekniffenen Augen. Jetzt, da sie mich erkannt hatten, spielte es keine Rolle mehr, was ich sagte. »Vielleicht hätt ich dich besser abknallen sollen, anstatt mir dein Geflenne anzuhören!«

Daraufhin sprang mir der Junge in blinder Wut an die Gurgel. Wir wälzten uns auf dem Boden, während Andri sich erneut mit dem zweiten Jungen in die Wolle kriegte. Die Menge tobte und feuerte uns an, während wir wie vier ineinander verbissene Wölfe über den geteerten Platz rollten. Erst nach mehreren Minuten gelang es einem Lehrer, uns voneinander zu trennen und den Streit zu beenden.

»Das hast du ja prima hingekriegt!«, warf ich Andri vor, nachdem uns der Lehrer gehörig die Leviten gelesen und uns dann in unsere Klasse entlassen hatte. »Ich hoffe bloß, das wird kein Nachspiel geben.«

Unsere nächste Schulstunde war Deutsch bei Frau Mayer. Fünf Minuten, bevor die Stunde zu Ende war, klopfte es an der Tür. Frau Mayer öffnete, und alle Farbe wich aus ihrem Gesicht. Sie trat einen Schritt zurück und machte den Weg frei für den Schuldirektor, die zwei Jungs, mit denen wir uns auf dem Schulhof geprügelt hatten – und vier uniformierte Polizisten. Ein aufgeregtes Gemurmel ging durch die Klasse. Andri und ich tauschten ein paar nervöse Blicke.

Scheiße, wir sind geliefert!, dachte ich und sackte auf meinem Stuhl zusammen.

Die beiden Jungen zeigten mit den Fingern auf uns, und der Direktor durchbohrte uns mit finsterer Miene.

»Rasuli, Miftari, aufstehen!« Er nickte den Polizisten großzügig zu. »Sie gehören Ihnen.«

Die Beamten kamen auf uns zu, und vor der ganzen Klasse legten sie uns Handschellen an und führten uns wie zwei Schwerverbrecher aus dem Raum.

»Wir müssen dichthalten«, raunte ich Andri zu, während wir die Treppe hinunter ins Erdgeschoss stiegen. »Sag kein Wort!« Er sah mich an und nickte.

Als wir den Schulhof betraten, bat Andri die Polizisten, uns wenigstens zu gestatten, unsere Gesichter zu bedecken. Sie erlaubten es uns, und wir zogen uns die Pullover wie Kapuzen über den Kopf, während wir durch den Schulhof zum wartenden Polizeiwagen gingen. Tatsächlich konnte ich aus den Augenwinkeln erkennen, dass fast an allen Fenstern Schüler standen und auf uns herabgafften. Ich fühlte mich hundeelend dabei.

Auf der Polizeistation angelangt, wurden Andri und ich in unterschiedliche Verhörräume gebracht. Ein Kommissar in Zivilkleidung erwartete mich bereits in einem kahlen, fensterlosen Raum. Er gab dem Polizisten mit einem Handzeichen zu verstehen, dass er mir die Handschellen abnehmen könne. Dann deutete er auf einen Stuhl am anderen Ende des Tisches, und ich setzte mich.

»So, Farzad«, begann der Kommissar seine Rede, »mein Name ist Herr Elmar und ich bin Hauptkommissar bei der Kriminalpolizei und für deinen Fall zuständig. Um es gleich auf den Punkt zu bringen: Du hast zwei Möglichkeiten. Entweder, du sagst mir die Wahrheit und kannst in ein bis zwei Stunden nach Hause gehen, oder du verbringst eine Nacht in unserem Gratishotel im Keller auf einer harten Pritsche. Die Wahl liegt ganz bei dir. Also: Was ist gestern Nacht geschehen?«

»Ich weiß nicht, wovon Sie reden, Mann!«, sagte ich, ohne ihn anzusehen, und verschränkte provokativ die Arme. Der Kommissar wartete ein paar Sekunden. »Wo habt ihr die Waffe versteckt, mit der ihr die Jungs bedroht habt?«

»Sie können mich mal!«, gab ich ihm frech zur Antwort, um meine eigene Nervosität zu überspielen.

Der Kommissar stützte die Ellbogen auf den Tisch, beugte sich etwas vor und fixierte mich mit seinen grauen Augen.

»Jetzt hör mir mal gut zu, Bürschchen. Du denkst vielleicht, das wäre ein Spiel und du könntest immer so weiterspielen, ohne die Konsequenzen für dein Verhalten zu tragen. Aber da bist du auf dem Holzweg, mein Freund. Irgendwann holt es jeden ein.«

Ich schürzte die Lippen und tat, als würde seine Rede mich völlig kaltlassen.

»Herrgott noch mal! Du bist 15 Jahre alt und hast noch dein ganzes Leben vor dir. Glaub mir, du willst nicht einer von denen sein, die mit 30 Jahren bereits acht Jahre Knast auf dem Buckel haben. Ist dir die Schwere deiner Tat überhaupt bewusst?«

»Ich hab nichts getan«, beharrte ich weiter auf meiner Unschuld. »Sie haben den Falschen.«

»Na schön«, seufzte Herr Elmar. »Du brauchst kein Geständnis abzulegen. Dann bleibst du eben über Nacht hier und morgen früh wirst du mit Antrag auf Untersuchungshaft dem Haftrichter vorgeführt.«

Ich ließ mir nicht anmerken, wie sehr mich seine Worte beunruhigten. Untersuchungshaft. Haftrichter. Das klang alles ziemlich übel. Andererseits hatten sie nichts in der Hand gegen uns. Wir waren maskiert gewesen, und eine Stimme war keine DNA und konnte wohl kaum als Beweismaterial vorgebracht werden. Oder etwa doch?

Der Kommissar erhob sich, öffnete die Tür und winkte einen Polizisten herein.

»Führen Sie ihn ab«, ordnete er an, und während der Polizist mich wieder in Handschellen legte, sah mich der Kommissar noch einmal an und ergänzte: »Nur für den Fall, dass du es dir anders überlegst: Ich bin noch bis 18 Uhr hier.«

Ich spielte noch immer den Coolen, als der Polizist mich zu meiner Zelle brachte. Aber als die Zellentür hinter mir ins Schloss fiel und ich plötzlich ganz allein in diesem fensterlosen, unfreundlichen und bis unter die Decke weiß gekachelten Raum eingesperrt war, brach meine gespielte Arroganz wie ein Kartenhaus zusammen. Mir war zum Heulen zumute. Ich setzte mich auf die hölzerne Pritsche an der Wand und grübelte über das Geschehene nach.

Ob Andri den Mund hält?, überlegte ich.

Meine Emotionen änderten sich von Sekunde zu Sekunde. Zuerst bemitleidete ich mich selbst, dann überkam mich plötzlich eine starke Sehnsucht nach dem Tod, und schließlich verwandelte sich dieses Gefühl in puren Hass, Hass auf meinen Bruder, der der wahre Übeltäter war und eigentlich an meiner Stelle hier sein sollte. Ich dachte an meinen Selbstmordversuch und seine Worte hallten in meinem Kopf wider, als er mich fragte, warum ich überlebt hätte. Oh wie ich ihn hasste! Und bestimmt würde er sich tierisch darüber freuen, dass ich endlich dort gelandet war, wo ich seiner Meinung nach eh längst hingehörte.

Ich streckte mich auf der Holzbank aus und versuchte ein wenig zu schlafen, um mich nicht mehr mit all den schmerzhaften Gedanken herumquälen zu müssen. Aber sobald ich die Augen schloss, tauchten die Bilder des gestrigen Abends wieder vor mir auf: der verzweifelte Blick des Jungen, die Waffe in seinem Mund, Andri, der mich aufforderte, ihn zu erschießen. Die Szene ging mir einfach nicht mehr aus dem Kopf.

Irgendwann, ich hatte längst jegliches Zeitgefühl verloren, ging die Zellentür auf, und ein Beamter ließ mir vom Hauptkommissar ausrichten, er würde in fünfzehn Minuten Feierabend machen – falls ich doch noch mit ihm reden wolle. Ich wollte definitiv keine Stunde länger in dieser einsamen Zelle verbringen und mir über mein sinnloses Dasein den Kopf zermürben und entschloss mich, alles zu gestehen. Nachdem ich meine Aussage unterschrieben hatte, entließ mich der Kommissar in die kalte Nacht, und ich machte mich hungrig und fröstelnd auf den Heimweg.

Ich dachte, das Schlimmste wäre überstanden. Aber da hatte ich mich gewaltig getäuscht, denn ich hatte die Rechnung ohne Rashno gemacht. Kaum hatte ich die Wohnungstür aufgeschlossen, fing er mich auch schon auf dem Flur ab und fragte mich in seinem üblichen aggressiven Ton: »Wo warst du den ganzen Tag?«

»In der Schule, wo sonst«, log ich, während ich Schuhe und Jacke auszog. »Wir hatten Sport am Nachmittag.«

»Was du nicht sagst«, antwortete Rashno, und irgendetwas in seiner Stimme gefiel mir ganz und gar nicht. Er trat dicht an mich heran, das Gesicht voller Verachtung. »Da haben uns die Polizisten bei der Hausdurchsuchung aber etwas anderes erzählt«, sagte er, und ein Schauer lief über meinen Rücken.

Oh nein! Er weiß es!

»Wie war's denn so in der Gefängniszelle?«

»Ich war in der Schule!«, beharrte ich auf meiner Version, obwohl ich eigentlich wusste, dass ich den Kampf verloren hatte. »Frag doch meine Lehrer, wenn du mir nicht glaubst! Und jetzt lass mich durch. Ich möchte in mein Zimmer.«

Ich wollte mich an ihm vorbeidrücken, aber Rashno versperrte mir breitbeinig den Weg.

»Du hast hier kein Zimmer mehr, Farzad! In dieser Wohnung ist kein Platz für einen Verbrecher wie dich!«

Ich war mir sicher, dass er mich bloß etwas einschüchtern wollte, und unternahm einen zweiten Versuch, an ihm vorbeizukommen. Diesmal stieß mich Rashno so heftig zurück, dass ich gegen die Wand im Korridor krachte und dabei ein Bild zu Boden riss.

»Was soll das? Mama?!«

Meine Mutter hatte sich mit schräg sitzendem Kopftuch hinter Rashno gestellt, eine Zigarette im Mundwinkel und die Augen wie immer glasig und rot.

»Du und Daria, ihr seid eine Schande für diese Familie!«, sagte sie, meinen Hilfe suchenden Blick komplett ignorierend.

»Geh!«, befahl mir Rashno und machte dabei eine Handbewegung, als würde er einen streunenden Hund verscheuchen. »Sieh selber zu, wie du mit deinem Leben zurechtkommst, du krimineller Bastard!«

Langsam wurde mir klar, dass Rashno es bitterernst meinte. Obwohl ich es nicht wahrhaben wollte. Das konnte er doch nicht machen! Er konnte mich doch nicht einfach rauswerfen! Ich war sein Bruder! Das hier war mein Zuhause! Auch wenn nicht immer alles so lief, wie es sollte, wir waren eine Familie! Wir gehörten zusammen!

Noch immer stand Rashno mit verschränkten Armen vor mir im Flur, kampfbereit wie eine Bulldogge, entschlossen, mich zu zerfleischen, wenn ich es noch einmal wagen sollte, die Wohnung zu betreten. Mein Herz begann heftig zu pochen. Alle Sicherungen brannten bei mir durch. Ich ballte meine Fäuste, stürmte auf meinen Bruder zu und rammte ihm meinen Kopf in den Bauch. Er torkelte, fing sich aber rasch wieder und nahm mich in den Schwitzkasten.

»Lass mich durch!«, schrie ich mit tränenerstickter Stimme und versuchte vergeblich, mich aus seinem Würgegriff zu befreien. Er bearbeitete mich mit seinen Fäusten, und meine Mutter stand nur da, rauchte ihre Zigarette und unternahm nichts, rein gar nichts, um mir zu helfen.

»Das ist es also, was du hier in Deutschland gelernt hast? Deine Hand gegen deinen älteren Bruder zu erheben?«, ergriff sie erneut für Rashno Partei, und dann sprach sie ihr unbarmherziges Urteil und zerschlug damit auch noch den letzten Funken Hoffnung in mir. »Verschwinde, Farzad! Du hast deinen Bruder gehört! Du bist hier nicht mehr willkommen! Also pack deine Sachen und mach, dass du fortkommst!«

Ich kämpfte gegen die Tränen an, als Rashno mich zu Boden schleuderte und mich unter heftigen Fußtritten zur Tür hinausprügelte.

»Ich will dich hier nie mehr wiedersehen!«, brüllte er mir hinterher.

»Kannst du haben!«, schrie ich wutentbrannt zurück, während ich meine Schuhe, Jacke und die Schultasche einsammelte, die mir Rashno hinterherwarf. »Ich hau von hier ab und werde nie mehr wiederkommen! Nie mehr!«

11 Obdachlos

Ich schlüpfte in meine Schuhe und Jacke, warf meine Schultasche auf den Rücken und verließ mit knurrendem Magen und gebrochenem Herzen unseren Wohnblock.

Draußen war es dunkel. Die Bäume, Straßen und geparkten Autos waren von einer glitzernden, weißen Schneeschicht bedeckt, und die Straßenlaternen tauchten die Landschaft in ein märchenhaft orangefarbenes Licht. Alles wirkte so friedlich und rein, als würde die Welt außerhalb der Tragödie meines eigenen Lebens stillstehen und kein Unheil und keine Not kennen, nur Sanftmut und Freundlichkeit.

Ein eisiger Wind wehte, und ich schlug den Kragen meiner Jacke hoch. Die Hände in den Taschen vergraben lief ich durch den knirschenden Schnee und weinte mir die Seele aus dem Leib. Nicht einmal meine Mutter liebte mich. Sie hatte mich fortgeschickt wie einen Lump. Konnte es überhaupt etwas Schlimmeres geben, als von der eigenen Mutter verstoßen zu werden? Ich blieb unter einer Laterne stehen und blickte in den grauen Nachthimmel hinauf.

Wo bist du, du verfluchter Gott?, schrie ich in die Finsternis zu ihm hinauf. *Wieso vernichtest du mein Leben? Was hab ich dir getan? Was willst du von mir?*

Nachdem ich etwa eine halbe Stunde ziellos durch unser Viertel geschlurft war und meine Finger, Zehen und Nasenspitze schon ganz durchfroren waren, suchte ich in einer Telefonkabine Schutz vor dem Wind und der Kälte und überlegte mir, wo ich denn jetzt hingehen und die Nacht verbringen sollte. Ob ich Nasrin anrufen sollte? Ich entschied mich dagegen. Nasrin war gerade schwanger, und ihr Mann würde es bestimmt nicht begrüßen, wenn ich plötzlich auf der Matte stünde. Nein, ich wollte sie nicht meinetwegen in Schwierigkeiten bringen. Dafür liebte ich sie zu sehr.

Vielleicht könnte ich bei Andri für eine Nacht unterkommen, überlegte ich. Ich bat einen Passanten um etwas Kleingeld für einen

Telefonanruf und wählte Andris Nummer. Eigentlich wusste ich gar nicht, ob er die Polizeistation schon verlassen hatte oder nicht. Nuri, Andris jüngerer Bruder, meldete sich am anderen Drahtende.

»Hey, Nuri, ich bin's, Farzad!«

»Hey, Mirco!«, antwortete Nuri und gab mir dadurch zu verstehen, dass er nicht frei sprechen konnte. Er senkte auch gleich die Stimme und raunte in den Hörer hinein: »Mein Vater ist stinksauer. Die Polizei ist hier gewesen. Sie haben die Waffe gefunden.«

»Wo ist Andri?«, fragte ich.

»Immer noch auf der Wache, schätze ich. Wie lange können die ihn dort eigentlich festhalten? Und was ist mit dir? Bist du zu Hause?«

»Ja«, log ich, während ich beobachtete, wie sich neue Schneekristalle an der Glasscheibe der Telefonzelle festsetzten. »Ich schätze, dann sehe ich Andri morgen in der Schule. Bis dann, Nuri.«

»Bis dann«, antwortete Nuri und legte auf.

Ich hängte den Hörer auf die Gabel und seufzte. Mein Atem wurde vor meinem Mund augenblicklich zu einer kleinen weißen Wolke. *Das wird eine sehr lange und sehr kalte Nacht werden,* dachte ich und rieb mir meine klammen Finger. Ich blieb eine Weile in der Telefonkabine stehen, trat von einem Bein aufs andere und kämpfte gegen die Kälte an, die sich längst durch alle meine Kleiderschichten gefressen hatte und immer unerträglicher wurde. Meine Zähne klapperten. Ich zitterte am ganzen Körper, und meine Finger konnte ich kaum noch bewegen. Hinzu kam der nagende Hunger, da ich seit dem Pausenbrot um 9 Uhr nichts mehr gegessen hatte.

Irgendwann kam mir die rettende Idee: Ich hatte ja noch immer meinen Schlüsselbund bei mir. Ich konnte mich in unserem Kellerabteil verstecken! Warum war ich bloß nicht früher draufgekommen? Sofort machte ich mich auf den Weg. Die warme Luft im Treppenhaus schlug mir wohltuend entgegen. Ich stieg in den Keller hinunter, brach das Schloss unseres Kellerabteils auf und bastelte mir aus alten Matratzen, Kleidern und Koffern ein Bett zusammen. Erschöpft rollte ich mich unter ein paar Jacken und muffigen Mänteln zusammen und schlief auch sofort ein.

Im Morgengrauen wachte ich mit knurrendem Magen auf. Ich

rieb mir den Schlaf aus den Augen, kämmte mit den Händen mein verstrubbeltes Haar und machte mich auf den Weg zur Schule. In der Toilette der Jungs wusch ich mir das Gesicht, damit ich nicht aussah wie ein Zombie, und begab mich dann in mein Klassenzimmer.

Meine Mitschüler durchlöcherten mich natürlich mit tausend Fragen, warum Andri und ich denn gestern verhaftet worden wären und wo Andri jetzt sei. Ich belog sie einfach und sagte, es wäre alles nur ein dummes Missverständnis gewesen, weiter nichts.

Die Schulglocke läutete, und Frau Mayer betrat den Raum.

»Guten Morgen!«, verkündete sie wie jeden Morgen und schritt zu ihrem Pult, einen flüchtigen Blick über die Klasse werfend. Plötzlich hielt sie inne, blieb stehen und starrte mit offenem Mund in meine Richtung, als hätte sie soeben einen Geist gesehen.

»Was bitte schön machst du denn hier?«

Jetzt war ich der Verwirrte. »Wieso?«

»Hat man dich nicht über den Beschluss der Lehrersitzung unterrichtet?«

»Ich ... nein. Was für ein Beschluss?«

Die Lehrerin sah mich steif an. »Du hast für zwei Wochen Schulverbot!«

»Schulverbot?!«, wiederholte ich kopfschüttelnd. »Aber ...«

»Du und Andri. Wurde gestern Nachmittag beschlossen. Ich dachte, man hätte eure Eltern angerufen.«

Ich war total baff. Damit hatte ich nicht gerechnet.

»Du kannst gehen«, sagte Frau Mayer, als ich sie noch immer völlig verdattert anblickte. »Und falls du in den nächsten zwei Wochen das Schulgelände betrittst, wird sich das auf deinen Notendurchschnitt auswirken. Ist das klar? Ich hoffe, das wird dir und Andri eine Lehre sein.«

Die Schüler tuschelten eifrig miteinander, als ich meine Sachen zusammenpackte und mit hängenden Schultern das Zimmer verließ. Jetzt war ich also nicht nur obdachlos und von meiner Familie verstoßen, sondern hatte auch noch das Recht auf Bildung verloren. Schuldgefühle stiegen in mir auf.

Es ist alles meine Schuld, dachte ich plötzlich. *Hätte ich dem Jungen die Pistole nicht in den Mund gehalten ... Ich hab mir das alles selbst eingebrockt. Rashno hat mich zu Recht aus dem Haus geworfen. Wer will schon einen Kriminellen wie mich in seiner Nähe haben? Ich tauge nichts. Das hab ich nie getan, und daran wird sich nie etwas ändern.*

Ich schlenderte durch die Straßen und ging in den nächstbesten Supermarkt, um endlich meinen Hunger zu stillen. Ich stopfte meine ganze Schultasche mit Lebensmitteln voll und lief zum ersten Mal an der Kasse vorbei, ohne Waldemars goldene Regel zu beachten. Doch es juckte mich nicht. Außerdem hätte ich eh nichts kaufen können. Womit auch? Ich hatte keinen Pfennig in der Tasche. Den ganzen Vor- und Nachmittag zog ich plündernd durch die Innenstadt und machte mich erst bei Einbruch der Dunkelheit auf den Heimweg. Obwohl von Heim nicht mehr unbedingt die Rede sein konnte. Aber ich hatte mich damit abgefunden, dass von nun an das Kellerloch mein Zuhause sein würde. Immerhin hatte ich einen warmen Platz zum Schlafen und genug zu essen hatte ich auch. Was wollte ich noch mehr?

Nachdem ich mir den Bauch mit geklauten Crackern und Schokolade vollgestopft hatte, machte ich es mir auf der zerschlissenen Matratze bequem und schloss die Augen. Morgen, so nahm ich mir vor, würde ich als Erstes Andri aufsuchen, und dann würden wir einen Plan aushecken, was wir mit den schulfreien Tagen anfangen sollten. Irgendwie würden wir die Zeit schon rumkriegen. Und eigentlich, wenn ich es mir recht überlegte, hatte die ganze Geschichte auch ihre Vorteile: Ich konnte endlich tun und lassen, was ich wollte, ohne mich ständig vor Rashnos Schlägen fürchten zu müssen. So gesehen hatte er mir sogar einen Gefallen getan.

Ich war gerade dabei, in die Welt der Träume hinüberzugleiten, als ich schlurfende Schritte hörte. Die aus dünnen Latten gefertigte Tür unseres Kellerabteils öffnete sich knarrend, das Licht wurde angeknipst, und die sehr vertraute und alles andere als erfreute Stimme meiner Mutter erklang direkt über mir: »Wusst ich's doch! Hier hast du dich also versteckt!«

Ich blinzelte vom Kellerboden zu ihr hoch und wusste für einen Moment nicht, wie ich reagieren sollte.

»Mama«, brachte ich schließlich hervor, »bitte sag Rashno nichts davon. Ich verspreche dir, ich werde euch nicht zur Last fallen. Ihr werdet gar nicht merken, dass ich da bin.«

Meine Mutter sagte keinen Ton, blickte mich nur emotionslos an, atmete schwer und ging dann wieder, was ich als stilles Einverständnis interpretierte. Sie war zwar nicht sehr begeistert davon, aber wenigstens schickte sie mich nicht fort. Da hatte ich ja noch mal Glück gehabt. Ich löschte das Licht und ließ mich auf die Matratze zurückfallen. Keine halbe Minute später waren erneut Schritte zu hören. Diesmal klangen sie eindeutig nicht nach meiner Mama, sondern schwer und polternd, was leider keinen Zweifel offen ließ: Rashno.

»Du elender Hund!«, schrie er und packte mich am Kragen, bevor ich überhaupt dazu kam, mich zu wehren. »Du hast doch wohl nicht geglaubt, dass ich dich hier unten nicht finden würde?« Eine schallende Ohrfeige traf mich im Gesicht. »Als ich sagte, du hättest hier kein Zuhause mehr, meinte ich damit auch den Keller! Und jetzt raus hier!«

Ich konnte gerade noch meine Jacke und die Schuhe schnappen, bevor mich mein Bruder unter heftigen Fußtritten und Schlägen aus dem Kellerabteil die Treppe ins Erdgeschoss hochjagte. Dann streckte er auffordernd die Hand aus.

»Die Schlüssel!«

Ich schluckte. Das konnte doch nicht sein Ernst sein!

»Na, mach schon! Gib mir deinen Schlüsselbund! Nicht, dass du auf die Idee kommst, dich erneut heimlich reinzuschleichen!«

Ich griff in meine Hosentasche und überreichte ihm meinen Schlüsselbund und damit das letzte Verbindungsstück zu dem Ort, der einmal mein Zuhause gewesen war.

»Raus mit dir!« In hohem Bogen warf er mich in den Schnee hinaus. »Und wehe, du kommst zurück! Hast du mich verstanden?!«

Ich gab ihm keine Antwort und wischte mir bloß die Tränen aus den Augen. Die Eingangstür schnappte hinter mir ins Schloss. Und ich stand erneut auf der Straße, ohne zu wissen, wie es jetzt weitergehen sollte. Ich rappelte mich auf und hüpfte in den Socken über den eisigen Boden zu meinen Schuhen, dann zog ich meine Winterjacke an, warf einen letzten Blick auf die hell erleuchteten Fenster im ersten Stock und humpelte schweren Herzens davon.

Planlos irrte ich durch die Kälte und wusste nicht, worüber ich mehr weinen sollte: über die furchtbare Tatsache, dass ich von meiner eigenen Mutter verraten worden war, oder über die Ungewissheit, wie ich diese tödliche Winternacht überleben sollte. Andri war meine letzte Hoffnung. Wie schon am Abend zuvor ging ich zur selben Telefonkabine, ließ mir von einem Passanten etwas Geld geben und rief Andri an.

»Hier bei Miftari«, meldete sich Andri schon nach wenigen Pieptönen. Ich war so erleichtert, seine Stimme und nicht die seines Vaters zu hören, dass ich laut aufseufzte.

»Andri! Gott sei Dank! Du bist meine Rettung!«

»Farzad? Farzad, bist du das?!«

»Ich brauch deine Hilfe, Andri. Ich sterbe, wenn du mir nicht hilfst!«

»Was ist denn los? Wo bist du?«

»In einer Telefonzelle.«

»Im Gefängnis?!«

»Nein, drei Blocks von dir. Kann ich vorbeikommen?«

»Klar! Hey, ich hab denen nichts gesagt, was sie nicht eh schon wussten. Die haben mich eine ganze Nacht schmoren lassen. Und du? Wann haben sie dich freigelassen?«

»Gestern Abend.«

»Gestern Abend schon? Hast du gestanden?«

»Keine Sorge, ich hab dich nicht verraten. Ich hab nur meinen Teil erzählt.«

»Na toll. Und mir hast du eingebläut, ich soll den Mund halten. Verflixt noch mal. Die Pritsche war verflucht hart, ey!«

Der Keller war auch nicht gerade üppig, dachte ich und warf einen Blick auf das Display. Es blinkte, um anzuzeigen, dass das Guthaben aufgebraucht war. Und ich hatte keine Münze zum Nachwerfen.

»Hör zu, Andri. Ich bin gleich da. Dann können wir reden, okay?«

»Okay. Ich warte auf dich.«

Zehn Minuten später klingelte ich an der Tür des Wohnblocks, in dem Andri zu Hause war. Es dauerte ein paar Momente, dann kam Andri in Hausschuhen die Treppe heruntergehüpft und sperrte die Tür auf. Ich hatte mir eine Entschuldigung zurechtgelegt wegen der Sache mit dem Verhör. Aber als wir uns gegenüberstanden, waren wir einfach nur froh, uns wiederzusehen, und fielen uns wie zwei alte Kriegsveteranen in die Arme.

»Komm rein«, sagte Andri, und ich schlüpfte aus der Kälte ins warme Treppenhaus. »Aber ich muss dich warnen. Ich kann dich nicht mit in die Wohnung hochnehmen. Die Luft ist immer noch ziemlich dick. Mein Vater hat mir alles Mögliche an den Kopf geworfen.«

»Er hat dich geschlagen?«, fragte ich.

Andri winkte lachend ab, während die Haustür sich durch eine Automatik langsam wieder schloss. »Nein. Mein Vater schlägt mich nicht. Oder nur ganz selten. Er hat mir bloß die Leviten gelesen, dass mir noch jetzt der Schädel davon brummt. Wie war's bei dir?«

»Rashno hat mich rausgeworfen«, sagte ich knapp.

»Er hat dich *was*?«, rief Andri entsetzt.

»Ich hab letzte Nacht im Keller geschlafen. Bis er mich heute auch von dort vertrieben hat«, schilderte ich ihm die Situation nüchtern. »Ich wollte dich eigentlich fragen, ob ich ... na ja, ob ich diese Nacht bei dir schlafen könnte.«

»Farzad«, sagte Andri und schüttelte fassungslos den Kopf. »Das ist ja echt mies. Dein Bruder hat dich voll auf die Straße gestellt?!«

Ich zog den Mund schief. »Du kennst meinen Bruder. Ich kann nicht mehr zurück. Er würde mich umbringen.«

Andri biss sich auf die Lippen und dachte scharf nach. »Ich würde dich ja gerne einladen, bei uns in der Wohnung zu pennen, aber das geht leider nicht. Wie gesagt, mein Vater ist im Moment ziemlich schlecht drauf. Ich kann dir höchstens anbieten, im Keller zu übernachten.«

»Kein Problem, Andri. Solange ich nicht auf der Straße schlafen muss, ist mir alles recht.« Ich war echt erleichtert, dass ich bleiben durfte. Allein der Gedanke, nicht mehr im eisigen Wind herumirren zu müssen, erfüllte mich mit tiefer Dankbarkeit. »Danke, dass du das für mich tust«, sagte ich. »Ich glaube nicht, dass ich die heutige Nacht sonst überlebt hätte.«

Er klopfte mir auf die Schulter. »Hey, dafür sind Freunde doch da.«

»Es ist auch nur für eine Nacht oder zwei. Bis ich was anderes gefunden habe«, versprach ich ihm.

»Von mir aus kannst du bleiben, solange du willst«, sagte Andri großzügig, während er mir voran die Treppe in den Keller hinunterging. »Schließlich bist du mein bester Freund.«

Er führte mich in ihr Kellerabteil und half mir dabei, es mir einigermaßen gemütlich einzurichten. Dann verschwand er kurz und kam mit Saft, Brot und Sucuk, türkischer Wurst, zurück. Ich war überwältigt von Andris Fürsorge. Und unendlich dankbar, dass ich einen Platz im Trockenen und Warmen hatte.

Mein neues Bett war zwar nicht so bequem wie das in unserem eigenen Keller, aber ich hatte bereits gelernt, bescheiden und anspruchslos zu sein. Am nächsten Morgen, nachdem sein Vater zur Arbeit gegangen war, holte mich Andri in die Wohnung hoch, und ich durfte mich an einen reich gedeckten Frühstückstisch setzen. Andris Mutter empfing mich trotz allem, was wir angestellt hatten, mit einer für mich kaum nachvollziehbaren Herzlichkeit. Ich kriegte auch neue Kleider, und nach einer warmen Dusche fühlte ich mich wie neugeboren. Was hatte Andri doch für ein Glück, eine solche Familie zu haben!

Den ganzen Tag blieben wir in der Wohnung, sahen uns Videos an und hingen rum. Wir machten aus, dass ich abends einfach so tun würde, als müsste ich nach Hause gehen, um mich dann stattdessen in den Keller zu schleichen. Als Andris Vater so gegen 18 Uhr nach Hause kam, beobachtete ich, wie er seinen Gebetsteppich ausrollte und anfing zu beten. Da ich im Iran Arabisch gelernt hatte, verstand ich die Koransuren. Auch wenn ich mit dem Inhalt der auswendig gesprochenen Verse nicht viel anfangen konnte, lösten sie eine Welle von Zwiespalt in mir aus. Einerseits hasste ich Gott, andererseits war ich tief beeindruckt von der Frömmigkeit von Andris Vater.

Ach, wenn meine Familie doch auch nur so gläubig wäre, dachte ich. *Dann würde sich niemand streiten, und Rashno würde mich nicht dauernd verletzen und beleidigen!*

Ruckartig wurde ich aus meiner Gedankenwelt gerissen, als Andri mir auf die Schulter tippte und mir zuflüsterte, ich müsste nun gehen und er würde mir später noch was vom Abendessen bringen. Also verabschiedete ich mich von seiner Familie und ging in den Keller hinunter. Eine Stunde später kam Andri wie versprochen vorbei. Nur hatte er kein Essen dabei, dafür aber einen hochroten Kopf. Ich ahnte, dass etwas schiefgelaufen sein musste.

»Ich habe eine gute und eine schlechte Nachricht«, sagte er mit ausdrucksloser Miene. »Welche willst du zuerst hören?«

»Die schlechte«, sagte ich und machte mich innerlich bereits auf das Schlimmste gefasst.

»Mein Vater hat mich in flagranti dabei erwischt, als ich dir dein Essen in eine Box packte, und wollte wissen, für wen das sei.«

»Sag bloß ...« Ich wollte den Gedanken gar nicht erst zu Ende denken. »Du hast es ihm doch nicht etwa gesagt, oder?«

Er zuckte die Achseln. »Ich konnte ihn nicht belügen, Farzad.«

Wie betäubt starrte ich ihn an. »Andri!«, rief ich entsetzt. »Ich dachte, du wärst mein Freund! Du kannst mich jetzt doch nicht hängen lassen! Wo soll ich denn hin?!«

Andri grinste, und ich verstand überhaupt nicht, was es da zu grinsen gab. »Jetzt beruhig dich erst einmal. Ich lass dich schon nicht hängen. Deinetwegen hab ich sogar eine Ohrfeige kassiert.«

Das war mir ehrlich gesagt ziemlich egal. Ich war am Boden zerstört. Die Vorstellung, wieder auf die Straße zurückzumüssen, war einfach unerträglich. »Und was ist die gute Nachricht?«

Ein Strahlen ging über sein Gesicht. »Die gute Nachricht ist, du darfst bleiben.«

»Ich darf bleiben?«, fragte ich verdutzt.

»Ja. Ich hab meinem Vater die ganze Geschichte erzählt, dass dein Bruder dich schlägt und dich rausgeworfen hat. Und da hat er mir eine Ohrfeige gegeben und gesagt: Seit wann lässt man einen Freund, der in Schwierigkeiten steckt, im Keller übernachten? Geh sofort runter und hol ihn herauf! Er kann so lange bei uns wohnen, bis sich die Lage bei ihm zu Hause wieder beruhigt hat! Na, was sagst du dazu? Du darfst ab sofort in meinem Zimmer schlafen!«

»Im Ernst?!«

»Im Ernst. Komm schon! Meine Mutter hat das Abendessen bereits für dich in die Mikrowelle geschoben!«

Ich bin beinahe über den Boden geschwebt, als wir gemeinsam die Treppe aus dem Keller in die Wohnung hochstiegen, so erleichtert und glücklich war ich. Ich hatte wieder ein Zuhause! Meine eigene Familie hatte mich zum Teufel gejagt, und Andris Familie nahm mich einfach bei sich auf, obwohl sie wussten, dass ich kein Unschuldslamm war. Eine solche Gastfreundschaft hatte ich noch nie erlebt. Ich musste unwillkürlich an das Gebet zurückdenken, das Andris Vater auf dem Gebetsteppich gesprochen hatte.

Offenbar wird von der Beziehung eines Menschen mit Gott auch seine Beziehung zu den Mitmenschen beeinflusst, dachte ich. *Und wer keine Achtung vor Gott hat, hat auch keine Achtung vor der Würde seiner Mitmenschen.*

In dieser Nacht schlief ich wie ein Baby in der tiefen Gewissheit, dass nun alles gut werden würde.

12 Pamela

Zwei Wochen schulfrei. Klingt doch eigentlich fantastisch. Aber schon nach den ersten zwei Tagen langweilten sich Andri und ich zu Tode. Um unsern Adrenalinspiegel etwas in Schwung zu bringen, beschlossen wir, in die Stadt zu gehen und Markenkleider zu klauen. Da meine Gier unersättlich war, wurde ich natürlich prompt mit heißer Ware erwischt. Andri gelang es unerkannt zu fliehen, während ich der Kriminalpolizei übergeben wurde und auf derselben Polizeistation landete wie vor einigen Tagen wegen der Geschichte mit den Kartoffeln.

»Du schon wieder?«, begrüßte mich der Polizist, der meine Personalien aufnahm, kopfschüttelnd. »Du lernst deine Lektion wohl nie, was?«

Nachdem er alles zu Protokoll genommen hatte, fuhren mich zwei Polizisten nach Hause. All mein Flehen, mich doch einfach an der Straßenecke abzusetzen, half nichts. Meine Beine versagten mir beinahe den Dienst, als der elektronische Türöffner surrte und die beiden Polizisten mich in den ersten Stock begleiteten, wo Rashno mich mit blitzenden Augen an der Wohnungstür erwartete.

»Herr Rasuli«, sagte der eine der jungen Männer freundlich, »wir haben Ihren Bruder heute Nachmittag beim Klauen erwischt und ...«

»Ich kenne diesen Jungen nicht!«, unterbrach ihn Rashno unwirsch und wollte den Polizisten tatsächlich die Tür vor der Nase zuknallen. Aber einer von ihnen war schneller und stellte seinen Fuß in den Türrahmen.

»Entschuldigen Sie«, sagte er und warf zur Sicherheit einen Blick in seine Unterlagen und dann auf das Türschild, »Sie sind doch Herr Rasuli. Und das ist Ihr Bruder, richtig?«

Rashno schnaubte. »Und wenn schon. Wir wollen keine Verbrecher im Haus haben. Sie können ihn gerne wieder mitnehmen.«

Es war entwürdigend, Rashno so reden zu hören.

»Hören Sie, Herr Rasuli«, ergriff der erste Polizist wieder das

Wort und schob mich vor. »Ihr Bruder *wohnt* hier, also lassen Sie ihn jetzt in die Wohnung rein, okay?«

Aber Rashno dachte nicht daran, mich reinzulassen.

»Dieser elende Hund kommt mir nicht ins Haus!«, knirschte er und stieß mich mit solcher Wucht von sich, dass ich gegen die Wand knallte und mich gerade noch am Uniformärmel von einem der Polizisten festhalten konnte, um nicht das Gleichgewicht zu verlieren.

»Jetzt mal schön langsam!«, sagte der eine der Beamten laut und stellte sich mit ausgebreiteten Armen beschützend vor mich, was Rashno aber nicht im Geringsten daran hinderte, mich erneut anzugreifen.

»Verschwinde, du Bastard!«, rief er, und gerade noch rechtzeitig konnte ich abtauchen, bevor Rashnos Faust dicht über meinem und haarscharf neben dem Kopf meines Beschützers ins Leere ging. »Warte nur, bis ich dich allein erwische!«, drohte er mir, während die Polizisten ihn zurück in die Wohnung drängten.

»Verstehen Sie jetzt, was ich meine?!«, quiekte ich mit zitternden Knien, und meine Augen füllten sich mit Tränen. »Warum verhaften Sie ihn nicht? Er wird mich umbringen, wenn Sie mich mit ihm allein lassen! Ich hab es Ihnen doch gesagt!«

Nur mit Mühe konnten die Beamten Rashno von mir fernhalten. Auf einen derartig heftigen Empfang waren sie nicht vorbereitet gewesen, auch wenn ich sie auf der ganzen Fahrt vor den Wutausbrüchen meines Bruders gewarnt hatte. Der eine der beiden Polizisten hielt nun Rashno in Schach, der andere rief über Funk seinen Vorgesetzten an und schilderte ihm die Situation und dass ich unmöglich hier bleiben konnte. Es wurde entschieden, dass ich vorübergehend im Waisenhaus von Kempten untergebracht werden sollte, bis die erhitzten Gemüter sich beruhigt hätten. Aber ich kannte meinen Bruder gut genug, um zu wissen, dass er sich niemals beruhigen würde.

Die Beamten erstatteten nach diesem Vorfall gegen meinen Bruder Strafanzeige wegen Körperverletzung. Aber schon nach vier Wochen wurde das Verfahren mit der Begründung »kein öffentliches Interesse« wieder eingestellt. Wenn ich irgendwo etwas klaute, wurde gleich ein Riesentheater gemacht. Aber wenn mein Bruder seine Hand gegen mich erhob, und das sogar in Anwesenheit von Polizisten, bestand kein öffentliches Interesse.

Einmal mehr wurde mir klar, dass ich in dieser Welt ganz auf mich allein gestellt war. Da gab es niemanden, der sich für mich einsetzte, weder das Sozialamt noch die Staatsanwaltschaft, die einen, weil sie es nicht konnten, die anderen, weil sie es nicht wollten. Zivilisation hin oder her: Es galt auch hier das Gesetz des Stärkeren, genau wie im Wilden Westen. Und für einen Spargeltarzan wie mich gab es im zivilisierten Wilden Westen eigentlich nur eine Möglichkeit, sich sicher zu fühlen: mit einer Pistole im Hosenbund. Und so stattete ich dem Waffengeschäft in Kempten schon bald meinen nächsten Besuch ab, um meinen Vorrat neu aufzustocken, nachdem die Polizei bei ihrer letzten Hausdurchsuchung wieder mal alles mitgenommen hatte.

Im Waisenheim musste ich Gott sei Dank nur für ein paar Tage bleiben. Dann nahm Nasrin mich bei sich auf, worüber ich mich natürlich wahnsinnig freute, denn Nasrin war schon immer wie eine Mutter zu mir gewesen. Ich fühlte mich so glücklich und geborgen, dass ich zum ersten Mal seit Monaten wieder richtig durchschlafen konnte. Um meine Dankbarkeit zu zeigen, putzte ich sogar täglich die Wohnung auf Hochglanz, saugte mehrmals den Boden und wusch das Geschirr. Diese Chance, bei meiner Schwester zu leben, wollte ich mir auf keinen Fall vermasseln. Allerdings merkte ich, dass Nasrins Mann mir gegenüber immer wortkarger wurde, und manchmal hörte ich, wie er und meine schwangere Schwester sich hinter verschlossener Tür stritten. Ich konnte zwar nicht mit Sicherheit sagen, ob es meinetwegen war, doch spürte ich, dass ich mich wohl schon bald nach einer neuen Bleibe umsehen müsste.

Der Gerichtstermin wegen des Überfalls auf die drei deutschen Jugendlichen rückte näher. Mir wurde derselbe Jugendgerichtshelfer zugeteilt wie bei meinem ersten Gerichtsverfahren, das schon fast zwei Jahre zurücklag. Herr Wenger war über 1,90 Meter groß, schlank und hatte eine Glatze mit einem braunen Haarkreis drum herum. Was ihm an Haaren auf dem Kopf fehlte, besaß er an Güte und Verständnis im Herzen. Ich war nicht nur ein Fall für ihn, den er nach Feierabend zu den Akten legte. Er war einer der wenigen Menschen, die wirklich aufrichtig um mein Wohl besorgt waren.

»Farzad«, sagte er mir, als Nasrin und ich ihn vor der Gerichtsverhandlung trafen, »diesmal ist die Sache leider nicht mit gemeinnütziger Arbeit in einem Altersheim wiedergutzumachen. Ich werde vier Wochen Jugendarrest für dich beantragen. Ich hoffe, die Erfahrung wird dich genug schocken, um dich davon abzuhalten, deine kriminelle Laufbahn fortzusetzen und am Ende sogar jahrelang hinter Gitter zu kommen.«

Da Wengers Stimme am Gericht großes Gewicht hatte, folgte der Richter seiner Empfehlung und verurteilte mich zu vier Wochen Jugendarrest und Andri, weil es sein erster Konflikt mit dem Gesetz war, zu zwei Wochen. Wir verbüßten unsere Strafe während der Sommerferien in der Strafanstalt Augsburg. Es war, wie mein Gerichtshelfer vorausgesagt hatte, eine ziemlich bittere und trostlose Erfahrung. Ich war unendlich einsam, weinte viel und dachte über mein beschissenes Leben nach. Dennoch verließ ich den Knast, ohne irgendwelche guten Vorsätze für meine Zukunft gefasst zu haben.

Nasrin hatte während meiner Haftzeit ein Mädchen zur Welt gebracht. Ihr Name war Parisa, und sie war das süßeste Baby, das ich je gesehen hatte. Als meine Nichte zum ersten Mal in meinen Armen lag, kam ich mir irgendwie schäbig und unwürdig vor, so etwas Unschuldiges und Reines überhaupt in Händen halten zu dürfen. Jetzt, wo Nasrin Mutter geworden war, hatte ihr Mann den perfekten Grund, um mich endlich loszuwerden. Und so blieb mir nichts anderes übrig, als in den verhassten Schwalbenweg zurückzukehren. Mein Bruder war nicht gerade begeistert davon. Aber meine Mutter hatte nun mal offiziell das Sorgerecht, das hatte auch das Jugendamt bestätigt. Also mussten wir uns irgendwie arrangieren. Immerhin war ich in der Zwischenzeit abgehärtet genug, um mich gegen meinen Bruder innerlich abzuschotten und meinen eigenen Weg zu gehen. Ich ließ mir von ihm nichts mehr sagen.

Die Sommerferien waren vorbei, und ich hatte keinen Bock auf mein letztes Schuljahr. Aber Nasrin, die sich weiterhin als Einzige von der Familie für mich einsetzte, hatte die perfekte Idee, um mich aus der Reserve zu locken: Sie versprach mir eine Crossmaschine, wenn ich im Halbjahreszeugnis keine schlechtere Note als eine 2 schaffen würde. Es wirkte. Ab sofort hing ich nicht mehr in der Gegend rum, klaute und rauchte nicht mehr und verbrachte die meiste Zeit mit Lernen. Sechs Monate später kam ich mit einem Traumzeugnis nach Hause und meine Schwester kaufte mir pünktlich zu meinem siebzehnten Geburtstag am 8. Februar 1997 mein Traummotorrad, eine 80er DT Crossmaschine. Ich war total happy, und von nun an fuhr ich nur noch mit meiner Maschine in der Gegend herum. Die neidischen Blicke der Jungs und die bewundernden der Mädchen entgingen mir nicht, wenn ich abends beim »Grill«, unserer Diskothek, auftauchte. Ich fühlte mich wie ein King.

Das Einzige, was mir jetzt noch zum Glück fehlt, ist ein Mädchen, dachte ich.

Dass sich dieser Traum nur wenige Monate später tatsächlich erfüllen würde, wusste ich zu diesem Zeitpunkt natürlich noch nicht. Und ich ahnte auch nicht, dass Liebe und Tod manchmal Hand in Hand gehen und eine einzige Verzweiflungstat alles verändern kann ...

Ich lernte sie am 12. September 1997 kennen. Ihr Name war Pamela. An diesem Tag war ich zusammen mit Andri im Grill, als mir ein wunderschönes langhaariges Mädchen mit braunen Augen auffiel. Ich hatte sie schon öfter in der Diskothek gesehen, aber heute hatte sie sich besonders herausgeputzt, und ihr schlanker Körper mit all seinen perfekten Rundungen machte mich ganz verrückt. Ich stupste Andri in die Seite.

»Sag mal, weißt du, wer die da drüben ist? Die mit den schwarzen Locken?«

»Du kennst Giovannis Schwester nicht?«, fragte Andri verwundert zurück.

»*Das* ist Giovannis Schwester? Wie heißt sie?«

»Pamela«, sagte Andri und sah mich kritisch von der Seite an, denn er kapierte, dass ich gerade im Begriff war, mich in sie zu verlieben. »Vergiss es, ey. Sie ist erst 14.«

»Na und? Das sind nur drei Jahre Altersunterschied.«

»Farzad. Ich glaube nicht, dass du dich mit ihr einlassen solltest. Wenn Giovanni davon erfährt, kriegst du bestimmt Probleme.«

»Probleme? Wieso?«

»Hallo? Sizilianer haben ein hitziges Temperament. Das weißt du doch.«

»Und wenn schon. Was kümmert es mich, was ihr Bruder denkt? Hey, hast du gesehen? Sie hat mir zugelächelt. Ich glaub, sie mag mich.«

»Blödsinn«, sagte Andri, obwohl ihm nicht entgangen war, dass Pamela bereits zum dritten Mal zu uns herüberblickte und ganz offensichtlich den Blickkontakt mit mir suchte.

»Ich muss mit ihr reden«, sagte ich, nahm all meinen Mut zusammen und schlängelte mich zwischen den Leuten zu ihr hindurch.

»Farzad, warte!«, rief Andri hinter mir her, aber ich ignorierte ihn einfach.

»Hey«, sagte ich, als ich mit meinem Drink in der Hand vor Pamela stand. Aus der Nähe war sie noch hübscher. »Du bist doch Pamela, Giovannis kleine Schwester, richtig?«

»Das klein kannst du weglassen«, entgegnete sie keck, »aber ja, ich bin seine Schwester.«

»Ich bin Farzad«, stellte ich mich vor und streckte ihr die Hand entgegen.

»Ich weiß, wer du bist«, sagte Pamela zu meiner Verblüffung. »Du bist immer mit Andri zusammen und wohnst in Thingers. Und Anfang Juli hast du die Schule geschmissen, stimmt's?«

»Äh ... nun ja ...« Ich war ziemlich baff, wie gut Pamela über mich informiert war, aber dass sie sogar wusste, dass ich die Schule geschmissen hatte, war mir etwas peinlich. Ich stand tatsächlich ohne Schulabschluss da und hatte damit wieder einmal bewiesen, dass ich in einem ganz besonders gut war: darin, etwas nicht zu Ende zu bringen. Mein Bruder Milad hatte mich einen Monat vor den großen Prüfungen eingeladen, zu ihm nach Augsburg zu ziehen. Er studierte dort Architektur und meinte, ich könnte meinen Abschluss ja auch in Augsburg machen. Natürlich war ich begeistert von der Idee, und natürlich ging alles gründlich in die Hose. Ich fand an der neuen Schule keinen Anschluss, und zwei Wochen vor den Hauptprüfungen schmiss ich das Handtuch und kehrte nach Kempten zurück, ohne einen Schulabschluss in der Tasche.

Ich fand Arbeit als Kantmaschinenführer, wo ich jeden Tag Tonnen von Metallplatten falten musste. Es war nicht gerade ein Traumjob, dafür hatte ich jetzt endlich Geld. Auch Andri hatte zu arbeiten begonnen, als Mechaniker in der Eisengießerei seines Vaters. Abends und vor allem an den Wochenenden trafen wir uns nach wie vor und zogen gemeinsam von einer Bar zur nächsten.

»Woher weißt du so viel über mich?«, fragte ich Pamela, noch immer erstaunt darüber, dass sich mal jemand für mich interessierte, der keine Polizeiuniform oder eine schwarze Richterrobe trug.

»Ich fand dich schon immer megacool«, gestand sie mir daraufhin und schob sich ihr Haar hinter die Ohren. »Ich hab mich bloß nie getraut, dich anzusprechen.«

Na, wenn das keine Liebeserklärung ist, dachte ich begeistert.

»Hast du Lust, mit mir eine Runde auf dem Motorrad zu drehen?«

»Warte kurz«, sagte sie, flatterte zu ihren Freundinnen hinüber, die alles aus der Ferne beobachtet hatten, und nachdem die Mädchen eifrig miteinander getuschelt und gekichert hatten, kehrte sie zurück und verkündete: »Ja. Ich komme mit!«

Gemeinsam verließen wir die Diskothek, sie sprang wie ein Vollprofi hinter mir auf mein Motorrad, und ich gab Gas. Ich spürte, wie tausend Schmetterlinge begannen, in meinem Bauch zu tanzen, als Pamela ihre Arme ganz fest um mich schlang. Es war ein herrliches Gefühl, und ich wollte, dass es nie enden würde, weshalb ich so lange in der Gegend herumkurvte, bis die Benzinwarnleuchte aufblinkte. Dann fuhr ich Pamela nach Hause. Auf dem Parkplatz vor ihrem Haus stiegen wir beide von der Maschine, und ich lehnte mich lässig wie James Dean an mein Motorrad und zündete mir eine Zigarette an.

»Und, hat dir der Trip gefallen?«

»Hat riesig Spaß gemacht, Farzad«, nickte sie und mir entging nicht, wie ihre Wangen sich dabei röteten.

Irgendwie wussten wir beide nicht so recht, worüber wir reden sollten, und starrten vor Verlegenheit mehr auf den Boden als woanders hin. Schließlich überwand ich mich, das zu sagen, was ich schon die ganze Zeit sagen wollte.

»Pamela?«

»Ja?«

Sie sah auf und blickte mich mit ihren wunderschönen braunen Augen erwartungsvoll an.

»Weißt du, was ich jetzt am liebsten tun würde?«, fragte ich sie.

»Nein, was denn?«

Ich warf die Zigarette fort und machte einen Schritt auf sie zu. »Ich würde dich am liebsten küssen. Aber ... ich kann verstehen, wenn du das nicht möchtest.«

»Wer sagt, dass ich es nicht möchte?«

In meinem Herzen purzelte alles durcheinander. Ich beugte mich vor, und unsere Zungen verschmolzen leidenschaftlich miteinander. Ich glaube, das war der längste und innigste Kuss meines Lebens. Endlich ergab mein ganzes Dasein einen Sinn. Und dieser Sinn hieß Pamela.

Die nächsten Tage schwebte ich auf Wolke sieben. Ich vermisste Pamela jede Sekunde, die ich nicht mit ihr zusammen war. Vor lauter Sehnsucht nach ihr hielt ich es bei der Arbeit kaum aus. Ich war bis über beide Ohren in sie verknallt, und alle meine Gedanken und Gefühle drehten sich nur noch um dieses wunderhübsche sizilianische Mädchen namens Pamela.

Ich lernte auch ihre Mutter und ihre kleine achtjährige Schwester kennen, und entgegen Andris Befürchtungen nahm ihr Bruder Giovanni die Sache total gelassen.

»Mit wem sich meine Schwester treffen will, geht mich nichts an«, waren seine Worte.

Dennoch hatte Andri in einem Punkt recht: Sizilianer haben ein hitziges Temperament, und das galt vor allem für Pamelas Vater, der ein echter Kalabrier war. Pamela hatte mir gleich von Anfang an gesagt, ihr Vater wäre ein eingefleischter Sizilianer und würde niemals akzeptieren, dass sie sich mit einem Iraner einließ. Daher mussten wir uns immer heimlich treffen.

»Wenn er es jemals herausfindet, Farzad, dann weiß ich nicht, was aus uns wird«, warnte sie mich mehrmals.

»Keine Sorge. Er wird es schon nicht herausfinden«, meinte ich zuversichtlich. Ich war viel zu verliebt, um die Ernsthaftigkeit ihrer Worte zu begreifen. Ich war einfach nur glücklich, ein Mädchen an meiner Seite zu haben, das mich so liebte, wie ich war. Das bedeutete mir sehr viel. Und seit ich Pamela kannte, hatte ich sogar all meine kriminellen Aktivitäten auf Eis gelegt und mir fest vorgenommen, mein Leben zu ändern. Aber leider hielten meine guten Vorsätze gerade mal ein paar Wochen an. Eines Abends holte mich die Realität wieder knallhart ein, und der schlummernde Psycho in mir erwachte erneut zum Leben.

13 Kopfschuss

Es war Herbst geworden, und Andri und ich zogen mit einer Clique von Türken und Albanern, die wir auf unserer Kneipentour so kennenlernten, von einer Bar zur nächsten. Dabei kam es zu einem heftigen Streit zwischen uns und einem stadtbekannten Neonazi. Es begann damit, dass der angeheiterte Glatzkopf mit den Springerstiefeln seinen Mund zu voll nahm und uns Ausländer aufs Gröbste beleidigte. Daraufhin umzingelten wir ihn vor einer rechtsradikalen Bar und verpassten ihm zu zehnt eine heftige Abreibung.

Doch die Sache eskalierte. Meine türkischen Kollegen droschen immer wieder auf ihn ein, denn auch mit blutender und gebrochener Nase wollte der Kerl einfach nicht den Mund halten. Schließlich gelang es ihm, sich in die Bar zu flüchten. Wir waren uns sicher, dass bald eine Horde kahl geschorener Skinheads herausstürmen und uns eine brutale Straßenschlacht liefern würde. Wer aber wenige Sekunden später mit einer Bierflasche in den Pranken aus der Bar herausschlurfte, und zwar allein, war ein einziger Mann, ein wahrer Koloss, wie ich es bisher nur in Filmen gesehen hatte. Der Hüne muss eine Größe von mindestens 2,10 Metern gehabt und bestimmt an die 170 Kilogramm auf die Waage gebracht haben.

Er blickte auf uns herunter, als wären wir nichts weiter als ein lästiger Heuschreckenschwarm. Und genau so kamen wir uns auch vor bei seinem Anblick. Seine Arme waren so dick wie ein Baumstamm, und die tätowierten Fabelwesen auf seinem Hals und seiner Glatze waren nicht minder Furcht einflößend.

»Was zum Teufel wollt ihr hier?«, fauchte er uns an. Und wie er einen Schritt auf uns zumachte, wichen wir alle geschlossen einen Schritt zurück. Unser Mut schwand kollektiv dahin.

»Ich mach euch alle fertig! Ihr elenden Kanaken!«, schrie er uns an, und keiner von uns hatte den Mumm, irgendetwas zu erwidern oder zu tun. Eigentlich hatte ich etwas mehr Courage erwartet. Immerhin waren wir in der Überzahl. Wenn wir uns alle gleichzeitig auf den Kleiderschrank gestürzt hätten, hätten wir ihn bestimmt zu Fall gebracht. Ich sah, wie der junge Neonazi, den wir verprügelt hatten, sich hinter seinem Kameraden verschanzt hatte und uns voller Genugtuung angrinste.

»Jetzt habt ihr wohl alle Schiss, was?«, rief er uns mit blutverschmiertem Gesicht zynisch entgegen. »Na, was ist? Vorhin habt ihr euch doch auch zu zehnt auf einen geworfen! Wo ist denn nun euer Heldenmut, ihr feigen Ölratten?! Worauf wartet ihr noch?«

Geschützt durch den breiten Rücken seines Kumpels, bewarf er uns wieder mit den schlimmsten Kraftausdrücken, die ihm einfielen, während der Riese die Bierflasche wie eine Keule durch die Luft schwang und schnaubte und herumbrüllte wie ein gereizter Ork. Ich sah in die eingeschüchterten Gesichter meiner Kollegen, und plötzlich wusste ich, was ich zu tun hatte. Dies war meine Chance, einmal mehr zu beweisen, dass ich mich vor nichts und niemandem fürchtete. Dies war die Gelegenheit, mit diesem rechtsradikalen Giganten und seinem großkotzigen Freund abzurechnen.

Ich löste mich unauffällig aus der Clique, schlich mich von hinten an den 2,10-Meter-Goliath heran, zog meine Walther P99, Kaliber 9 mm aus dem Holster (ich hatte mir seit Neustem ein Holster zugelegt wie die Polizisten eins trugen), entsicherte die Pistole und schoss dem Ungeheuer eine Kugel in den Hinterkopf. Der Riese hatte nicht einmal den Hauch einer Chance. Er sackte in sich zusammen wie ein Kartenhaus. Ungeschützt stand jetzt der junge Skinhead vor mir. Eben noch hämisch grinsend, war nun alle Farbe aus seinem dämlichen Gesicht gewichen. Entsetzt starrte er mich an, als ich mit ruhiger Hand die Waffe hob und die Mündung meiner Pistole nun auf seinen Kopf richtete. Dann ergriff er Hals über Kopf die Flucht. Meine Kollegen taten dasselbe. Andri war der Einzige, der zurückblieb, während er schockiert zwischen dem am Boden liegenden Giganten und mir hin- und herschaute.

»Was hast du getan, Mann?«, rief er entgeistert. »Bist du wahnsinnig geworden? Hast du jetzt total den Verstand verloren oder was?!«

»Das Schwein hat es nicht anders verdient«, sagte ich kühl und blickte herablassend auf meinen besiegten Feind herunter, während ich die Waffe wieder einsteckte. »Mich reut bloß die Patrone, die ich für dieses Stück Scheiße verschwendet habe. Geh'n wir.«

Zu Hause füllte ich seelenruhig die Patrone auf, die ich gebraucht hatte, um das Riesenvieh von einem Neonazi niederzustrecken, und empfand keinerlei Gewissensbisse, sondern nichts als Stolz und Zufriedenheit über meine Tat. Wieder hatte ich Blut geleckt. Und es schmeckte gut. Es fühlte sich an wie eine Salbe für meine verletzte Seele. Ob der Neonazi überlebt hatte oder nicht, war mir dabei völlig gleichgültig.

Andri, der nach diesem Vorfall paranoid geworden war und hinter jeder Hecke und jedem Gebüsch einen Polizisten vermutete, informierte mich, dass meine Tat sich wie ein Lauffeuer in Kempten herumgesprochen hatte und alle großen Respekt vor mir hatten. Pamela erzählte ich natürlich nichts von der Sache. Sie hatte keine Ahnung von dieser Seite meiner Persönlichkeit. Für sie war ich kein Psychopath, sondern ein Romantiker. Ich überhäufte sie bei jedem Date mit Geschenken, von Schmuck über Parfüm, Kleider und Schuhe. Und als wir uns zusammen den Film Titanic im Kino ansahen, musste ich sogar weinen, als sie mir beim Küssen gestand, sie würde dasselbe für mich empfinden wie Rose für Jack.

Ja, unsere Beziehung war etwas ganz Besonderes. Und ich war felsenfest überzeugt, dass Pamela die Frau meines Lebens war und dass es nichts auf dieser Welt gab, das uns jemals voneinander trennen könnte. Wie naiv ich doch war. Natürlich kam es anders. So wie immer. Und auch wenn mich Pamela davor gewarnt hatte, dass dies früher oder später passieren könnte, traf es mich völlig unvorbereitet, als es tatsächlich geschah.

Ich war in der Zwischenzeit 18 Jahre alt und endlich, *endlich* in der Lage, auf eigenen Füßen zu stehen. Ich mietete mir eine kleine Einzimmerwohnung, machte meinen Führerschein und tauschte mein Motorrad gegen einen roten Ford Escort ein, den ich fast jeden Tag auf Hochglanz polierte. Immer nach der Arbeit holte ich Pamela von zu Hause ab, und dann fuhren wir an romantische Plätzchen und knutschten im Auto miteinander herum, bis es Zeit war, sie wieder nach Hause zu bringen. Wir gingen schon fast acht Monate miteinander, und unsere Liebe zueinander wuchs mit jedem Tag.

An einem Abend Anfang April amüsierte ich mich mit Giovanni, Andri und Pamela in einer Diskothek. Pamela hatte ihren Vater angelogen und gesagt, sie würde bei einer Freundin übernachten. Sie war an diesem Abend ziemlich aufgedreht. Wir hatten es uns auf einer Polstergruppe gemütlich gemacht, sie schmiegte sich an mich, während ich breitbeinig dasaß, meinen linken Arm um sie gelegt hatte und einen Cocktail schlürfte. Plötzlich spürte ich, wie sich Pamelas gesamter Körper mit einem Schlag verkrampfte. Ich blickte sie von der Seite an und trotz des schillernden Lichts der Discokugel bemerkte ich, dass sie leichenblass geworden war und wie hypnotisiert in Richtung Theke starrte.

»Was hast du?«, fragte ich sie und folgte ihrer Blickrichtung. Und da sah ich ihn. Ihren Vater. Ich wäre am liebsten im Boden versunken. Wie lange er schon dort stand und uns beobachtete, wusste ich nicht. Aber es spielte auch keine Rolle. Wir waren aufgeflogen. Und auch auf Distanz konnte ich unschwer erkennen, dass er mich am liebsten erwürgt hätte. Rasch nahm ich meinen Arm von seiner Tochter und setzte mich aufrecht hin. Er kam direkt auf uns zu, ein loderndes sizilianisches Feuer in seinen schwarzen Augen, und befahl Pamela auf Italienisch, unverzüglich mit ihm mitzugehen.

»Und du«, knirschte er und setzte mir seinen Zeigefinger auf die Brust, »lässt gefälligst deine schmutzigen Finger von meiner Tochter, haben wir uns verstanden?!«

Ich wollte etwas sagen, brachte aber keinen Ton heraus. Pamela warf mir einen letzten traurigen Blick zu, dann folgte sie ihrem Vater schweigend und mit hängenden Schultern aus der Diskothek. Und ich ließ es einfach geschehen. Ausgerechnet ich, der ich ohne Skrupel einem Menschen eine Kugel in den Kopf jagen konnte, war zu feige, mich einem rasenden Kalabrier in den Weg zu stellen, der mir das Liebste wegnahm, was ich hatte: Pamela.

Die nächsten Tage waren die Hölle und stellten unsere Beziehung auf eine harte Zerreißprobe. Pamelas konservativer Vater ließ sie fast keinen Moment mehr aus den Augen. Nur wenn er bei der Arbeit war, konnte sie sich manchmal für ein paar Stunden wegstehlen, um mich zu sehen. Doch die ständige Angst, er könnte dahinterkommen, dass wir uns weiter heimlich trafen, belastete sie über die Maßen. Wir liebten uns, aber das ewige Versteckspiel nagte auch an meinen Nerven. Ich hatte den totalen Durchhänger und keine Lust mehr auf gar nichts. Bei der Arbeit zählte ich die Stunden, bis ich endlich nach Hause konnte, und zu Hause brütete ich bloß stumpf vor mich hin und verfluchte mein Dasein. Warum durfte ich nicht endlich einmal glücklich sein? Warum ging in meinem Leben immer alles schief? Eine Warum-Frage folgte der nächsten, bis ich an einem Abend wieder so viele Aggressionen in mir angestaut hatte, dass ich dringend nach einem passenden Ventil suchte.

Es war der 12. April 1998, ein Tag, den weder ich noch sonst jemand, der an der Sache beteiligt war, je vergessen wird. Andri und ich fuhren mit laut aufgedrehter Musik durch die Gegend auf der Suche nach Action. Vor der Klim-Bim-Bar in Kempten wurden wir schließlich fündig. Es war bereits nach elf Uhr, und das orangefarbene Licht der Straßenlaternen überzog die Pflastersteine mit einem schimmernden Glanz. Eine Menschentraube von vielleicht zwanzig bis dreißig jungen Kerlen tummelte sich auf der Straße und lehnte Bier trinkend an ihren Autos und Motorrädern. Ich erkannte ein paar von ihnen, die bei der Auseinandersetzung mit den Rechtsradikalen ebenfalls dabei gewesen waren. Also parkte ich meinen Wagen, machte die Musik aus und öffnete das Handschuhfach, wo ich meine Waffe versteckt hatte.

Andri, der mir manchmal vorkam wie eine schwangere Frau, sah mich entsetzt an. »Farzad, was soll das? Lass die Knarre im Auto.«

»Jetzt bleib mal cool, Andri. Ich nehm sie ja bloß zur Verteidigung mit.«

Andri kannte mich gut genug, um zu wissen, dass ich wieder mal nur Müll redete. »Farzad, lass den Scheiß! Ich hab kein gutes Gefühl dabei.«

Ich lachte ihn aus. »Du bist in letzter Zeit ein richtiges Weichei geworden, weißt du das? Jetzt krieg dich wieder ein.«

Aber Andri sah mich besorgt an. »Das ist krank, Farzad. *Du* bist krank. Weißt du nicht mehr, letzten Herbst? Der Neonazi hätte deinetwegen draufgehen können.«

»Ist er aber nicht«, sagte ich gleichgültig. Das Gürtelholster hatte ich zu Hause vergessen, also ließ ich die Pistole wieder auf die gute alte Gangsterart im Hosenbund unter meiner Lederjacke verschwinden.

»Der Nächste hat vielleicht nicht so viel Glück, wenn du wieder einen deiner Psycho-Anfälle hast«, fuhr Andri unbeirrt fort, immer noch in der Hoffnung, ich würde auf ihn hören. »Schwör mir, dass du heute Abend nicht rumballerst mit dem Ding.«

»Ich schwör's dir, okay?«, entgegnete ich, damit er endlich Ruhe gab, obwohl mein Schwur total lächerlich war. »Es wird schon nichts passieren.«

Wir stiegen aus und gesellten uns zu der Gruppe. Es waren türkische Jugendliche, und sie empfingen uns mit gebührendem Respekt und küssten uns, wie es bei ihnen Brauch war, auf beide Wangen. Diejenigen, die mich noch nicht kannten, wurden von ihren Kollegen gleich ins Bild gesetzt, wer ich war.

»Das ist nun der, von dem wir euch erzählt haben, Farzad, der Psycho«, sagten sie, und ich wölbte stolz meine Brust, als ich hörte, wie ehrfurchtsvoll sie von mir sprachen. »Ihr wisst schon, der Typ, der vor einem halben Jahr dem Neonazi eine Kugel verpasst hat.«

Andri und ich lehnten uns an ein Auto, quatschten mit den Türken und tranken ein paar Bierchen mit ihnen. Einige aus der Clique waren schon ziemlich angeheitert und hatten sich einen Spaß daraus gemacht, die Passanten anzupöbeln, die an ihnen vorbeikamen. Die Leute wechselten instinktiv die Straßenseite und gingen nicht auf die Provokationen ein, aus Angst, von der jugendlichen Meute dafür zu Tode geprügelt zu werden. Die Luft vor der Klim-Bim-Bar knisterte gefährlich, und es fehlte bloß noch ein winziger Funke, um sie zum Explodieren zu bringen.

Gegen halb zwölf erschien das nächste Opfer, ein vielleicht 25-jähriger blonder Mann, der aus der Bar gelaufen kam. Er zog den Reißverschluss seiner Jacke hoch und blieb an der Ecke stehen, als würde er noch auf jemanden warten. Im Nu war er von 18 kampflustigen Jugendlichen umzingelt. Andri und ich hielten uns bewusst im Hintergrund, verfolgten die Szene aber aufmerksam, um ja nichts zu verpassen. Der Mann war betrunken, als er verdutzt in die Runde blickte.

»Was guckst du so dumm?«, stachelte ihn einer der türkischen Jugendlichen mit vorgerecktem Kinn an. »Hast du ein Problem oder was?«

»Verzieht euch, okay?«, entgegnete der Deutsche, und mehr zu sich selbst als zu den Türken murmelte er: »Elende Ausländer.«

Natürlich hatten die Jungs das gehört, und es kam ihnen wie gerufen, um die Sache anzukurbeln.

»Du scheiß Kartoffel willst wohl Ärger, was?«, forderte ihn Bayram, einer von uns, heraus und winkte ihn mit den Fingern seiner beiden Hände zu sich. »Na komm schon! Komm! Oder traust du dich nicht?«

»Wie mutig von euch«, blaffte der Betrunkene unbeeindruckt zurück. »Zwanzig gegen einen. Darin seid ihr gut, wie?«

»Okay, Mann gegen Mann. Na los!«, forderte ihn Erkan, einer der Türken, zum Duell heraus und knackte seine Knöchel. Unsere Stimmung steigerte sich im Wissen darum, dass es gleich zu einer Prügelei kommen würde. Ein paar Türken und Albaner gingen bereits in Kampfformation. Aus der Bar kamen zwei weitere Burschen und eine Frau, die offenbar zu dem blonden Deutschen gehörten. Sie witterten das erhebliche Aggressionspotenzial, das von uns ausging, sofort und wussten, dass rasches Handeln angesagt war.

»Jürgen, komm, gehen wir«, drängte ihn einer der beiden jungen Männer und versuchte, ihn am Arm wegzuzerren. Doch der Blonde war zu angeheitert, um den Ernst der Lage zu erfassen.

»Mann gegen Mann, ja?«, blaffte er großspurig zurück. »Das glaubst du doch selbst nicht. Deine siebzehn Freunde würden bestimmt nicht nur zusehen und Däumchen drehen. Vergiss es. Außerdem hast du eh keine Chance gegen mich!«

»Sag das noch mal, und du kannst was erleben!«, rief Erkan.

»Du bist wahnsinnig!«, entgegnete Jürgen. »Verpiss dich! Verpisst euch alle!«

Das war zu viel. Erkan nahm Anlauf und sprang den vorlauten Deutschen von der Seite an. Durch die Wucht des Aufpralls verlor Jürgen das Gleichgewicht, konnte sich aber gerade noch auffangen und Erkan mit dem Fuß von sich wegstoßen. Die Clique wich automatisch einen Schritt zurück. Und Jürgens Freunde nutzten die Gelegenheit, ihren Kollegen zu packen und sich in aller Eile aus der Gefahrenzone zu begeben.

Erkan schnaubte hinter ihm her. »Komm zurück, du Feigling! Ich bin Kickboxer!«

»Scheiß Ausländer! Deutschland den Deutschen!«, rief Jürgen, während seine Freunde ihn eindringlich warnten, endlich den Mund zu halten. Mit schnellen Schritten entfernten sie sich in Richtung Webergasse, und die gereizte Meute blieb zurück und beriet, was als Nächstes zu tun wäre.

»Der Typ hat uns alle beleidigt!«, rief Bayram.

»Das können wir nicht auf uns sitzen lassen!«, knirschte Erkan. Und Antony, ein zwanzigjähriger Türke mit schulterlangem gewellten Haar und dunkler Jacke, rief erregt: »Worauf warten wir noch? Die schnappen wir uns! Machen wir die Kartoffeln zu Kartoffelbrei!«

Alle nickten, begierig darauf, ihre Fäuste zu gebrauchen. Als die Clique sich in Bewegung setzte, hielt mich Andri am Arm zurück.

»Was ist?«, fragte ich unwirsch.

»Farzad, das hier ist nicht unser Bier«, sagte Andri. »Lass uns abhauen.«

»Du kannst gerne abhauen, wenn du willst«, gab ich zurück und löste mich aus seinem Griff. »Aber Farzad, der Psycho, ist kein Drückeberger. Ich fürchte mich vor niemandem.«

Andri sah mich besorgt an. »Ich hab so ein komisches Gefühl dabei, Farzad. Ehrlich, wir sollten uns da raushalten.«

Ich schüttelte seufzend den Kopf. »Mach von mir aus, was du willst. Ich geh jedenfalls mit.«

Zum zweiten Mal an diesem Abend schlug ich die Warnungen

meines besten Freundes in den Wind, und er ließ sich schweren Herzens dazu überreden, mich zu begleiten. Die drei jungen Männer und ihre Kollegin überquerten die Burgstraße, und unsere Gruppe nahm die Verfolgung auf. Antony, Erkan und alle anderen bewarfen sie mit den schlimmsten Schimpfwörtern, die ihnen einfielen, und die Drohungen und Beleidigungen wurden je länger, je perverser.

»Wir hängen euch auf! Wir machen euch fertig! Wartet's ab!«

Die Jungs schaukelten sich gegenseitig hoch, und das in einer Art und Weise, wie selbst ich es bisher noch nicht erlebt hatte. Die Geschichte würde übel enden. Es roch förmlich nach Krieg. Den vier Deutschen war deutlich anzumerken, dass sie es langsam aber sicher mit der Angst zu tun kriegten, denn sie liefen immer schneller. Sie flohen durch einen Hinterhof in die Bäckerstraße, wohl in der Hoffnung, dort irgendwo einen Unterschlupf zu finden. Wir blieben ihnen dicht auf den Fersen, und ihre offensichtliche Furcht putschte uns förmlich auf. Auf der Höhe einer Bäckerei beim Rathausplatz hatten wir sie bis auf wenige Meter eingeholt. Neben der Eingangstür waren mehrere leere gelbe Hartplastikkisten zur Auslieferung von Brot gestapelt. Antony schnappte sich eine der Kisten und schleuderte sie den Deutschen wie ein Diskuswerfer hinterher. Die erste Kiste verfehlte ihr Ziel, die zweite ebenfalls. Die dritte traf Jürgen von hinten am Fuß. Jetzt bewaffnete sich auch Erkan mit einer Kiste, löste sich von der Gruppe und rannte damit auf Jürgen zu.

»Hey, du Penner!«, schrie er ihn voller Aggression an und hob die Kiste mit beiden Händen über den Kopf. Jürgen drehte sich um, und bevor er auch nur einen Mucks von sich geben konnte, schlug ihm Erkan die Kiste mit brachialer Gewalt über den Schädel. Es hörte sich an wie ein Pistolenschuss. Für einen Moment war es, als hätte jemand einen Slow-Motion-Knopf gedrückt. Die Stirn des Blonden platzte auf wie eine reife Melone. Ich hatte ja schon einiges gesehen in meinem Leben, aber dass eine einzelne Wunde so stark bluten kann, hätte ich nicht für möglich gehalten. Innerhalb weniger Sekunden waren Jürgens Gesicht und seine Kleider blutüberströmt. Fasziniert standen wir da. Das viele Blut machte uns ganz verrückt. Der junge Deutsche sackte in die Knie und betastete mit seinen Händen die klaffende Wunde. Plötzlich, so, als wäre er mit einem Mal nüchtern geworden, sprang er auf, wirbelte herum und packte Erkan am Kragen seiner Jacke.

»Polizei!«, brüllte er. »Ihr seid alle festgenommen!«

Keiner kapierte, was das zu bedeuten hatte. Und während Jürgen noch krampfhaft versuchte, Erkan festzuhalten, fiel die Horde über ihn her wie Hyänen über ein verendetes Tier. Von allen Seiten stürzten sich die Türken und Albaner auf ihn und schlugen mit einer Brutalität auf ihn ein, die jenseits von Gut und Böse lag.

»Polizei, ihr seid festgenommen!«, schrie Jürgen immer wieder, während er mit Fausthieben und Fußtritten attackiert wurde, aber niemand schien ihn zu hören. Seine zwei Kollegen versuchten, ihn von der rasenden Meute wegzuzerren. Vergeblich.

Andri und ich beobachteten die Szene aus sicherer Entfernung. Auf einmal war Andri, der eben noch neben mir gestanden hatte, verschwunden. Ich drehte mich um und sah, wie er von einem der beiden Männer über den Rathausplatz gejagt wurde. Andri hatte allerdings die bessere Kondition als sein Verfolger und schüttelte ihn ab. Dann verschwand er im Schatten der Dunkelheit, und mir war klar, dass ich ihn heute wohl nicht mehr sehen würde.

»Farzad, pass auf!«, rief mir jemand zu.

Der Deutsche, der Andri nachgerannt war, hatte nun mich im Visier. Er kam auf mich zugestürmt wie ein gereizter Stier, und ich ergriff Hals über Kopf die Flucht. Der Kerl, der mich verfolgte, war ein Meter neunzig groß und breitschultrig, und mir war klar, dass ich nicht den Hauch einer Chance gegen ihn hatte, wenn er mich erst mal zwischen die Finger kriegte. Ich rannte, so schnell mich meine Beine tragen konnten, zu einer Open-Air-Bar und verschanzte mich hinter einem runden Tischchen. Der Bursche schnappte mit seinen langen Armen nach mir, aber ich wich ihm geschickt aus. Wäre die Lage nicht so ernst gewesen, hätte man meinen können, wir würden bloß Katz und Maus spielen. Irgendwann kriegte mich der Typ doch zu fassen und schlug mir die flache Hand ins

Gesicht. Mein Ohr pfiff. Ich dachte, meine Ohrtrommel wäre geplatzt.

»Ich hab doch gar nichts getan!«, versuchte ich mich zu rechtfertigen, was ausnahmsweise sogar der Tatsache entsprach, aber angesichts der Situation nicht gerade sehr glaubwürdig rüberkam.

»Jetzt bist du dran, du miese kleine Ratte!«, schrie mich der Deutsche zornig an und ballte seine freie Hand zu einer Faust. Ich sah das gefährliche Funkeln in seinen Augen und war mir sicher, dass der Kerl nicht nur zu einem gewöhnlichen, sondern zu einem Knock-out-Schlag ausholte.

Zieh deine Waffe!, hörte ich im selben Moment eine innere Stimme in mir. *Worauf wartest du noch? Zieh deine Waffe und wehr dich wie ein Mann!*

Blitzschnell griff ich nach meiner 9-mm-Gaspistole und hielt sie meinem Gegner an den Kopf. Das wirkte. Es wirkte immer. Sofort ließ mich der Mann los, und während ich weiter die Pistole auf ihn richtete, hob er die Hände und starrte mich entsetzt an.

»Ich bin Polizeibeamter! Mach keinen Scheiß, Junge! Leg sofort die Waffe weg, hörst du?!«

Aber anstatt die Waffe wegzulegen, drückte ich ab und schoss ihm aus nächster Nähe dreimal mitten ins Gesicht. Der Mann, der sich als Polizist zu erkennen gegeben hatte, sackte zusammen und riss im Sturz mehrere Stühle mit sich um. Ich blickte auf ihn hinunter. Blutend lag er zu meinen Füßen, und wieder empfand ich nicht das geringste Mitleid. Wieder war es, als hätte jemand in mir einen Schalter umgelegt, der mich von einem Moment auf den anderen in einen gefühllosen Roboter verwandelte. Die Welt um mich herum war wie abgenabelt von mir selbst, und ich nahm alles nur noch durch einen merkwürdigen Filter der Gleichgültigkeit wahr. Und in dieser Abgestumpftheit gab es keine Gewissensbisse mehr, nur noch mich, meine Pistole und meine schier unersättliche Gier nach Gewalt.

Ich ließ den Polizisten am Boden liegen und kehrte zu den anderen zurück. Wieder erlebte ich die Szene, als hätte jemand den Slow-Motion-Knopf betätigt, als ich mit der Pistole in der Hand auf meine Kollegen zuging. Fassungslosigkeit, aber auch Bewunderung lag in ihren Blicken. Keiner sagte ein Wort. Und dann, wie auf ein unsichtbares Zeichen hin, traten alle zur Seite und gaben mir den Weg frei. Mit grimmiger Entschlossenheit schritt ich durch sie hindurch in die Mitte des Kreises. Der blutende Polizist, der schon fast ohnmächtig geprügelt worden war, nahm mich kaum mehr wahr, als ich ihn an den Haaren packte und das ganze Magazin an Gaspatronen auf ihn leer schoss.

Dass ich zu so etwas fähig war, sprengte selbst die Vorstellungskraft der härtesten Burschen in der Clique. Einige glotzten mich an, als hätte ich den Verstand verloren, die anderen nahmen erschrocken Reißaus, in der Annahme, ich wäre nicht mehr zurechnungsfähig und würde womöglich als Nächstes wild in der Gegend herumballern. Ich sah, wie der dritte Mann ein paar Meter entfernt in ein Handgemenge verwickelt war und die junge Frau dem anderen Burschen, den ich niedergeschossen hatte, zu Hilfe eilte. Der Rathausplatz hatte sich in ein einziges Schlachtfeld verwandelt. Und ich genoss den Anblick.

Natürlich hätte ich nie und nimmer damit gerechnet, dass der blonde Typ, auf den ich mein gesamtes Magazin abgefeuert hatte, überhaupt noch in der Lage sein würde, wieder aufzustehen. Aber genau das tat er. Er bäumte sich auf, stürzte sich wie ein amerikanischer Footballspieler von hinten auf mich und riss mich zu Boden.

»Polizei, du bist verhaftet!«, brüllte er, obwohl er sich selbst kaum noch auf den Beinen halten konnte und blutete wie ein Schwein. Die Waffe fiel mir aus der Hand und schlitterte zwei Meter über den Boden. Mit schier übermenschlicher Kraft presste mich Jürgen auf die Pflastersteine nieder, setzte sich auf mich und drehte meine Arme auf den Rücken. Sein Blut tropfte mir ins Gesicht und in den Nacken, während ich vergeblich versuchte, mich aus seinem Polizeigriff zu befreien. Unglaublich, welche Dynamik ein Mensch in Extremsituationen entwickeln kann: Der Kerl, obwohl selbst halb betäubt und kurz davor, die Besinnung zu verlieren, hielt mich eisern fest, selbst dann noch, als ein paar Türken und Albaner erneut mit Knien, Füßen und Ellenbogen auf ihn eindroschen, um mich zu befreien. Wenigstens gelang es mir, einen der Türken auf meine Pistole aufmerksam zu machen, damit er sie einsteckte, gerade noch rechtzeitig, bevor mehrere Polizeiautos mit quietschenden Reifen auf dem Rathausplatz anhielten und uniformierte Polizisten mit gezückten Waffen heraussprangen. In Windeseile ergriffen alle die Flucht. Alle außer mir. Mir wurden sofort Handschellen angelegt, und die Polizisten leisteten den Verwundeten Erste Hilfe, bis der Notarzt eintraf. Ich hörte, wie die junge Frau den Polizisten mit zitternder Stimme schilderte, was passiert war.

»Wir sind hier bloß auf Urlaub«, erzählte sie. »Wir sind Polizisten und kommen aus München.«

Da erst fiel bei mir der Groschen. Als Jürgen geschrien hatte, er wäre Polizist und wir wären alle verhaftet, hatte ihn logischerweise keiner ernst genommen. Auch als der zweite Bursche mir sagte, er wäre Polizist, hatte ich gedacht, er würde nur bluffen. Wie konnten wir denn ahnen, dass wir uns für unseren Überfall ausgerechnet vier Polizisten in Zivil ausgesucht hatten?

Schande, dachte ich und ein kalter Schauer fuhr mir den Rücken hinab, als mir das Ausmaß meiner Tat bewusst wurde. *Ich hab zwei Bullen angeschossen. Ich bin geliefert.*

Wie ein Schlachttier wurde ich in Hand- und Fußschellen auf den Rücksitz eines der Polizeifahrzeuge geworfen und mit Blaulicht und heulenden Sirenen auf die Polizeistation gefahren.

Das war's, Farzad, war mein einziger Gedanke während der ganzen Fahrt, *hier kommst du nie wieder raus.*

14 Die Lage spitzt sich zu

Auf der Wache wurde ich unverzüglich der Kriminalpolizei übergeben. Ein fettleibiger Beamter in einer schwarzen Lederjacke saß hinter einem mit Akten überfüllten Schreibtisch und wies mir einen Platz auf einem Stuhl an. Nachdem er meine Personalien in seinen Computer getippt hatte, wollte er, dass ich ihm sämtliche Namen meiner Mittäter verriet, was ich natürlich nicht tat. Das hätte gerade noch gefehlt, dass ich die Clique an die Bullen verpfeifen würde.

»Ich kenne die meisten nur flüchtig«, sagte ich, obwohl ich über mindestens die Hälfte der Burschen so einiges hätte erzählen können.

»Na schön, dann fang mit denen an, die dir einfallen.«

Ich war mir absolut sicher, dass sie mich nie und nimmer wieder laufen lassen würden nach dem, was ich getan hatte, und somit zeigte ich mich wenig kooperativ.

»Bayram«, nannte ich den ersten Täter.

»Wie heißt er mit Familiennamen?«

»Weiß ich nicht«, log ich.

»Wo wohnt er?«

»Weiß ich nicht.«

»Na gut. Der Nächste.«

»Erkan.«

»Erkan wie?«

»Weiß ich nicht.«

»Wohnhaft?«

»Weiß ich nicht.«

Der Kommissar schlug so heftig die Faust auf den Tisch, dass er beinahe seinen Kaffee verschüttete. »Willst du mich für dumm verkaufen oder wie? Jetzt spuck mir ein paar Namen aus, aber etwas plötzlich!«

»Ich sag gar nichts mehr«, brummte ich und verschränkte demonstrativ die Arme. Aus mir würde er nichts rauskriegen. Zu dem

Schluss kam der Kommissar irgendwann auch, nachdem ich ein paar Minuten beharrlich weiter schwieg, und er ordnete an, mich in die Arrestzelle abzuführen. Ich legte mich auf die kalte Pritsche und ließ den Abend nochmals Revue passieren. An meinen Kleidern und in meinem Gesicht klebte noch immer das Blut der beiden Polizisten, und ich fragte mich ernsthaft, ob sie überleben würden. Wie viele Jahre würde ich wohl für den Mord an zwei Polizisten kriegen?

Den starken Geruch von eingetrocknetem Blut in meiner Nase, fiel ich irgendwann in einen unruhigen und sehr kurzen Schlaf. Es war noch immer mitten in der Nacht, als die massive Tür meiner Zelle wieder aufgesperrt wurde und ich zurück in dasselbe Büro gebracht wurde. Derselbe unsympathische Bulle nahm mich in Empfang. Auf seinem Schreibtisch standen eine neue Tasse dampfenden Kaffees und ein halbes Sandwich. Die Uhr an der Wand zeigte Viertel nach zwei. Würde dieses Verhörspielchen nun die ganze Nacht dauern? Was wollte er von mir?

»Die Kollegen kamen eben aus dem Krankenhaus zurück«, begann er, und für einen Moment hielt ich die Luft an. »Zwei der vier Polizisten haben schwere Verletzungen davongetragen. Es grenzt an ein Wunder, dass sie diesen Angriff überlebt haben.«

Sie haben überlebt, dachte ich, erleichtert darüber, dass ich nun doch nicht lebenslänglich kriegen würde. Der Kommissar beugte sich über seinen Schreibtisch und sah mich eindringlich an.

»Farzad, ich weiß, dass du weißt, wer geschossen hat. Also wer war es?«

Ich glaubte mich verhört zu haben. Wussten sie am Ende nicht, dass *ich* es gewesen war? Aber wie? Sie mussten mich doch gesehen haben!

Ich zuckte die Achseln. »Keine Ahnung«, sagte ich so ungerührt wie nur möglich.

»Hör zu«, sagte der Kommissar. »Deine Freunde wegen einer Schlägerei zu decken, ist eine Sache. Aber hier haben wir es mit einem kaltblütigen Täter zu tun, der nicht davor zurückschreckt, zwei Menschen aus nächster Nähe in den Kopf zu schießen. Zum Glück waren es nur Gaspatronen. Aber die Schüsse hätten trotzdem tödlich sein können. Nach Aussagen der Kollegen bist nicht du der Schütze gewesen. Da sind sie sich ziemlich sicher. Aber du wärst dabeigestanden. Folglich musst du es gesehen haben. Also: Wer hat geschossen?«

»Ich weiß es wirklich nicht«, beteuerte ich und musste mir Mühe geben, mir meine Euphorie nicht anmerken zu lassen.

Sie wissen es nicht! Sie wissen es tatsächlich nicht! Ich hatte wirklich mehr Glück als Verstand! Natürlich, das ganze Gewimmel, die schreiende Meute, die Angst um das eigene Leben, die Schüsse, die Dunkelheit ... Offenbar hatten die Polizisten in dem Chaos nicht mehr klar erkennen können, wer nun die Waffe in Händen gehalten hatte. Und es kam noch besser.

Nachdem der Kommissar mich nochmals eine gute halbe Stunde verhört hatte, rief er einen Beamten in sein Büro, welcher mir die Handschellen öffnete. Ich schaute ziemlich verdutzt aus der Wäsche.

»Du kannst gehen«, sagte der Kommissar.

Ich rieb mir meine Handgelenke und verstand die Welt nicht mehr. »Ich kann gehen? Sie meinen ... jetzt gleich?!«

»Deine Tatbeteiligung ist nicht schwerwiegend genug, als dass sie eine Untersuchungshaft rechtfertigen würde«, begründete der Kommissar meine Freilassung. »Du wirst aber demnächst Post von der Staatsanwaltschaft erhalten.«

Es war kaum zu glauben. Aber ich wurde tatsächlich auf freien Fuß gesetzt. Ich nahm mir ein Taxi und fuhr nach Hause. Dann zog ich meine blutverschmierten Kleider aus, nahm eine ausgiebige heiße Dusche und ließ mich total erschöpft in mein Bett fallen.

Mann, war das eine Nacht gewesen.

Meine Beziehung zu Pamela wurde je länger, je schwieriger. Wir gerieten uns immer öfter wegen irgendwelcher Kleinigkeiten in die Haare. Ich liebte sie über alles, aber wir beide hatten uns sehr verändert. Und diese ständige Heimlichtuerei mit ihrem Vater machte mich schier wahnsinnig. Ende August ging Pamela mit ihrer Familie nach Kalabrien in die Ferien und ich begann – auf das ständige Drängen meiner Geschwister – in Bad Grönenbach eine Lehre als

Konstruktionsmechaniker. Jeden Abend rief ich meine Freundin aus dem verregneten Deutschland an und zählte die Tage, bis sie wieder bei mir war.

Allen Streitereien zum Trotz war sie das Einzige, was mich in diesem Leben wirklich interessierte. Sie war meine Antriebskraft, sie war der Motor, der mich am Leben hielt. Ich vermisste sie so sehr, dass ich noch am selben Abend ihrer Rückkehr aus Kalabrien zu ihr nach Hause fuhr und sie für eine Spritztour abholte, obwohl es in Strömen regnete. Was dann geschah, warf mich allerdings komplett aus der Bahn ...

An einem unserer Lieblingsplätzchen parkte ich den Wagen und beugte mich zu ihr hinüber, um sie zu küssen. Doch sie wich mir aus.

»Was ist?«

»Farzad, wir müssen reden«, sagte sie trocken.

Ich nahm ihr langes schwarzes Haar in meine Hände und roch daran. »Hat das nicht Zeit bis später?«

»Nein, hat es nicht«, entgegnete sie und stieß mich von sich.

»Was ist los mit dir?«, fragte ich sie verwundert und versuchte sie erneut zu berühren, als sie mir das Unfassbare plötzlich ins Gesicht schleuderte: »Ich hab unser Kind abgetrieben, Farzad.«

Ich hörte auf zu atmen.

»Du hast was?!«

»Ich war schwanger«, gestand sie mir und ihre Hände zitterten leicht. »Aber ich hab's in Kalabrien entfernen lassen. In der elften Woche.«

Mir wurde auf einmal etwas schwindlig. »Heißt das ... ich wäre *Vater* geworden?«, stammelte ich, immer noch völlig perplex über das, was mir Pamela da soeben offenbart hatte. »Pamela?! Warum hast du mir nichts davon gesagt?«

»Ich will kein Kind, okay?«, rechtfertigte sie sich. »Ich bin fünfzehn!«

»Und was ist mit mir?«, rief ich. »Hast du nie daran gedacht, dass *ich* das Kind vielleicht haben möchte? Ich meine ... du kannst doch nicht einfach *unser* Kind abtreiben!«

Sie sah mich emotionslos an. »Ist bereits geschehen, Farzad. Tut mir leid. Das Kind existiert nicht mehr.«

»Pamela!«

»Und das zwischen uns ... ist ebenfalls vorbei.«

Ich schluckte. Der Regen prasselte immer heftiger gegen die Frontscheibe. »Was sagst du da?«

»Es ist aus, Farzad!«, wiederholte sie, doch ihre Stimme bebte. »Ich habe mich in Kalabrien mit meinem Vater versöhnt. Ich kann nicht mehr mit dir zusammen sein.«

»Was redest du da? Wir lieben uns doch!«

»Tun wir nicht. Mein Vater hat recht: Du bist ein Psycho!«, warf sie mir an den Kopf.

In mir drin begann es zu brodeln. Mir wurde heiß und kalt zugleich. Die Hände um das Steuerrad geklammert, starrte ich vor mir auf das Armaturenbrett und brachte keinen einzigen klaren Gedanken mehr zustande. Ich konnte, nein, ich wollte nicht glauben, dass Pamela mir soeben den Laufpass gegeben hatte.

»Du sagst mir also, du hast mein Kind in deinem Leib getötet, und jetzt lässt du mich fallen wie eine heiße Kartoffel, weil dein Vater sagt, ich wäre ein Psycho? Das kannst du nicht machen, Pamela! Nicht mit mir!«

»Oh doch, ich kann! Ich hab genug von dir, Farzad! Ich hab schon lange genug von dir!«

»Aber ... ich liebe dich, Pamela!«

»Und ich hasse dich nur noch!«, schrie sie mich an.

Das war genug. Mir brannte die Sicherung durch. Meine Hand rutschte aus, und ich gab ihr eine Ohrfeige. »Dann hau doch ab, du Nutte!«, brüllte ich wutentbrannt. »Na los! Geh! Geh endlich!«

Sie öffnete die Wagentür und sprang ins Freie. Es goss wie aus Kübeln, und wir waren ein gutes Stück von ihr zu Hause entfernt. Aber es war mir egal. Es war mir so was von egal. Sollte sie sich zum Teufel scheren! Ich wollte das Miststück nie mehr wiedersehen! Wie konnte sie einfach so Schluss machen mit mir? Und mein Kind abtreiben? Mein Kind?!

Ohne mich noch einmal nach ihr umzudrehen, ließ ich sie im Regen stehen und gab Gas. Ich fuhr zur nächsten Tankstelle und besorgte mir eine Menge Bier. Dann preschte ich in überhöhtem Tempo zu mir nach Hause, verkroch mich in meiner Wohnung, ließ die Rollläden herunter und spülte meine zwiespältigen Gefühle, den Hass und die Schwermut, mit Alkohol hinunter.

Die nächsten Tage ging ich nicht zur Arbeit und verbarrikadierte mich in meinen vier Wänden. Ich ignorierte sämtliche Telefonanrufe und ließ niemanden in meine Wohnung rein, nicht einmal Andri, der mehrere Male vorbeikam und bei mir Sturm klingelte.

»Farzad, ich weiß, dass du da bist!«, rief er mir durch die verschlossene Tür zu. »Jetzt lass mich schon rein, Mann. Farzad! Giovanni und Pamela haben mich angerufen. Sie möchten mit dir reden, aber du gehst ja nicht an dein Handy. Pamela sagte, es würde ihr leidtun ... Farzad? Echt, ey, mach endlich diese blöde Tür auf!«

Aber ich dachte nicht daran, mit Andri oder Giovanni und erst recht nicht mit Pamela zu reden. Sie hatte sich im Auto mehr als klar ausgedrückt. Da gab es nichts mehr zu bereden. Sie wollte mich nicht mehr. Sie hatte mich verstoßen, genau wie meine Familie es getan hatte. Sie war auf meinem Herzen herumgetrampelt, als wäre es ein Klumpen Dreck. Der Schmerz saß unendlich tief. Und dann war da noch die Geschichte mit dem Kind, die mir nicht mehr aus dem Kopf ging. Ich wäre Vater geworden! Pamela hatte mein Kind in sich getragen! Und sie hatte es abgetrieben, bevor ich überhaupt die Möglichkeit gehabt hatte, zu sagen, wie ich darüber dachte!

Der Gedanke daran, dass jemand einen Teil von mir physisch getötet hatte, raubte mir auch noch den letzten Willen zum Leben. Ich sank in ein tiefes Loch. Ich hörte mir immer und immer wieder ein und denselben Song an, den Pamela und ich zu unserem Lied erklärt hatten. Und mein Selbstmitleid, der Verlust des einzigen Mädchens, das ich je geliebt hatte, und die daraus resultierende Leere und Sinnlosigkeit meines Daseins, zerfraßen mich von innen heraus wie ein Geschwür, das sich rasch ausbreitete.

Von morgens bis abends schüttete ich nur noch Bier, Jack Daniels, Johnnie Walker und Rémy Martin in mich hinein. Mein

Leben war ein einziger Trümmerhaufen. Die dunklen Tage meiner Einsamkeit zogen sich in die Länge, bis mich ein Brief von der Staatsanwaltschaft in die absolute Verzweiflung trieb. Das war der Anfang vom Ende.

Schon als ich den bedrohlichen Briefkopf der Staatsanwaltschaft Kempten auf dem Umschlag sah, wurde mir mulmig zumute. Ich öffnete den Brief und die fette schwarze Überschrift, die fast ein Drittel des obersten Blattes in Anspruch nahm, stach mir beißend in die Augen: *Strafbefehl*.

Ich überflog die Anklage, und als ich auf der vierten Seite das richterliche Urteil las, sank ich auf dem Sofa zusammen. Ich hatte mich der fahrlässigen Körperverletzung schuldig gemacht und war dafür zu 30 Tagessätzen à 30 Mark verurteilt worden, sprich zu 900 Mark Strafgeld. 900 Mark! Für mich war das eine gigantische Summe. Ich hatte bereits Schulden von über 8 000 Mark, da mein bescheidener Lehrlingslohn nicht mehr ausreichte, um die Kosten für meine Wohnung, meinen 626er Mazda (ich hatte meinen roten Ford Escort bei einem Autounfall verloren) und mein Handy zu decken. Wo um alles in der Welt sollte ich all dieses Geld hernehmen? Die Spirale meiner Depression hatte soeben ihren Tiefpunkt erreicht. Ich wusste weder ein noch aus.

Was soll ich denn jetzt tun?

Ich dachte an meine Schwester Nasrin. Sie war immer für mich da gewesen, wenn ich Hilfe brauchte. Vielleicht würde sie ja einen Rat wissen. Ich raffte mich auf, versuchte die Trostlosigkeit meiner Seele so gut wie möglich in den Hintergrund zu drängen, und stattete meiner Schwester einen spontanen Besuch ab. Es war Mittwoch, der 16. September 1998. Der verhängnisvolle Tag, der mein Leben für immer verändern sollte ...

Nasrin war ziemlich verwundert, mich zu sehen. »Arbeitest du heute nicht?«, fragte sie mich.

»Ich fühl mich nicht so gut. Hab mich krankschreiben lassen«, log ich und betrat die Wohnung. »Wo sind Parisa und Parvis?«

Meine Nichte war in der Zwischenzeit ein Jahr alt, und vor fünf Wochen hatte sie einen kleinen Bruder gekriegt. Ich liebte die beiden über alles. Und Parisa hatte ein derart goldiges Lächeln, dass mir dabei immer warm ums Herz wurde.

»Sie schlafen«, sagte meine Schwester, während sie mir in die Küche voranging. »Möchtest du etwas trinken?«

»Nein, danke«, murmelte ich und setzte mich an den Küchentisch.

»Ich mach uns einen Tee«, sagte Nasrin und setzte Wasser zum Kochen auf. Dann musterte sie mich mit gerunzelter Stirn. »Dich bedrückt doch was.«

»Ach, es ist nichts«, winkte ich ab.

Vielleicht sollte ich sie doch nicht damit belasten, dachte ich. Aber meine Schwester ließ sich von mir nicht täuschen.

»Ich kenn dich, kleiner Bruder. Also spuck's schon aus. Wo drückt der Schuh?«

Ich seufzte tief, und dann erzählte ich ihr von meinen Geldsorgen - allerdings *nur* von meinen Geldsorgen. Sie wusste nichts von der Schießerei auf dem Rathausplatz, auch nicht davon, dass Pamela mich verlassen und unser gemeinsames Kind abgetrieben hatte, und das war auch besser so.

»Ich weiß nicht, wo mir der Kopf steht, Nasrin«, gestand ich ihr in melancholischem Ton. »Ich hab eine Menge Schulden am Hals und kein Geld, um sie zu bezahlen. Was ich verdiene, reicht einfach nicht aus. Und heute Morgen hab ich schon wieder eine Rechnung gekriegt. Ziemlich hoch.«

»Bruderherz, das ist doch kein Grund, so deprimiert zu sein. Es gibt bestimmt eine Lösung. Warum fragst du nicht deinen Chef, ob er dich an den Wochenenden schwarz arbeiten lässt?«

Ich zuckte die Achseln. »Ich glaube kaum, dass er sich darauf einlassen würde«, meinte ich pessimistisch.

Meine Schwester drückte mir spontan die Tageszeitung in die Hand. »Dann such dir eben einen anderen Nebenjob. Vielleicht als Pizzafahrer oder Zeitungsausträger. Du findest bestimmt was.«

»Ich weiß nicht ...«, brummte ich lustlos, aber bevor ich eine weitere Ausrede vorbringen konnte, reichte mir Nasrin das Telefon und sah mich auffordernd an. Also blätterte ich die Zeitung nach Teilzeitjobs durch und rief ein paar Firmen an, um mich zu bewerben. Nasrin braute uns in der Zwischenzeit einen Schwarztee und stellte zur Aufmunterung ein paar Kekse auf den Tisch. Leider kriegte ich nichts als Absagen. Sobald ich erwähnte, ich wäre noch in der Ausbildung, hatten alle plötzlich tausend Ausreden, um mich abzuwimmeln, was mich noch mehr frustrierte und darin bestätigte, ein totaler Versager zu sein.

Als ich die Zeitung zum dritten Mal von vorne nach hinten durchblätterte, fiel mein Blick auf einen Artikel über einen Banküberfall. Ein etwa dreißigjähriger Mann hatte am Dienstag eine Sparkasse in Memmingen überfallen. Memmingen war ein Nachbarort und gerade mal 34 Kilometer von Kempten entfernt. Der Täter war unerkannt mit einer Beute von 10 000 Mark entkommen. Er hatte keinerlei Spuren hinterlassen, und die Polizei tappte im Dunkeln.

»Gestern hat einer eine Sparkasse in Memmingen überfallen«, sagte ich zu meiner Schwester, die mir gegenüber am Küchentisch saß und ihren Schwarztee schlürfte.

»Ja, ich hab's gelesen«, antwortete sie. »Ich frage mich, warum jemand so was tut. Ich meine, selbst wenn er entkommen ist, er wird ein Leben lang auf der Flucht sein. Was nützt ihm dann das ganze Geld?«

»Du hast recht«, nickte ich und faltete die Zeitung zu. »Es lohnt sich nicht.«

Ich trank meinen Tee aus und schickte mich an zu gehen. Meine Schwester bat mich, bis zum Mittagessen zu bleiben, aber ich wollte nicht. Als ich aufstand und in meine schwarze Lederjacke schlüpfte, beschlich mich auf einmal ein sehr merkwürdiges Gefühl. Ich konnte es mir selbst nicht erklären, aber ich wurde den Eindruck nicht mehr los, dass dies das letzte Mal war, dass ich meine Schwester sehen würde. Es war wie eine düstere Vorahnung, die eigentlich keinerlei Sinn ergab und mich gerade deswegen ziemlich beunruhigte. War ich dabei, den Verstand zu verlieren?

Ich trat in den Korridor, und als ich am Kinderzimmer vorbeikam, zog es mich plötzlich mit allen Fasern meines Seins zu meiner

Nichte und meinem Neffen hin. Ganz leise öffnete ich die Tür und betrat das verdunkelte Zimmer. Parisa und Parvis schliefen tief und fest in ihren Bettchen. Parisa nuckelte an ihrem Daumen und hatte ihren Teddybär fest umklammert. Sie hatte das Gesicht eines Engels. Parvis lag auf dem Bauch in seiner Wiege, die speckigen Händchen neben dem Kopf, und atmete ruhig und regelmäßig.

Du solltest dich besser von ihnen verabschieden, hörte ich eine Stimme in meinem Kopf. *Du wirst sie nie mehr wiedersehen!*

Auch wenn ich nicht verstand, woher diese Gedanken kamen, beugte ich mich über die Wiege, um Parvis zum Abschied zu küssen.

»Bitte weck sie nicht auf«, flüsterte meine Schwester hinter mir. »Wo sie grad so schön schlafen.«

Das Bedürfnis, meine beiden Lieblinge auf den Arm zu nehmen und zu drücken, war unglaublich groß. So aber warf ich ihnen lediglich eine stille Kusshand zu und verließ schweren Herzens ihr Zimmer. Nasrin umarmte ich besonders lange, bevor ich mit dem Lift ins Erdgeschoss fuhr und zu meinem geparkten Wagen eilte. Es regnete stark, und ich hielt mir meine Lederjacke über den Kopf, während ich nach den Autoschlüsseln suchte. Ich setzte mich hinters Steuer und blickte ein letztes Mal in den fünften Stock zu Nasrins Wohnung hoch. Sie stand am Fenster und winkte zu mir herunter. Sie wirkte besorgt, und ich hatte das Gefühl, dass sie etwas ahnte. Genau wie ich. Obwohl ich mir keinen Reim darauf machen konnte.

Das war eure letzte Begegnung!, flüsterte mir diese innere Stimme erneut zu. Langsam wurde mir die Sache unheimlich. Was hatte das bloß zu bedeuten?

15 Der Entschluss

Gegen zwölf Uhr war ich zurück in meiner Wohnung. Ich öffnete die erste Bierflasche des Tages und fing an, erbärmlich über die Zwecklosigkeit meines Lebens zu weinen. Während mir die Tränen über die Wangen liefen, durchstöberte ich meine Videosammlung und fand dabei zwei Filme, die mir ins Auge stachen: »Heat«, ein actionreiches Kriminalfilmdrama, in welchem Robert De Niro einen millionenschweren Bankraub durchzieht, und »Set it off«, in welchem Queen Latifah mit ihren Freundinnen gleich mehrere Banken ausraubt.

Aus einem Impuls heraus spulte ich beide Videokassetten vor und studierte die Szenen der Banküberfälle sehr genau. Dann sah ich mir die Schlussszenen an, bei denen einige der Bankräuber erschossen werden, und plötzlich war da wieder diese Stimme in mir, die mir zuflüsterte: *Farzad, willst du nicht auch lieber wie ein Held sterben, als dieses jämmerliche Leben weiterzuleben? Sei ein Mann, Farzad, und hör endlich auf, dich selbst zu bemitleiden! Kämpfe! Was hast du schon zu verlieren?*

Die Stimme wurde immer lauter. Ich konnte sie einfach nicht mehr abschalten. Ich hielt meinen Kopf zwischen den Händen und wippte mehrmals vor und zurück in der Hoffnung, die Stimme loszuwerden.

Aber es ging nicht. Es fühlte sich an, als wäre mein Schädel in einem Schraubstock eingeklemmt und der Teufel höchstpersönlich drehte am Gewinde.

Entweder, du entscheidest dich, ein Held zu sein, oder du bleibst den Rest deines Lebens eine Null. Entscheide dich, Farzad!, forderte mich die Stimme in meinem Kopf heraus.

Plötzlich fiel mir der Zeitungsartikel wieder ein, den ich in Nasrins Küche gelesen hatte. Der Bankräuber von Memmingen hatte 10 000 Mark erbeutet und keinerlei Spuren hinterlassen. Keinerlei Spuren ...

Was der kann, kannst du schon lange!, dachte ich auf einmal. Der Gedanke beflügelte mich, und die kranke Idee nahm langsam Gestalt an. Ich holte mir Papier und Kugelschreiber und stellte mir, leicht beschwipst vom Alkohol, eine Liste zusammen, was ich alles für einen Banküberfall brauchen würde: Handschuhe, Maske, Beutel für die Beute, Fluchtfahrzeug, Tatkleidung, Pistole ...

Verflixt noch mal, wo krieg ich jetzt eine Pistole her?, überlegte ich mir. Seit meiner letzten Verhaftung war ich vorsichtiger geworden und hatte sämtliche Waffen aus meiner Sammlung fortgeworfen aus Angst vor einer Hausdurchsuchung. Nicht, dass die Polizei am Ende doch noch herausfand, wer auf die beiden Polizisten geschossen hatte.

So ein Mist, dachte ich. *Ohne Waffe kann ich's vergessen.*

Ich grübelte darüber nach, wie ich auf die Schnelle eine Pistole auftreiben konnte, und plötzlich kam mir eine Idee. War nicht Andri kürzlich mit einer Soft-Gun-Pistole aufgetaucht, die er seinem kleinen Bruder abgenommen hatte? Wir waren zu irgendeiner Party unterwegs gewesen und Andri hatte die Spielzeugpistole im Handschuhfach meines Wagens abgelegt. Wenn ich Glück hatte, war sie noch dort.

Ich schnappte mir meine Autoschlüssel und ging zu meinem Wagen hinunter. Als ich das Handschuhfach öffnete, plumpste mir die schwarze Pistole direkt in die Hände. Ich wog sie in der Hand und dachte nach.

Es ist eine Spielzeugpistole. Ich kann doch nicht mit einer Spielzeugpistole eine Bank überfallen!

Ich betrachtete das Teil von allen Seiten. Natürlich war es für ein geschultes Auge wie das meine kein Kunststück, die Waffe als ein Spielzeug zu entlarven. Andererseits: Wer außer mir wusste, dass es keine echte Waffe war? Und welcher Bankangestellte würde bei einem Überfall die Möglichkeit in Betracht ziehen, der Täter wäre so bescheuert, ihm eine Spielzeugpistole an den Kopf zu halten?

Aber was ist, wenn etwas schiefläuft?, dachte ich weiter. *Was ist, wenn plötzlich die Bullen eintreffen, bevor ich abhauen kann?*

Was spielt das für eine Rolle?, antwortete mir die zynische Stimme in meinem Innern. *Wenn die Bullen kommen, richtest du deine Waffe auf sie und lässt dich von ihnen abknallen. Du willst doch ein Held sein. Also benimm dich wie einer. Du wirst nicht einer von diesen erbärmlichen Versagern sein, die sich selbst das Gehirn wegpusten oder sich klammheimlich erhängen. Du hast spektakulär gelebt, Farzad, und genauso spektakulär sollst du sterben! Keiner wird Farzad, den Psycho, je vergessen. Dies wird dein größter Coup. So oder so. Entweder, du wirst heute stinkreich - oder du wirst mit Glanz und Gloria von dieser Welt scheiden. Heute wirst du Geschichte schreiben, mein Freund! Heute ist dein Tag!*

Ich kniff die Augen zusammen und ließ die Worte auf mich wirken. Sie gaben mir Mut, die Sache durchzuziehen. Aber gleichzeitig erschütterte mich der Gedanke, dass dies vielleicht der letzte Tag meines Lebens sein würde. War es das wirklich wert? Ich erinnerte mich an das Gespräch mit Nasrin über den Bankraub von Memmingen. Und ich erinnerte mich daran, wie Nasrin am Fenster gestanden und mir traurig zugewunken hatte, als hätte sie geahnt, dass ich dabei war, den größten Fehler meines Lebens zu begehen.

Ich blies die Luft aus meinen Wangen, dann steckte ich die Spielzeugpistole kurz entschlossen in meinen Hosenbund und verbannte sämtliche Zweifel aus meinen Gedanken.

»Ich zieh das durch«, murmelte ich. »Ich bin Farzad, der Psycho. Ich fürchte mich vor nichts und niemandem.«

Es war 13 Uhr. Die Banken öffneten in einer Stunde, und ich hatte noch einiges zu tun. Die Pistole hatte ich, eine Tasche für das Geld auch. Aber die Tatkleidung fehlte noch. Ich fuhr zu meiner Mutter. Sie war wie immer unter Medikamenteneinfluss und stellte mir keine Fragen, als ich überraschend vor der Tür stand.

»Mama, ich muss mir was von dir borgen«, sagte ich und ging zielstrebig in ihr Schlafzimmer, wo ich begann, ihren Kleiderschrank nach den passenden Utensilien für meinen halbwegs geplanten Banküberfall zu durchstöbern. Ich packte eine Frauenstrumpfhose als Maske ein, ein paar Bettlaken, um mein Gewicht zu verändern und quadratische Kopfkissen, um mir damit einen Bierbauch zu stopfen.

»Bitte mach keine Unordnung, ja?«, ermahnte mich meine Mutter, die hinter mich getreten war.

»Keine Sorge, ich mach schon keine Unordnung«, sagte ich, während ich weiterwühlte. »Sag mal, wo sind eigentlich die schwarzen Wollhandschuhe?«

»Wozu in Teufels Namen brauchst du um diese Jahreszeit Handschuhe? Farzad ...« Sie verschränkte die Arme und durchbohrte mich mit scharfem Blick. »Du führst doch nichts im Schilde, oder?«

»Ich? Nein, wie kommst du denn darauf?«, antwortete ich mit Unschuldsmiene. »Ich brauch sie halt. Du weißt nicht zufällig, wo sie sind?«

Meine Mutter ging zu einer Kommode, öffnete eine Schublade und überreichte mir die Wollhandschuhe. Hätte sie gewusst, wozu ich die Handschuhe wirklich brauchte, wäre sie wohl kaum so hilfsbereit gewesen. Ich stand bereits wieder auf der Türschwelle, als mich meine Mutter nochmals ernst anblickte, als würde sie etwas ahnen.

»Schwör mir bei Gott, dass du nicht wieder irgendeinen Unfug treibst, Farzad«, sagte sie.

»Ich schwör's«, log ich, um sie zu beruhigen. Dann drehte ich mich rasch um und verschwand.

Ausgerüstet mit allem, was ich für den Überfall brauchte, setzte ich mich in mein Auto und machte mich auf den Weg zur nächstbesten Bank in Kempten. Am alten Bahnhofplatz fuhr ich langsam an einer Raiffeisenbank vorbei und entschied mich spontan dafür, diese Bank zu überfallen, da meine Familie bei der Raiffeisenbank viele Schulden hatte. Ich wendete den Wagen, blieb ein paar Minuten mit laufendem Motor vor der Bank stehen und beobachtete die belebte Straße, die vielen Passanten und den fließenden Verkehr.

Farzad, es ist reiner Selbstmord, am helllichten Tag mit einer Pistole in dieses Gebäude zu spazieren, ging es mir durch den Kopf. *Such dir eine Bank, die etwas unauffälliger ist.*

Plötzlich erinnerte ich mich an ein Gespräch, das ich vor ein paar Tagen mit einem Lehrling in unserem Geschäft geführt hatte. Wir hatten uns über Actionfilme unterhalten. Irgendwann waren wir beim Thema Banküberfall gelandet, und Daniel hatte gesagt: »Also, ich würde ja eh nur eine Bank überfallen, die über keine eigene Polizeistation verfügt. Nimm zum Beispiel unser Dorf hier, Bad Grönenbach. Hier gibt es keine Polizeiwache, was bei einem Banküberfall zur Folge hätte, dass die Bullen entweder von Kempten, also aus 25 km Entfernung, oder von Memmingen, ebenfalls 15 km Entfernung, anrücken müssten. Das würde dem Täter mindestens zehn Minuten Zeit geben, um abzuhauen.«

Er hat recht!, durchfuhr es mich. *Die Bank in Bad Grönenbach ist perfekt!*

Ich schaltete umgehend in den ersten Gang und brauste am Berliner Platz vorbei Richtung Autobahn. Über meine Freisprechanlage rief ich Pamela an.

»Pronto?«, meldete sie sich schon nach wenigen Sekunden am anderen Drahtende.

Ihre Stimme zu hören, löste ein einziges Gefühlschaos in mir aus, das von Gram über Bitterkeit bis zu blankem Hass ging.

»Pamela«, sagte ich, und es fiel mir schwer zu sprechen. »Ich bin's, Farzad.«

»Farzad! Oh Gott, endlich rufst du an!«, rief sie, und ich spürte, wie eine tiefe Sehnsucht nach ihr in mir aufflammte. Trotz allem, was geschehen war, liebte ich sie, auch wenn es jetzt keine Rolle mehr spielte. Ich wischte mir mit der Hand über die feucht gewordenen Augen.

»Ich ruf nur an, um dir zu sagen, dass du mein Leben zerstört hast«, sagte ich und kämpfte gegen die Tränen an. »Ich wollte, dass du das weißt, bevor ...«

»Bevor was?«, fragte sie, und trotz der schlechten Verbindung glaubte ich Besorgnis aus ihrer Stimme herauszuhören. »Bevor was, Farzad?!«

Ich schluckte. Ich hätte nicht gedacht, dass der Klang ihrer Stimme mich derart aus der Bahn werfen würde. Ich konnte meine Emotionen nur noch schwer zurückhalten. »Entweder, ich werde heute ein reicher Mann, oder ich werde sterben«, sagte ich nach einer Pause mit brüchiger Stimme.

»Was soll das heißen? Farzad?!« Es rauschte in der Leitung. »Farzad?!«, rief Pamela bestürzt. »Was hast du vor? Mach keinen Blödsinn! Farzad?! Hörst du mich? Ich liebe dich noch immer!«

»Dafür ist es jetzt zu spät«, hauchte ich apathisch, bevor ich das Gespräch abrupt beendete. Es gab nichts mehr hinzuzufügen. Sie hatte ihre Entscheidung getroffen. Und ich die meine. Dennoch wollte es mir nicht mehr aus dem Kopf gehen, was sie zuletzt gesagt hatte.

Mit 180 Sachen bretterte ich indessen über die Autobahn und erreichte Bad Grönenbach 18 Minuten später. Als ich die Ausfahrt nahm, war die Firma, bei der ich arbeitete (wenn ich nicht grad blaumachte), gut zu sehen. Ich fuhr in die kleine Ortschaft hinein, und am Marktplatz erreichte ich schließlich mein Ziel: die Sparkasse von Bad Grönenbach. Ich manövrierte meinen Mazda in eine Seitenstraße und parkte ihn vor einem Kursanatorium, etwa 300 Meter von der Bank entfernt. Die Parkplätze waren hier überdacht, und das Zinnblech würde mir perfekten Schutz bieten, um nach dem Raub meine Kleider zu wechseln.

Im Film machten Bankräuber immer den fatalen Fehler, mit einem ziemlich auffälligen Fluchtfahrzeug die Aufmerksamkeit der Bevölkerung auf sich zu ziehen. Da mein Auto ziemlich aufgemotzt war und getönte Scheiben hatte, entschloss ich mich daher kurzerhand, für meine Flucht ein Taxi zu nehmen. Also ließ ich mir von der Auskunft die Telefonnummer eines örtlichen Taxiunternehmens geben und rief dort an.

»Taxigesellschaft Müller. Was kann ich für Sie tun?«, meldete sich eine freundliche Frauenstimme.

»Ja, ich hätte gern ein Taxi nach Bad Grönenbach bestellt«, sagte ich. »Auf 15 Uhr. Bahnhofstraße 14. Ich müsste nach Kempten fahren. Wie viel kostet das?«

»Ungefähr 40 Mark«, gab mir die Frau Auskunft.

»Es ist für mich sehr wichtig, dass das Taxi pünktlich ist«, erklärte ich etwas nervös. »Ich benötige das Taxi genau um 15 Uhr und keine Minute später. Verstehen Sie?«

»Sie können sich auf uns verlassen«, beruhigte mich die Dame.

»Unsere Taxifahrer sind immer pünktlich. Also Bahnhofstraße 14, fünfzehn Uhr. Wie ist Ihr Name?«

»Pfeil«, erfand ich spontan einen Namen. »Ich möchte Sie nochmals darum bitten, wirklich pünktlich zu sein. Ich kann nicht genug betonen, wie wichtig das für mich ist. Fünfzehn Uhr, und keine halbe Minute später.«

Die Frau blieb weiterhin professionell zuvorkommend, obwohl ich sie bestimmt nervte mit meinem Pünktlichkeitswahn. »Seien Sie unbesorgt, Herr Pfeil. Der Fahrer wird da sein. Pünktlich auf die Minute. Ich wünsche Ihnen noch einen schönen Tag. Auf Wiederhören.«

Ich schaltete mein Handy aus und fuhr mir mit dem Handrücken über die Stirn. Langsam begann ich zu schwitzen. Bald war es so weit. Ein Blick auf meine Armbanduhr verriet mir, dass es halb drei war.

Noch eine halbe Stunde, und ich bin entweder reich - oder tot, dachte ich, und eine Hitzewelle ging durch meinen Körper, als hätte jemand mein Blut durch kochendes Wasser ersetzt. Ein seltsamer Mix aus Euphorie und höllischem Lampenfieber erfasste mich. Ohne Zweifel: Ich war dabei, eine Schwelle zu überschreiten, von der ich nicht gedacht hätte, dass ich sie jemals überschreiten würde. Diese Tat würde alles, was ich bisher getan hatte, in den Schatten stellen und mich in eine völlig neue Kategorie von Verbrechern katapultieren. Wenn ich das hier durchzog, war mein Leben, wie ich es bisher gekannt hatte, ein für alle Mal vorbei.

16 Der Banküberfall

14:53 Uhr.

Ich machte mich auf den Weg zur Sparkasse. Allein die 300 Meter Fußmarsch bis zur Bankfiliale kosteten mich enorme Kraft, da mir meine Füße beinahe den Dienst verweigerten. Ich schwitzte wie ein Schwein. Ich trug zwei Paar Hosen übereinander, dazu ein Hemd, einen roten Kapuzenpulli, eine Bomberjacke, eine rote Baseballmütze und die Wollhandschuhe meiner Mutter. Mit den Bettlaken und Kissen, die ich mir unter den Kapuzenpulli gestopft hatte, sah ich aus, als hätte ich einen Bierbauch und wäre übergewichtig. Meine Armbanduhr, die Brieftasche, meine Halskette und meinen goldenen Ohrring hatte ich vorsichtshalber im Auto gelassen, um nichts an mir zu tragen, was der Polizei später als Hinweis dienen könnte, um mich zu fassen. Die Pistole hatte ich mit einem Tuch fein säuberlich abgerieben, um alle vorhandenen Fingerabdrücke zu verwischen. Immerhin war ich bei der Kriminalpolizei wegen meiner Jugendsünden kein unbeschriebenes Blatt und in der Datenbank des LKA gespeichert. Ein Fingerabdruck, und die Falle würde zuschnappen.

Die Hände in den Außentaschen meiner Bomberjacke vergraben, näherte ich mich der Bank. Mein Herz schlug mir bis zum Hals. Ich spürte und hörte jeden einzelnen Herzschlag. Bum-bum ... bum-bum ... bum-bum ... bum-bum ...

Wahrscheinlich fühlt sich so ein zum Tode Verurteilter auf dem Weg zur Hinrichtung, ging es mir durch den Kopf.

Eine derartige Anspannung hatte ich noch bei keiner meiner bisherigen Taten verspürt. Alles an mir und in mir stand unter Strom. Es war unheimlich und im selben Moment auch extrem erregend. Vor dem Eintritt ins Foyer, wo die Geldautomaten standen, checkte ich ein letztes Mal die Umgebung. Nicht, dass ich genau in dem Augenblick die Bank betreten würde, in dem ein Streifenwagen zufällig um die Ecke bog. Aber es war alles ruhig.

Die automatische Glastür öffnete sich lautlos, und schon befand ich mich im Vorraum. Nachdem ich mich vergewissert hatte, dass keine Überwachungskameras vorhanden waren, griff ich in die Innentasche meiner Bomberjacke, fischte die Frauenstrumpfhose heraus und zog sie mir über den Kopf. Dann wandte ich mich einem der Geldautomaten zu, um in der dunklen Scheibe mein Spiegelbild zu betrachten. Ich bot einen monströsen Anblick. Meine Visage war durch die enge Strumpfhose völlig deformiert und verzerrt. Kaum zu glauben, mit welch einfachen Hilfsmitteln man sich in ein furchterregendes Scheusal verwandeln konnte. Ich setzte die Baseballmütze wieder auf, zog die Pistole aus dem Hosenbund und starrte sie einen Moment wie hypnotisiert an.

Farzad, was tust du da?, meldete sich eine feine Stimme in meinem Herzen. *Du bist ein Dieb, ein Schläger, aber um Gottes willen, du bist doch kein Bankräuber! Wenn du jetzt durch diese Tür marschierst, gibt es kein Zurück mehr. Ist dir eigentlich klar, worauf du dich da einlässt?*

Weichling!, gewann jedoch die andere, mir bestens bekannte Stimme gleich wieder die Oberhand. *Gib ruhig auf! Lauf nach Hause zu deiner Mama! Verkriech dich unter deinem Bett und heule weiterhin über die Ungerechtigkeit dieser Welt! Deine Schulden werden davon nicht bezahlt, dein Kind wirst du deswegen nicht zurückkriegen und Pamela auch nicht. Für jemanden wie dich gibt es nur einen Weg: Geh da rein und zeig denen dein wahres Gesicht! Tu es! Worauf wartest du noch?*

Ich konnte es nicht mehr ertragen. Tief in mir drin wusste ich, dass die Stimme mich belog, aber ich hörte trotzdem auf sie. Und so besiegelte ich an diesem Mittwochnachmittag mein Schicksal, schritt über die Bewegungssensoren der Schiebetür, die milchige Scheibe öffnete sich, und ich betrat den Schalterraum.

Ich zählte sechs Personen in dem Raum: zwei Kunden, drei Bankangestellte und den Filialleiter. Zu meiner Linken stand ein vielleicht vierzehnjähriger Junge mit seinem Sparbuch in der Hand und war mit einer der Kassiererinnen in ein Gespräch vertieft. Die anderen zwei Angestellten saßen an ihren Schreibtischen und arbeiteten am Computer. Vor dem rechten Schalter wartete eine ältere Dame geduldig darauf, einen Scheck einzulösen. Die Rentnerin war um die siebzig, trug einen Regenschirm am Arm, und vom ersten Moment an schenkte ich ihr wenig Beachtung, weil sie von allen die geringste Gefahr darstellte. Als größten Risikofaktor stufte ich eindeutig den Filialleiter ein, ein etwa vierzigjähriger Mann mit Anzug und Krawatte. Er befand sich rechts hinten in einem kugelsicheren Raum aus Panzerglas.

Es gibt nicht viele Momente im Leben, von denen man behaupten kann, die Zeit hätte stillgestanden. Aber dies war definitiv ein solcher Moment, als ich mit der Waffe in der Hand in die Bank stürmte und sich alle nach mir umdrehten. Keiner rührte sich von der Stelle. Sie starrten mich bloß an, als wäre Aladin auf einem fliegenden Teppich zur Tür hereingesegelt. Mir war klar, dass ich jetzt das Kommando übernehmen musste.

»Hände hoch!«, rief ich und richtete meine Pistole unbestimmt in Richtung der Kunden und Bankangestellten. Keiner hob die Hände. Darauf war ich ehrlich gesagt nicht gefasst gewesen. Wie ausgestopft standen alle da und blickten mich entgeistert an.

»Hände hoch! Das ist ein Banküberfall!«, brüllte ich aus voller Kehle. Langsam gingen die Arme in die Höhe. Das blanke Entsetzen stand den Kunden und Angestellten ins Gesicht geschrieben. Man konnte ihre Angst förmlich riechen. Der Adrenalinschub, der durch meinen Körper jagte, war abartig. Es war eine Explosion an Energie und Emotionen, mit nichts zu vergleichen, was ich je erlebt hatte. Keine Droge der Welt, da war ich mir sicher, kam auch nur annähernd an diesen Kick heran.

Ich richtete meine Pistole auf den Filialleiter in seinem kugelsicheren Raum. »Raus! Raus!«, schrie ich ihn an und unterstrich meinen Befehl, indem ich die Waffe hin- und herbewegte. Doch der Mann blieb mit erhobenen Händen stehen und tat keinen Schritt. Irgendwie hatte ich mir das etwas anders vorgestellt. Ich war bewaffnet, und der Typ gehorchte mir trotzdem nicht. Es war nicht zu fassen! Ob ich wohl der einzige Bankräuber war, dessen Opfer nicht kooperierten? Ich musste mir dringend etwas einfallen lassen.

Ich erinnerte mich an eine Szene aus »Heat«, bei der Robert De Niro während des Banküberfalls auf den Tresen gesprungen war. Spontan entschloss ich mich, dasselbe zu tun. Mit einem Satz sprang ich auf einen vor dem Tresen stehenden Blumentopf und von dort auf den Tresen. Jetzt, aus der Vogelperspektive, hatte ich den perfekten Überblick und war wieder Herr der Lage. Und damit der Manager endlich kapierte, dass es mir bitterernst war, richtete ich meine Pistole unmissverständlich auf den Kopf des Teenagers und forderte ihn erneut auf: »Komm raus oder ich erschieß den Jungen!«

Das wirkte. Der Mann kam aus dem kugelsicheren Raum heraus und gesellte sich mit schreckensbleichem Gesicht zu seinen drei Angestellten.

»Keiner bewegt sich! Und keiner spielt den Helden, dann passiert euch nichts, kapiert?! Ich will nur das Geld!«, rief ich und gab mir Mühe, meine eigene Unsicherheit zu verbergen. Ich war fürchterlich nervös. Ständig warf ich einen Kontrollblick zur Tür, um sicherzugehen, dass keine neue Kundschaft eintraf. Das hätte mir gerade noch gefehlt, dass mich plötzlich ein von Heldenmut gepackter Kunde von hinten angreifen und zu Boden reißen würde, weil ich ihn nicht rechtzeitig gesehen hätte. Natürlich war die Chance eines solchen Angriffs verschwindend gering, aber in meiner Paranoia hielt ich alles für möglich.

Ich holte die mitgebrachte Stofftasche aus meiner Jacke, legte sie vor mich auf den Tresen und kickte sie in Richtung des Managers.

»Los! Mach die Tasche voll!«, befahl ich ihm. »Jetzt!«

Der Mann bückte sich eilends, hob die Tasche mit zitternden Händen vom Boden auf und ging damit zurück in den kugelsicheren Raum, der gleichzeitig der Kassenraum war. Ich sah, wie er dicke Geldbündel aus einem Schrank holte und in der Tasche verstaute.

Na bitte, dachte ich zufrieden. *Endlich läuft alles nach Plan.*

Es war ein irres Gefühl, die totale Autorität über diese Menschen zu besitzen. Und auf dem Tresen zu stehen und von oben auf sie herabzublicken, stärkte mein Selbstvertrauen noch mehr. Längst hatte ich vergessen, dass die Pistole in meiner Hand nur eine Spielzeugpistole war.

»Schneller! Schneller!«, fauchte ich den Filialleiter an, der sich meiner Ansicht nach viel zu viel Zeit ließ.

»Das Münzgeld auch?«, fragte der Mann ängstlich.

»Nein, nur die Scheine!«, zischte ich zurück.

Das Ganze dauerte nur wenige Sekunden, aber mir kam es vor wie Stunden, bis der Filialleiter endlich mit der prall gefüllten Tasche zurückkam.

»Gib sie der Angestellten!«, wies ich ihn an und machte mit der Pistole eine entsprechende Bewegung. Das Risiko, der erregte Manager könnte mich bei der Geldübergabe plötzlich an den Beinen packen und vom Tresen zerren, war mir einfach zu groß. Der Filialleiter gab die Tasche einer der Angestellten, welche dabei noch blässer wurde, als sie es ohnehin schon war.

»Die Tasche!«, knurrte ich, und als die Frau taumelnd auf mich zukam, fuchtelte ich ungeduldig mit der Pistole vor ihrem Gesicht herum. »Na los! Wird's bald?!«

Sie überreichte mir die Tasche und blieb dann mit schlotternden Knien vor mir stehen wie ein Untertan vor seinem König, um ja nicht ohne meine Erlaubnis einen falschen Schritt zu machen. Ich genoss die Panik in ihren Augen. Und ich genoss es, die absolute Befehlsgewalt zu haben. Es war so still, dass man eine Nadel hätte zu Boden fallen hören.

»Alle auf den Boden!«, rief ich. »Hinlegen! Hände über den Kopf! Los!«

Sie gehorchten mir ohne Widerrede. »Und dass mir keiner auf dumme Gedanken kommt!«, warnte ich sie, bevor ich rückwärts vom Tresen auf den Blumentopf und vom Blumentopf auf den Boden sprang. »Ein Mucks, und ihr seid tot!«

Die Tasche mit meiner Beute in der linken, die Pistole in der rechten Hand, verließ ich den Schalterraum. Im Foyer streifte ich die Maske ab, steckte die Waffe ein und trat ins Freie. Die friedliche Dorfidylle vor der Sparkasse kam mir extrem schräg vor, nachdem ich soeben eine Bank überfallen hatte. Ein Mann mit Walkman und Kopfhörern joggte an mir vorbei, auf der gegenüberliegenden Straßenseite schoben zwei junge Mütter ihre Kinderwagen vor sich her und unterhielten sich angeregt miteinander. Ein junger Bursche befestigte gerade sein Fahrrad an einem Baum, und eine Frau mit Bergen von Einkaufstüten überquerte die Straße und versuchte sehr umständlich, ihr klingelndes Handy aus der Handtasche zu klauben. Irgendwie passte das alles so gar nicht zu der Szene, die sich soeben in der Bank drin abgespielt hatte. Und irgendwie war es komisch, dass mir niemand anmerkte, was ich soeben getan hatte, und sich keiner nach mir umdrehte, als ich mit der Tasche voller Geld zur nächsten Straßenecke spazierte. Ich musste mir unglaublich Mühe geben, mein Schritttempo zu halten, um nicht doch jemandem aufzufallen. Erst, als ich in eine Querstraße einbiegen konnte, begann ich zu laufen, als wäre der Teufel hinter mir her.

Ich war mir sicher, dass der Filialleiter in der Zwischenzeit den Alarm ausgelöst hatte. Die Polizei war also unterwegs. Ich musste mich so schnell wie möglich aus dem Staub machen. Keuchend und schwitzend erreichte ich den Parkplatz beim Sanatorium und zog meine ganzen Tatkleider aus, die Handschuhe, die hellblaue Jeans, die Bomberjacke, den roten Kapuzenpulli und die ganzen Bettlaken und Kissen. Ich entsorgte alles in eine Mülltonne. Dann betrachtete ich die Pistole, die mir beim Umziehen aus dem Hosenbund gefallen war und vor mir auf dem Asphalt lag, und plötzlich dachte ich: *Farzad, die brauchst du nicht mehr!*

Und kickte sie mit dem Fuß kurzerhand unter die geparkten Autos.

Endlich gestattete ich mir einen wohlverdienten Blick in die schwarze Tasche. Als ich die vielen 50er-, 100er-, 500er- und 1000er-Scheine sah, blieb mir für einen Augenblick die Spucke weg.

»Ich hab's geschafft!«, murmelte ich, und eine Welle von Euphorie erfasste mich. *Ich hab's tatsächlich geschafft! Mann, ich bin reich! Ich bin reich!!!*

Ich lachte und kriegte mich schier nicht mehr ein vor lauter Glück. Ich kam mir vor wie in einem Märchen aus Tausendundeiner Nacht. So einen Haufen Geld sieht man weiß Gott nicht alle Tage.

»Wow!«, hauchte ich, während ich mit den Händen über die vielen Scheine strich. »Wow!!!«

Ich konnte mich gar nicht genug satt daran sehen. Am liebsten hätte ich es auf der Stelle gezählt. Aber dafür war jetzt keine Zeit. Erst einmal musste ich mich auf meine Flucht konzentrieren. Ich zog den Reißverschluss der Tasche zu, warf sie mir über die Schulter und begab mich zum vereinbarten Treffpunkt mit dem Taxi. Allein: das Taxi war nicht da ...

17 Die Flucht

Da ich meine Armbanduhr in meinem Wagen gelassen hatte, wusste ich nicht, wie spät es war. Aber ich war mir ziemlich sicher, dass der Überfall nicht mehr als fünf Minuten gedauert hatte. Dann zwei Minuten Fußmarsch bis zum Sanatorium, eine Minute für das Entsorgen der Tatkleidung. Es musste kurz nach drei Uhr sein. Wo um alles in der Welt blieb das Taxi?!

»So ein verfluchter Mist!«, schimpfte ich, als mir klar wurde, dass ich mich vielleicht in der Zeit verschätzt hatte und das Taxi nicht kommen würde. Vielleicht war es ja auch da gewesen und wieder weggefahren, als der Fahrgast mit dem Pünktlichkeitswahn nicht auftauchte. Ich schaute mich nervös um und entdeckte zwischen den Häusern den Kirchturm. Die Haare standen mir zu Berge, als ich sah, dass die große Kirchuhr 15:07 Uhr anzeigte.

»Scheiße!«, fluchte ich und schleuderte mit dem Schuh eine Aludose fort, die vor mir im Straßengraben lag. *Das darf doch nicht wahr sein! Ich bin zu spät! Scheiße! Was mach ich jetzt?*

Ich hatte mir alles so wunderbar zurechtgelegt. Es wäre so perfekt gewesen. Und jetzt tauchte dieses blöde Taxi nicht auf und warf meinen gesamten Fluchtplan über den Haufen! Zurück zum Sanatorium zu gehen und in meinem eigenen Wagen zu fliehen, hielt ich für keine gute Idee. Darauf zu warten, dass das Taxi vielleicht doch noch auftauchte, stand ebenfalls außer Frage. Die Zeit lief mir davon. Die Bullen waren unterwegs, möglicherweise bereits am Tatort eingetroffen. Bald würde es hier nur noch so wimmeln von Polizei. Ich musste verschwinden. Ich musste weg! Aber wohin?

Ich begann aufs Geratewohl loszulaufen. Bad Grönenbach grenzt unmittelbar an einen großen Wald, den ich in kürzester Zeit erreichte. Die Tasche mit dem Geld wurde mir zu schwer, worauf ich mich spontan dazu entschied, die Beute erst einmal in einer Hecke zu verstecken, damit ich schneller laufen konnte. In ein paar Tagen, wenn sich die Lage wieder beruhigt hätte, würde ich zurückkommen und sie mir holen.

Orientierungslos folgte ich einem Waldweg, ohne zu wissen, wo der Pfad hinführte. Ich rannte und rannte. Der Schweiß lief mir über die Stirn. Meine Seite begann zu stechen, und auch meine Raucherlunge wollte mich zum Aufgeben zwingen, aber ich riss mich zusammen und setzte meinen Marathonlauf fort, rannte immer weiter, wieder aus dem Wald hinaus, dann über offenes Gelände, an Feldern und Wiesen vorbei, bis ich endlich völlig erschöpft und außer Atem ein kleines Kaff erreichte, das nur aus wenigen Häusern und einer Kirche bestand.

Vielleicht kann ich mich in der Kirche verstecken, bis der ganze Rummel vorbei ist!, überlegte ich.

Viel weiter hätte ich es eh nicht mehr geschafft. Ich war fix und fertig. Ich torkelte auf die Kapelle zu und zerrte an dem großen Metallring des uralten Holztores. Doch die Tür war abgeschlossen.

»Na großartig!«, rief ich und ließ meine ganze Wut an dem verschlossenen Tor aus, indem ich mehrmals mit den Fäusten und Schuhen dagegenpolterte. »Einfach großartig!«

Fluchworte rollten über meine Zunge. *Da will man einmal im Leben eine Kirche betreten, und dann ist sie verschlossen!*

Wo sollte ich mich denn sonst verstecken? Die Polizei hatte bestimmt schon sämtliche Straßen abgesperrt. Da kam ich nicht mehr durch. Es war nur noch eine Frage der Zeit, bis sie mich kriegen würden. Resigniert lehnte ich mich mit dem Rücken an das Kirchentor und ließ mich langsam daran zu Boden gleiten. Die Erkenntnis war bitter und gnadenlos: Ich saß in der Falle.

»Ist alles in Ordnung mit Ihnen?«

Ich schreckte auf. Ein älterer Herr mit Hut und Spazierstock stand vor mir und lächelte mich freundlich an. »Geht es Ihnen gut?«

»Ich ... äh ...«, stammelte ich und überlegte krampfhaft, was ich sagen sollte, um den Mann wieder loszuwerden. Doch plötzlich hatte ich eine Idee. Zum zweiten Mal an diesem Nachmittag erinnerte ich mich an eine Filmszene, diesmal aus dem Film »Das Schweigen der Lämmer«, in dem Anthony Hopkins in einem Krankenwagen ungehindert eine Polizeikontrolle passiert und dadurch der Polizei durchs Netz geht. Das war meine Chance, durch die Ringfahndung zu kommen! Ich würde es genauso machen wie Anthony Hopkins!

Ich atmete schwer und sah den Spaziergänger flehend an. »Es geht mir gar nicht gut. Ich habe starke Herzbeschwerden«, log ich und rang sehr überzeugend nach Luft. »Ich kann kaum noch atmen.«

Der hilfsbereite Herr glaubte mir die Story auf Anhieb. Er wirkte sehr besorgt über meinen gesundheitlichen Zustand.

»Hören Sie, ich wohne gleich da vorne. Ich ruf Ihnen einen Krankenwagen. Bleiben Sie so lange hier sitzen.« Er wandte sich zum Gehen, hielt kurz inne und wandte sich mir, auf seinen Stock gestützt, erneut zu. »Vielleicht ist es doch besser, Sie kommen mit. Meinen Sie, Sie schaffen die paar Meter? Es ist das Haus mit den blauen Fensterläden.« Er hob gemächlich seine Gichthand und deutete auf ein schmuckes Häuschen hinter einer Hecke. »Können Sie aufstehen?«

»Ja, es geht schon«, quetschte ich zwischen zusammengepressten Lippen hervor. Ich rappelte mich auf. Theatralisch vornübergebeugt folgte ich dem netten Mann zu seinem Haus. Dort setzte ich mich mit schmerzverzerrtem Gesicht vor die Einfahrt, während der Mann im Inneren des Hauses verschwand, um einen Krankenwagen zu rufen. Nach einer Minute kam er wieder nach draußen und brachte mir ein Glas Wasser.

»Keine Sorge, junger Mann«, beruhigte er mich. »Die Ambulanz wird jeden Moment hier sein. Atmen Sie tief durch. Es wird alles gut.«

Wieder kehrte er ins Haus zurück, während ich das Glas Wasser in einem Zug leerte. Es war herrlich erfrischend, aber meinen Durst löschte es längst nicht. Ich war total entkräftet von meiner Flucht. Meine Beine und Arme fühlten sich an wie Gummi, und mir war auch ein wenig schwindelig, weil ich mich dermaßen verausgabt hatte. Am liebsten hätte ich mich der Länge nach ausgestreckt und für einen Moment die Augen geschlossen.

Bald ist es ausgestanden, dachte ich. *Bald fährst du mit Blaulicht durch die Polizeisperren und bist in Sicherheit.*

Irgendwie beschlich mich plötzlich das mulmige Gefühl, als würde etwas nicht stimmen. Der alte Mann war verdächtig lange im Haus, ohne nach mir zu sehen. Ob er mich durchschaut hatte? Ob er anstatt des Krankenwagens die Polizei gerufen hatte? War ich in eine Falle getappt? Würde ausgerechnet ein schussliger Greis mit Gichthänden derjenige sein, der mich, einen Bankräuber, zur Strecke brachte?

Farzad, steh auf und flieh!, drängte eine Stimme in mir.

Sei nicht paranoid!, hielt ich mir gleich selbst entgegen. *Bleib sitzen und warte auf die Ambulanz! Es ist deine einzige Chance, ungeschoren davonzukommen!*

Hin- und hergerissen, ob ich nun bleiben oder besser verschwinden sollte, holte mich das Geräusch von quietschenden Reifen jäh auf den Boden der Realität zurück. Zwei Streifenwagen kamen mit einem abrupten Bremsmanöver vor mir zum Stehen. Die Türen flogen auf, und ehe ich mich versah, richteten die Polizisten ihre Walter-P7-Dienstpistolen auf mich.

»Heben Sie langsam Ihre Hände hoch!«, befahl mir einer der vier Bullen in scharfem Ton, während sich die anderen drei hinter den Motorhauben ihrer Dienstwagen verschanzten.

Gott, sie haben mich!, schoss es mir durch den Kopf, während ich tat, was sie von mir verlangten und gleichzeitig den Scheinheiligen spielte.

»Was soll das? Was hab ich getan?«

»Lassen Sie Ihre Hände oben! Bleiben Sie, wo Sie sind!«

Sie hielten mich mit ihren Pistolen in Schach, aber keiner von ihnen kam, um mich zu verhaften. Es dauerte jedoch nicht lange, und ein weißer Lieferwagen kam angebraust und stoppte ebenfalls vor der Garageneinfahrt. Die Hintertür flog auf, und sechs kräftige und maskierte Männer in Stiefeln und schwarzer Kampfuniform sprangen heraus. Ich hatte schon von der GSG9 gehört. Es war ein Sonderkommando der Polizei, das zur Bekämpfung von Schwerstverbrechern eingesetzt wurde und auf Antiterrorkampf, Geiselbefreiung und Bombenentschärfung spezialisiert war. Ihre Maschinenpistolen Heckler & Koch MP5 im Anschlag, gingen die Männer in Kampfformation und näherten sich mir mit taktisch überlegten Schritten, während die übrigen Polizisten ihnen Rückendeckung gaben.

Mit schonungsloser Gewalt wurde ich gepackt, mein Körper auf den harten Betonboden der Einfahrt geschleudert, und einer der Männer drückte mir schmerzhaft sein Knie in die Wirbelsäule. In Sekundenschnelle hatte mich die Truppe überwältigt. Die Hände wurden mir grob auf den Rücken gezerrt, und die Handschellen schnappten zu.

Das war's dann wohl, dachte ich und betrachtete die vielen Kampfstiefel unmittelbar neben meinem Gesicht. *Der Alte hat mich tatsächlich an die Bullen verpfiffen.*

Sie ließen mich eine ganze Weile verschnürt auf dem Boden liegen. Meine Sicht war ziemlich eingeschränkt, aber ich hörte, wie die Polizisten sich über Funk miteinander verständigten und wie nach und nach immer mehr Bullen und auch immer mehr Schaulustige eintrafen. Irgendwann wurde ich hochgezerrt und durfte mich hinsetzen. Mir schien es, das ganze Dorf wäre gekommen, um sich den gefährlichen Bankräuber von Bad Grönenbach anzusehen. Die Polizei hatte sogar ein gelbes Markierungsband gespannt, um die Leute von mir fernzuhalten. Die gesamte Straße war mit Streifenwagen versperrt, welche ihre Blaulichter laufen ließen.

Zwei Kriminalkommissare kamen auf mich zu. Der eine war um die fünfzig, hatte etwas längere, ungepflegte Haare und einen Dreitagebart. Er trug eine schwarze Lederjacke und Jeans, und irgendwie hätte er genauso gut als albanischer Messerstecher durchgehen können. Sein Partner war wesentlich jünger, hatte blondes, zerzaustes Haar und trug Jeans und eine verwaschene Jeansjacke. Für einen Moment kam ich mir vor wie in einem Kriminalfilm. Mit dem Unterschied, dass es hier um mein Leben ging und dass die Situation längst nicht so cool war, wie wenn man sie vom Sofa aus betrachtet und dazu Paprika-Chips in sich hineinstopft und an einer Cola schlürft, während der Täter verhaftet wird.

»Kriminalhauptkommissar Brunner«, stellte sich mir der Fünfzigjährige bärbeißig vor, »mein Kollege Herr Miloradovic. Wie ist Ihr Name?«

»Farzad Rasuli«, antwortete ich wahrheitsgetreu.

»Und was genau tun Sie hier, Herr Rasuli?«

»Ich arbeite in Bad Grönenbach bei der Firma Blech und Laser Technik, und heute Nachmittag fühlte ich mich nicht so gut. Daher nahm ich mir frei und entschloss mich spontan, einen Spaziergang an der frischen Luft zu machen.«

»Einen Spaziergang, aha«, kommentierte Brunner, und seine grimmige Miene ließ darauf schließen, dass er mir die Geschichte nicht abkaufte.

»Und dann haben Sie sich *spontan* dazu entschlossen, die Sparkasse zu überfallen, ja?«, mischte sich der jüngere Kommissar ein, der lässig die Arme verschränkt hatte, während er mit mir sprach.

»Hören Sie, ich weiß nichts von einem Banküberfall«, sagte ich sehr überzeugend, wie ich fand. »Sie haben den Falschen, glauben Sie mir.«

»Das wird sich herausstellen«, meinte Brunner brummig und nickte seinem Partner zu. »Nehmen Sie seine Personalien auf.«

Miloradovic zückte eifrig einen Stift und einen kleinen Schreibblock, und ich beantwortete ihm getreulich alle Fragen, die er mir zu meiner Person stellte. Das Quäken eines Funkgerätes, das er bei sich trug, unterbrach die Vernehmung.

»Hier Berta 2 von der Sparkasse für Berta 6. Bitte kommen!«

Der Kommissar nahm sein Walkie-Talkie in die Hand und presste die Sprechtaste. »Hier Berta 6 für Berta 2. Höre.«

»Die erste Täterbeschreibung gemäß eines der Kunden und des Filialleiters liegt vor.« »Höre.«

Jetzt reckte auch Brunner neugierig den Kopf, während über Funk die Beschreibung durchgegeben wurde. Obwohl ich wusste, dass ich nichts zu befürchten hatte, da ich schlau genug gewesen war, die Täterkleidung rechtzeitig verschwinden zu lassen, war ich ziemlich nervös.

»Täter männliche Person, zwischen 25 und 35 Jahren«, hörte ich die verzerrte Stimme über Funk, »trug eine rote Baseballmütze, eine schwarze Bomberjacke, darunter einen roten Kapuzenpulli und hellblaue Jeans.«

Beide Kommissare musterten mich von Kopf bis Fuß und verzogen dabei keine Miene. Miloradovic betätigte erneut die Sprechtaste.

»Negativ. Unser Tatverdächtiger trägt ein weißes Hemd, eine schwarze Lackhose und ist gemäß eigenen Angaben 18 Jahre alt.«

»Der Täter trug außerdem schwarze Wollhandschuhe und sprach mit einem osteuropäischen Akzent«, hieß es weiter.

Mit osteuropäischem Akzent!, dachte ich amüsiert und musste mich zusammennehmen, um meine Mundwinkel nicht zu verziehen.

»Negativ«, sprach Miloradovic ins Funkgerät. »Verhaftete Person ist iranischer Staatsangehöriger und trägt außer 40 Mark keine Gegenstände bei sich.«

Brunner, der schwer zu durchschauen war, nahm seinem Partner das Funkgerät aus der Hand. »Wie sieht es aus mit Statur und Größe des Täters?«, wollte er von den Kollegen am Tatort wissen.

Ein kurzes Rauschen war zu hören, dann kam die Antwort durch das Walkie-Talkie: »Der Bankräuber war sehr korpulent und gemäß Zeugenaussagen über 1,80 Meter groß.«

Brunner kratzte seinen Dreitagebart. »Negativ. Der Verdächtige ist höchstens 1,73 und von auffallend schmalem Körperbau.«

Ich musste innerlich erneut schmunzeln. Dadurch, dass ich auf den Tresen gestiegen war, hatte ich offenbar wie ein Riese auf meine Opfer gewirkt. Und die Kissen und Bettlaken hatten mir ebenfalls gute Dienste geleistet, um die Kunden und Bankangestellten über meine Gestalt zu täuschen. Die Kommissare betrachteten mich eingehend, dann zog Brunner Miloradovic am Ärmel zur Seite.

»Kein einziges Merkmal stimmt mit unserem Tatverdächtigen überein«, raunte er seinem Kollegen zu. »Der Bankräuber wird als korpulent beschrieben. Der hier ist ein Zahnstocher. Die Kleidung passt nicht, Alter und Größe passen auch nicht. Und der osteuropäische Akzent erst recht nicht.«

»Sie denken, er war es nicht?«, fragte Miloradovic.

»Ich denke, der richtige Täter entkommt uns vielleicht, während wir hier den Falschen festhalten. Wir sollten die Straßensperren erweitern und Luftunterstützung anfordern.«

Ich hätte vor Freude Purzelbäume schlagen können, als ich dieses Gespräch belauschte. Sie glaubten tatsächlich, sie hätten den Falschen! Meine Tarnung war perfekt gewesen! Ich hatte es geschafft! Ich hatte eine Bank überfallen, und sie würden mich gehen lassen, weil sie nichts gegen mich in der Hand hatten. Keinen einzigen Beweis, der mich mit der Tat in Verbindung brachte! Wahnsinn! Einfach Wahnsinn!

Die Kommissare drehten sich mir zu, und Brunner befahl seinem Partner, mir die Handschellen abzunehmen. Mein Herz machte wahre Luftsprünge. Ich konnte mein Glück noch immer nicht fassen. So was passierte nicht mal den cleversten Verbrechern im Film. Irgendeinen dummen Fehler machte jeder - außer mir. Ich hatte keine Spuren hinterlassen. Keine einzige! Und dabei hatte ich für die Planung des Überfalls gerade mal ein paar Stunden investiert.

Miloradovic kniete seitlich von mir nieder, um mir die Handschellen abzunehmen, als sein Funkgerät erneut rauschte.

»Berta 2 für Berta 6. Bitte kommen.«

Der Kommissar erhob sich und presste die Sprechtaste.

»Berta 6 hört.«

»Einem der Zeugen ist ein interessantes Detail am Täter aufgefallen.«

Ich spürte, wie alle Farbe aus meinem Gesicht wich und ich auf einmal doch Mühe hatte zu atmen.

Scheiße, welchen Fehler hab ich gemacht?, schoss es mir unwillkürlich durch den Kopf.

»Der Bankräuber trug schwarze Lederschuhe mit auffällig großen Silberschnallen«

Ich glaubte, mein Herz müsste stillstehen. Verflucht noch eins! Meine Schuhe! Ich hatte vergessen, die Schuhe zu wechseln! Die

Kriminalkommissare blickten an mir herunter, und ihre Gesichter hellten sich auf.

»Bingo!«, sagte Brunner, und seine mürrische Miene wich einem triumphierenden Grinsen. »Wir haben den Täter!«

18 Mein letzter Trumpf

Der Kriminalkommissar beugte sich zu mir herunter und sah mich voller Genugtuung an. »Wie es aussieht, verträgt Ihr Herz keinen Banküberfall, Herr Rasuli. Sie sind vorläufig festgenommen und haben das Recht zu schweigen. Alles, was Sie von jetzt an sagen, kann vor Gericht gegen Sie verwendet werden. Haben Sie das verstanden?«

»Ja«, murmelte ich kleinlaut, während ich mich für meine Unachtsamkeit hätte ohrfeigen können. Warum hatte ich ausgerechnet diese auffälligen Schuhe angezogen und nicht irgendwelche ausgelatschten Turnschuhe? Natürlich mussten sich die Zeugen daran erinnern, wo ich die ganze Zeit auf dem Tresen gestanden hatte. Bestimmt war es der Junge gewesen, der sich die Silberschnallen eingeprägt hatte. Er war mir am nächsten gestanden und hatte während des Überfalls wahrscheinlich nichts anderes getan, als auf meine Füße zu starren. Wie konnte ich nur so blöd sein?

Auf einmal wurde mir speiübel. Alles um mich herum begann sich zu drehen, und ich hatte das Gefühl, als würde ich nächstens wegkippen. Ich muss offenbar ziemlich grün im Gesicht gewesen sein, denn plötzlich war ich von mehreren Sanitätern in orangefarbenen Westen umringt. Sofort wurde ich an den Tropf gehängt und auf eine Trage gelegt, die Hände mit zwei Paar Handschellen an die seitlichen Rohre gefesselt. Die Handschellen hätten sie sich allerdings sparen können. Ich war dermaßen erschöpft, dass ich nicht einmal mehr in der Lage gewesen wäre, meinen Arm zu heben, geschweige denn abzuhauen. Es war, als hätte mein Körper nach all der Aufregung sämtliche Energiereserven aufgebraucht und beschlossen, den Dienst zu quittieren. Und dabei war zwischen dem Banküberfall und meiner Festnahme noch nicht einmal eine ganze Stunde vergangen.

Als ich ins Innere der Ambulanz geschoben wurde, nahm ich die vielen Polizisten und Gaffer um mich herum nur noch verschwommen wahr. Eskortiert von zwei Streifenwagen wurde ich mit Blaulicht und Martinshorn ins Klinikum Memmingen gefahren, wo mich eine ganze Horde von Polizisten in Empfang nahm. Meinetwegen hatten sie ein ganzes Patientenzimmer evakuiert, damit sie mich in aller Ruhe in die Mangel nehmen konnten. Es waren vier uniformierte Polizisten, acht Kriminalbeamte und mehrere Ärzte und Krankenschwestern im Raum anwesend, und alle wirkten sehr beschäftigt und hatten eine Menge zu besprechen.

Nach ungefähr zwanzig Minuten betrat ein großer Mann um die sechzig den Raum. Er hatte weiße Haare, einen modisch gestutzten weißen Bart und trug einen eleganten Anzug. Den ehrfürchtigen Blicken der Beamten nach zu urteilen, musste er ein Staatsanwalt oder sonst irgendein hohes Tier sein. Er trat an mein Bett heran und stellte sich mir vor.

»Mein Name ist Köhler. Kriminalhaupkommissar. Ich leite hier die Untersuchungen. Wo haben Sie die Beute des Banküberfalls versteckt?«

»Ich weiß nichts von einem Banküberfall«, log ich ihm ins Gesicht, ohne auch nur mit der Wimper zu zucken. Durch die Infusion war ich wieder einigermaßen zu Kräften gekommen. Deswegen hatte ich aber noch lange nicht vor, ein Geständnis abzulegen. Und das Versteck der Beute würde ich schon gar nicht verraten. Für wie dumm hielt der mich eigentlich? Ich merkte, wie alle im Raum die Ohren spitzten, während der leitende Kommissar die Befragung fortführte.

»Hören Sie, Herr Rasuli«, sagte er gereizt, und ich hatte den Eindruck, als wäre er kein besonders geduldiger Mensch, »abstreiten bringst nichts. Wir wissen, dass Sie es getan haben. Wir haben Ihr Fahrzeug, die gesamte Tatkleidung sowie Ihre *Spielzeugpistole* beim Kursanatorium gefunden.«

Die Leute im Raum begannen eifrig zu tuscheln, als sie hörten, dass die Waffe, die ich benutzt hatte, nichts weiter als eine Spielzeugpistole gewesen war.

»Jetzt fehlt uns nur noch die Beute. Und sehen Sie, Herr Rasuli, die Sache ist die: Sollte das Geld nicht bis zur Gerichtsverhandlung auftauchen, werde ich persönlich dafür sorgen, dass Ihnen der Richter ein paar Jahre extra aufdonnert.«

Seine Augen durchbohrten mich, um seinen Worten mehr Gewicht zu verleihen, aber so leicht ließ ich mich nicht von ihm einschüchtern. Die Beute war das Einzige, was ich noch hatte. Diesen Trumpf auszuspielen, wäre einer Kapitulation gleichgekommen. Und ich war noch lange nicht bereit, das Handtuch zu werfen. Ich drehte meinen Kopf trotzig von dem Kommissar weg, blickte zum Fenster hinaus und brummte den Satz, den ich schon immer mal sagen wollte: »Ohne meinen Anwalt sag ich gar nichts mehr.«

Wie die Geier näherten sich die Kripo-Beamten meinem Bett und hielten ihre Notizblöcke bereit, als ihr Chef mich fragte: »Und wie heißt Ihr Anwalt?«

»Dr. Eisenmann aus Kempten«, sagte ich, noch immer in Richtung Fenster starrend.

Eisenmann hatte mir schon bei früheren Verbrechen aus der Patsche geholfen. Er würde mich bestimmt auch hier irgendwie rausboxen. Das war schließlich sein Job. Nach meiner klaren Ansage, dass ich bis zum Eintreffen meines Anwaltes schweigen würde, verringerte sich die Anzahl der Kriminalbeamten im Zimmer rasch. Auch Köhler verließ den Raum, nachdem er seine Sekretärin übers Handy aufgefordert hatte, sich mit Rechtsanwalt Eisenmann in Verbindung zu setzen und ihn unverzüglich herzubitten. Zurück blieben nur die vier Polizisten, die extra zu meiner Bewachung herbeordert worden waren. Einer von ihnen versuchte, sich mit der Kumpeltour bei mir einzuschleimen, um mir vielleicht doch noch zu entlocken, wo ich die Beute versteckt hatte. Aber ich durchschaute ihn sofort, als er mir eine Zigarette anbot, mich per Du anredete und über irgendwelche belanglosen Dinge zu quatschen begann.

»Hey, Junge, das hat doch keinen Sinn«, sagte er nach ein paar Takten Small Talk, »glaub mir, mit Köhler willst du dich nicht anlegen. Der knackt jeden früher oder später. Warum sagst du nicht einfach, wo das Geld ist? Hm?«

»Sie können mich mal«, brummte ich und beendete das Gespräch abrupt.

Die Stunden schlichen dahin, bis gegen zwanzig Uhr abends jemand das Krankenzimmer betrat, den ich ehrlich gesagt nicht so rasch erwartet hätte: mein Rechtsanwalt.

»Guten Abend, Herr Rasuli«, begrüßte er mich höflich und wandte sich gleich an die vier Polizisten. »Wenn Sie uns bitte einen Moment entschuldigen würden. Ich möchte mit meinem Mandanten allein reden.«

Gehorsam trotteten die Bullen davon und schlossen die Tür hinter sich.

»Da haben Sie sich ja was Schönes eingebrockt«, sagte er, nachdem wir unter uns waren. »Ein Banküberfall. Was in Herrgotts Namen haben Sie sich dabei gedacht?«

Ich zog betreten den Mund schief. Mir war klar, dass ich Mist gebaut hatte. Aber so richtig war die Schwere meiner Tat noch nicht bis zu meinem Gewissen durchgesickert. Ich machte meinem Anwalt sogar ein ziemlich naives Angebot: »Hören Sie, wenn Sie mich hier rausholen, wäre ich bereit, die Beute mit Ihnen zu teilen, Herr Eisenmann.«

»Wie viel denken Sie, haben Sie erbeutet?«, fragte er mich prompt zurück, als würde er darauf eingehen.

»Keine Ahnung. Ich hab nur kurz einen Blick in die Tasche geworfen«, entgegnete ich eifrig. »Aber ich glaube, es waren so um die 200 000 Mark. Das wären 100 000 für Sie, und 100 000 für mich.«

Der Anwalt, der es offenbar nicht zum ersten Mal mit einem spektakulären Fall zu tun hatte, blieb völlig gelassen.

»Herr Rasuli«, sagte er nüchtern. »Ich will von Anfang an offen zu Ihnen sein: Vergessen Sie die Beute. Sie werden niemals an das Geld kommen, es sei denn, Sie haben es Ihrem Mittäter gegeben.«

»Meinem ... Mittäter?!« Ich glaubte, mich verhört zu haben. »Ich soll es meinem *Mittäter* gegeben haben?!«

»Das ist es zumindest, was die Polizei glaubt. Sie denken, Sie hätten die Sache nicht allein durchgezogen. Stimmt das?«

»Nein«, gestand ich ihm. »Es gibt keinen Mittäter. Ich hab das Ding allein gedreht.«

»Und was haben Sie mit der Beute gemacht?«

»Versteckt natürlich. Und ich habe *nicht* vor zu sagen, wo, falls Sie das fragen möchten.«

»Sehen Sie, Herr Rasuli, das ist das Problem.« Mein Anwalt nahm sich einen Stuhl und setzte sich. »Zurzeit durchkämmen zirka 300 Polizisten aus Kempten, Memmingen, Augsburg und sogar aus München mit Hundestaffeln die gesamte Umgebung nach der Beute. Zwischenzeitlich, wie Sie sich denken können, haben die Medien davon Wind gekriegt, und seit einigen Stunden ist somit auch die Bevölkerung über die verschwundene Beute informiert. Und was glauben Sie wohl, was das bedeutet? Es bedeutet, dass in diesem Moment Kinder, Teenager, Erwachsene, alle aus der Gegend, nach dem Geld suchen.«

Er machte eine Pause, um die Worte auf mich wirken zu lassen. »Ich verspreche Ihnen, ich werde das bestmögliche Urteil für Sie herausholen und Antrag auf Bewährung stellen. Aber es wird schwierig sein, einen Richter zu finden, der Ihnen gutgesinnt ist, wenn die Beute nicht wieder auftaucht. Und je länger Sie der Polizei diese Information vorenthalten, desto größer ist die Chance, dass jemand aus der Bevölkerung das Geld findet und für sich behält.«

Ich zuckte gleichgültig die Achseln. »Das ist ja dann wohl nicht mein Problem.«

»Ist es sehr wohl. Denn *Sie* sind es, den man dafür zur Verantwortung ziehen wird. Herr Rasuli, bitte seien Sie vernünftig. Sagen Sie, wo das Geld ist, und ich krieg Sie vielleicht auf Bewährung raus.«

Ich runzelte die Stirn und ließ mir Eisenmanns Worte nochmals durch den Kopf gehen. »Ich werde darüber nachdenken«, sagte ich nach einer Weile.

Mein Anwalt nickte und erhob sich. »Tun Sie das, Herr Rasuli. Und bedenken Sie: Sie haben überaus schlechte Karten beim Richter, wenn Sie das Versteck nicht preisgeben.« Er reichte mir die Hand. »Ich werde mich morgen früh wieder bei Ihnen melden und zwischenzeitlich Ihre Familie informieren.«

Meine Familie. Ich hatte es bisher verdrängt, an sie zu denken. Denn ich wusste, es würde ihnen das Herz brechen, wenn sie hörten, dass ich eine Bank überfallen hatte. Beim Gedanken an Mama und Nasrin überkam mich ein Gefühl tiefster Traurigkeit und Scham. Ob ich ihnen je wieder in die Augen sehen konnte?

Der Anwalt verließ das Zimmer, und meine Bewacher kehrten zurück. Es war in diesem Moment, als die Beamten breitbeinig neben der Tür und am Fenster Stellung bezogen und ich an meine Familie dachte, als mir klar wurde, wie tief ich wirklich gesunken war. Meine Hände waren auf einmal eisig kalt.

Farzad, was hast du getan?! Was um Gottes willen hast du getan?!

Gegen 21 Uhr stattete mir Hauptkommissar Köhler einen letzten Besuch ab und informierte mich darüber, dass ich diese Nacht in der Justizvollzugsanstalt Memmingen verbringen und morgen früh zur weiteren Befragung aufs Polizeipräsidium gebracht würde. Bis auf meine Unterhose wurden sämtliche meiner Kleidungsstücke zwecks Spurensicherung konfisziert, bevor mich die Bullen in Hand- und Fußschellen, barfuß und praktisch splitternackt ins Gefängnis überführten.

Am Eingang mussten die drei Polizisten, die mich begleiteten, ihre Pistolen abgeben. Dann öffnete sich das riesengroße Tor wie von Geisterhand, und wir fuhren hinein in den grauen Rachen des Löwen. Als sich das Tor hinter uns lautlos und langsam wieder schloss und ich die hohen Mauern um mich herum sah, wurde mir doch etwas anders zumute.

Die Polizisten brachten mich zum Empfang, wo ein Beamter hinter einem Schreibtisch saß und mich sehr neugierig durch seine Brillengläser musterte, nachdem ihm die Kollegen verraten hatten, dass ich vor ein paar Stunden die Sparkasse von Bad Grönenbach überfallen hatte. Er holte ein paar Formulare aus der Schublade, füllte sie aus und gab sie den Polizisten zum Unterzeichnen. Nun war ich offiziell ein Insasse der JVA Memmingen.

Als Nächstes erhielt ich meine Sträflingsklamotten: ein Paar Schuhe, zwei blaue Arbeitshosen, zwei grüne Hemden, zwei Paar Socken, zwei Paar Unterhosen, ein Bettlaken und einen blau gestreiften Kopfkissenbezug, dazu eine billig hergestellte Zahnbürste und Zahnpasta. Vom Scheitel bis zur Sohle auf Staatskosten eingekleidet, folgte ich dem Beamten durch den schlecht beleuchteten

Gang, immer noch eskortiert von denselben drei Polizisten, die sich offenbar vergewissern mussten, dass ich auch wirklich eingesperrt wurde. Der Gefängniswärter öffnete und schloss mit seinem klirrenden Schlüsselbund mehrere große, massive Stahlgittertüren und führte uns durch ein Labyrinth von Gängen, bis er endlich vor einer Zellentür Halt machte.

»So, Herr Rasuli, die heutige Nacht verbringen Sie in einer Einzelzelle. Morgen werden wir sehen, ob wir Sie in einer Gemeinschaftszelle unterbringen oder nicht.«

Mit hängenden Schultern und zugeschnürter Kehle betrat ich die Zelle und damit einen der depressivsten Räume meines Lebens. Hinter mir rastete das Schloss im Zylinder ein, und das Echo hallte durch den kahlen Raum. Entkräftet setzte ich mich auf die an der Wand verankerte Sitzbank, legte mein Bündel auf den Holztisch und vergrub den Kopf in den Händen. Tränen überströmten mein Gesicht. Auf meinen körperlichen Zusammenbruch bei meiner Verhaftung folgte nun der innere Zerbruch. Ich war fix und fertig mit den Nerven. Wie ein Film zogen die Bilder der vergangenen Stunden nochmals an mir vorbei, und alles, was ich dabei tun konnte, war heulen. Was war ich doch für ein erbärmlicher Wurm. Was hatte ich doch für ein erbärmliches Leben. Entweder ich würde heute ein reicher Mann werden - oder ich würde sterben. Jetzt war ich weder reich noch tot - sondern im Gefängnis.

Warum hab ich bloß die Pistole weggeworfen?, schoss es mir durch den Kopf. *Ich hätte sie behalten und auf die Beamten richten sollen. Dann hätten sie mich wenigstens weggeballert und der Albtraum wäre endlich vorbei.*

Eine ganze Weile saß ich einfach nur da und weinte mir die Seele aus dem Leib. Ich konnte nicht mehr. Ich wollte nicht mehr. Und vor allem wusste ich nicht, ob ich überhaupt die Kraft hatte, das, was jetzt auf mich zukommen würde, durchzustehen. Irgendwann, als ich selbst zum Weinen zu erschöpft war, stand ich auf und schlurfte zur Pritsche hinüber. Die Matratze war steif, durchgelegen und ausgeleiert, und das Kopfkissen hatte einen eigenartigen Geruch. Ich überwand meinen Ekel und überzog die Matratze mit dem Bettlaken, dazu das miefende Kopfkissen mit dem gestreiften Kissenbezug, und trotz meiner inneren Verzweiflung und der unbequemen Matratze schlief ich erstaunlich rasch ein.

Am nächsten Morgen wurde ich in Hand- und Fußschellen aufs Polizeirevier gefahren, wo mich mein Anwalt bereits erwartete.

»Und, Herr Rasuli, haben Sie es sich überlegt?«, fragte er mich, als wir vor der Befragung durch Köhler die Gelegenheit hatten, unter vier Augen zu reden.

»Falls ich die Polizei zu dem Versteck führe«, sagte ich, »können Sie mir dann garantieren, dass ich auf Bewährung rauskomme?«

Eisenmann schüttelte den Kopf. »Nein. Aber ich kann Ihnen garantieren, dass Sie *nicht* auf Bewährung rauskommen, wenn Sie weiterhin stur bleiben.« Er sah mich an. »Herr Rasuli. Heute Nachmittag werden Sie der Haftrichterin vorgeführt, die darüber entscheiden wird, ob Sie bis zur Verhandlung gegen Kaution freigelassen werden oder in Untersuchungshaft kommen. Ich rate Ihnen wirklich dringend, zu sagen, wo Sie die Beute versteckt haben.«

Ich seufzte. Der Gedanke, auch nur *eine* weitere Nacht in jener trostlosen Zelle zu verbringen, warf alle meine Vorsätze betreffend der Geheimhaltung des Verstecks über den Haufen.

»Also gut«, willigte ich ein. »Ich sag Ihnen, wo das Geld ist.«

Mein Anwalt wirkte erleichtert. »Gute Entscheidung, Herr Rasuli. Ich werde den Hauptkommissar informieren.«

Eine Stunde später fuhren Köhler, Eisenmann, ein paar Polizeibeamte und ich nach Bad Grönenbach, und ich führte sie zur Hecke, in der ich die Beute versteckt hatte. Die Tasche war noch da und das Geld auch, was Köhler sehr zufriedenstellte. Da schmolz er also dahin, mein Traum vom schnellen Reichtum. Erst später aus der Zeitung erfuhr ich, dass ich offenbar »nur« 50 000 und nicht, wie vermutet, 200 000 Mark erbeutet hatte. Aber das spielte jetzt auch keine Rolle mehr. Das Geld war futsch. Und alles, was mir blieb, war die Hoffnung auf eine mir gnädig gestimmte Haftrichterin.

Wir fuhren zum Amtsgericht Memmingen, und zu meiner Überraschung saßen meine Mutter, Nasrin und Milad auf der kleinen Holzbank neben dem Gerichtssaal. Als sie mich sahen, sprangen sie sofort auf und umarmten mich. Ich hätte sie gerne zurückumarmt, was aber wegen der Handschellen nicht möglich war. Mit Tränen in den Augen machte mir meine Mama Vorwürfe und versuchte zu begreifen, was mich zu diesem furchtbaren Verbrechen getrieben hatte. Ich konnte ihr keine plausible Antwort geben. Was hätte ich auch sagen sollen? Dass ich eigentlich gar nicht hier stehen dürfte, sondern mit durchlöchertem Körper auf einem Seziertisch der Gerichtsmedizin liegen sollte? Sie hätte es nie verstanden. Auch Nasrin kämpfte gegen die Tränen an, als sie mit mir redete.

»Farzad, warum hast du das getan?«, fragte sie mich mit besorgter Miene. »Du warst doch dabei, dir eine Zukunft aufzubauen. Du hattest alles, was man sich in deinem Alter nur wünschen kann. Wieso hast du deine Zukunft einfach so weggeworfen?«

Es brach mir das Herz, die Enttäuschung im Gesicht meiner geliebten Schwester zu sehen. Ich zuckte die Achseln und senkte beschämt den Blick. Ich konnte es nicht ertragen, Nasrin meinetwegen so traurig zu sehen. Sie hatte so viel für mich getan. Sie war immer wie eine Mutter zu mir gewesen. Sie hatte immer zu mir gehalten und mich so oft gegen Rashno und auch gegen Mama verteidigt. Und jetzt musste sie mit ansehen, wie ich trotz all ihrer Unterstützung den falschen Weg eingeschlagen hatte und zu einem Schwerverbrecher geworden war. Ich konnte nur erahnen, wie schmerzhaft das alles für sie sein musste. Und es tat mir unendlich leid.

Mein Bruder Milad sagte nicht viel, steckte mir aber eine Schachtel Zigaretten und etwas Geld zu, nachdem einer der Beamten es ihm erlaubt hatte.

»Es ist so weit«, unterbrach die Gerichtsprotokollistin unser kleines trauriges Familientreffen. Meine Mutter, meine Schwester und mein Bruder mussten draußen warten. Mit je einem Polizisten an meiner Seite und in Begleitung meines Anwaltes betrat ich pünktlich um fünfzehn Uhr den Gerichtssaal. Als ich die junge Richterin mit roter Katzenbrille und schwarzem, streng nach hinten gebundenem Haar und schwarzer Robe hinter ihrem massiven Schreibtisch sitzen sah, sank mir augenblicklich der Mut. Die Frau machte nicht gerade den Eindruck, als könnte sie irgendwelche Sympathien für einen Bankräuber entwickeln. Sie sah eher danach aus, als hätte sie nicht zu Mittag gegessen und wolle die Sache so schnell wie möglich erledigen, da sie an diesem Nachmittag noch zehn andere Fälle zu bearbeiten hatte.

»Nehmen Sie bitte Platz«, sagte sie, ohne dabei von ihren Akten aufzusehen, und machte lediglich eine wedelnde Bewegung mit der rechten Hand. Wir setzten uns und warteten geduldig, bis sie sich dazu bequemte, sich mit uns zu beschäftigen. Endlich legte sie die Lesebrille weg, hob den Kopf und schaute mich direkt an. Sie röntgte mich mit ihren kleinen dunklen Augen und zeigte mir unverhohlen ihre Antipathie, als sie kurz und knapp verkündete, dass eine Untersuchungshaft gerechtfertigt wäre und dass sie mich ohne mit der Wimper zu zucken zu einer Gefängnisstrafe von zweieinhalb Jahren verurteilen würde, wenn sie die Befugnisse dazu hätte.

Den legitimen Vorschlag meines Anwaltes, mich auf Kaution bis zum Prozess zu entlassen und eine Pass- und Schriftensperre anzuordnen, damit ich das Land nicht verlassen könne, lehnte sie kompromisslos ab.

»Herr Rasuli, da Sie in Kempten wohnhaft sind, wäre eigentlich das Amtsgericht Kempten für Ihren Fall zuständig. Aber wegen Ihres jugendlichen Alters ordne ich an, dass Sie bis zum Strafprozess in der Jugendstrafanstalt Laufen untergebracht werden. Ich werde veranlassen, dass die Akten an das Amtsgericht Laufen überstellt werden. Die Verhandlung ist hiermit geschlossen.«

Die Haftrichterin sammelte ihre Papiere zusammen, ohne uns eines weiteren Blickes zu würdigen, und ich wurde aus dem Raum entfernt. Draußen durfte ich noch ein paar Momente mit Mama, Nasrin und Milad verbringen, die mir versprachen, so rasch wie möglich eine Besucherbewilligung zu beantragen. Alle drei drückten mich ein letztes Mal, bevor die Polizisten mich aus ihren Umarmungen wegzerrten und aus dem Gerichtsgebäude geleiteten.

»Wir kommen dich besuchen, sobald wir können!«, rief mir Nasrin noch zu. Dann legte einer der Bullen seine Pranke auf meinen Kopf und verfrachtete mich auf den Rücksitz des Dienstwagens, der vor dem Gerichtsgebäude geparkt war.

19 Der Schlag mit der Suppenkelle

Die Polizisten brachten mich zurück ins Gefängnis in Memmingen, wo ich die wenigen Tage bis zu meiner Verlegung in einer Dreierzelle untergebracht wurde. Meine beiden Zellengenossen hatten großen Respekt vor mir, als sie erfuhren, dass ich eine Bank überfallen hatte, und das in meinem Alter. Sie behandelten mich wie ihren kleinen Bruder und gaben mir allerlei Tipps mit auf den Weg, wie ich meine Zeit in der Jugendstrafanstalt möglichst ruhig hinter mich bringen konnte. Marco, der wegen des Besitzes von 30000 Ecstasy- und Meskalin-Pillen eine fünfjährige Haftstrafe verbüßte, gab mir am Abend vor meiner Abreise einen sehr wichtigen Rat, den ich mir tief einprägte.

»Farzad, du bist ein unheimlich netter Kerl. Und das kann unter Jugendlichen, die sich mit Vorliebe wie Wölfe in Rudeln zusammenschließen, fatale Folgen für dich haben«, begann er seine Rede, während wir an unserem bescheidenen Tischchen in der Zelle saßen und Mahmood, der andere Knacki, auf seinem Bett an der Wand saß und eine arabische Zeitung las. Marco drückte mir seinen Zeigefinger in die Brust, während er weiterredete.

»Hör mir jetzt gut zu, was ich dir sage, Kleiner. Denn davon hängt deine Zukunft ab. Wenn du in der JVA Laufen blöd angemacht wirst - und das wirst du, darauf verwette ich meine letzte Zigarette -, dann schlag sofort zurück.« Er schlug sich die rechte Faust in die linke Handfläche, um seinen Worten mehr Nachdruck zu verleihen, und ich wich automatisch etwas zurück. »Hast du verstanden? Du schlägst zurück, ohne zu zögern. Denn wenn du es nicht tust, wirst du für deine gesamte Haftzeit als Opfer betrachtet. Und vertrau mir, Gefangene können sich sehr kranke Spielchen ausdenken, wenn es darum geht, einen Mitgefangenen zu demütigen. Die Palette reicht von kleinen Diebstählen bis hin zu Vergewaltigung.«

Ich schluckte und sah Marco mit großen Augen an. Er machte eine Pause und begann, sich seelenruhig eine Zigarette zu stopfen.

»Jetzt hör auf, ihm Angst zu machen, Idiot!«, mischte sich Mahmood ein, ohne von seiner Zeitung aufzusehen. »Er hat 'ne Bank überfallen. Er wird sich wohl nicht von denen einschüchtern lassen.«

»Ach, halt die Klappe«, gab ihm Marco zurück. »Du weißt genau, wie das läuft bei diesen jugendlichen Hitzköpfen. Dass er eine Bank überfallen hat, interessiert die nicht. Die haben ihre eigene Hackordnung, und wenn unser Freund sich nicht zu wehren weiß, wird er in dieser Ordnung ganz unten landen. Und das tut sich keiner freiwillig an.« Er sah mich eindringlich an. »Das Einzige, was du jetzt noch besitzt, ist deine Menschenwürde und deine Selbstachtung, Junge. Und die lässt du dir von niemandem wegnehmen, von niemandem, hörst du?«

Ich nickte, obwohl mir ehrlich gesagt etwas mulmig war bei dem, was mir Marco soeben offenbart hatte.

»Also, wenn dich einer provoziert«, stellte er mir die entscheidende Testfrage, »was machst du dann?«

»Ich schlag zurück«, antwortete ich, worauf er mir auf die Schulter klopfte und nickte.

»Genau das wirst du tun, Farzad. Genau das. Präg's dir gut ein, oder du bist verloren.«

Am nächsten Morgen wurde ich mit einem Gefangenentransport vom Gefängnis in Memmingen in die JVA Laufen überführt. Ich hatte immer gedacht, die Gefangenentransporte wären so wie in den amerikanischen Filmen.

Aber dem war gar nicht so. Zusammen mit mir wurden noch zwei andere Häftlinge verlegt. Man brachte uns in den Hof, wo bereits ein riesengroßer, grün-weiß gestreifter Bus mit der deutlichen Aufschrift »Polizei« auf uns wartete. Als normaler Reisebus hätte er Platz für ungefähr 40 Leute geboten. Doch der gesamte Innenraum war in ein Mini-Gefängnis mit mehreren Einzelzellen umgestaltet worden.

Während der Busfahrt wurden die Zellentüren nicht geöffnet, und von dem kontinuierlichen Sitzen in dem menschenunwürdigen Käfig bekam ich Krämpfe in den Beinen. Es schüttelte und rüttelte so heftig, dass ich mich mehrmals übergeben musste. Da diese rollende Sardinenbüchse Häftlinge aus verschiedenen Strafanstalten abholte und in anderen Anstalten wieder absetzte, gab es eine Menge Zwischenstopps, und es dauerte geschlagene vierzehn Stunden, bis wir endlich die JVA Laufen erreichten.

Es war schon dunkel, als ich endlich aus meiner engen Box befreit wurde. Nebst mir stieg noch ein weiterer Häftling aus dem Bus, ein siebzehnjähriger stämmiger Rumäne. Ich sah mich neugierig um und stellte zu meinem Erstaunen fest, dass es weit und breit keine Mauern gab. Das gesamte Gelände war lediglich durch einen Maschendrahtzaun mit nach außen gebogenen Enden als Übersteigschutz gesichert und in allen Richtungen von dichtem Wald begrenzt. Ich wunderte mich auch, dass man mir keine Fuß- oder Handschellen anlegte, als ich von mehreren Beamten ins Gebäudeinnere geführt wurde.

Ich kam für eine Woche in den Eintrittssektor und teilte mit dem Rumänen und einem Deutschen die Zelle. In dieser Woche wurden wir ärztlich untersucht, mussten mit einem Psychiater reden, und es wurde uns erklärt, wie wir uns zu verhalten hatten, um keinen Ärger zu kriegen. Die Beamten hatten leicht reden. Sie waren es ja nicht, die sich in die Hackordnung der Gefangenen einordnen mussten. Meine Knastkollegen aus Memmingen behielten recht, und die erste Konfrontation mit einem Mithäftling ließ denn auch nicht lange auf sich warten.

Es passierte am zweiten Tag bei der Essensausteilung. Herr Weinberger, ein wie mir schien äußerst anständiger und ziemlich schmächtiger Beamter, schloss die Zellentür auf, damit wir unser Essen fassen konnten. Während die anderen Gefangenen gemeinsam in der Anstaltskantine speisten, wurden wir Neulinge in unserer Zelle verköstigt. Zwei Häftlinge kamen dreimal täglich mit einem rollenden Metallwagen vorbei, um uns zu versorgen. An diesem Mittag standen ein großer Topf und ein Korb mit ein paar Scheiben Brot auf dem Wagen. Einer der beiden Küchenmitarbeiter, ein Pole, dessen Name ich nicht kannte, war dabei, mir mit einer großen Suppenkelle eine matschige Portion Risotto (oder was auch immer das war) in den Teller zu schöpfen. Da ich den Polen nicht stressen wollte und der Brotkorb direkt vor mir lag, nahm ich mir schon mal eine Scheibe Brot aus dem Korb. Das hätte ich allerdings besser unterlassen. Ohne Vorwarnung schlug mir der Pole die volle Schöpfkelle auf die Hand, worauf der undefinierbare Brei auf meinen Kleidern und auf dem Boden landete.

»Was bildest du dir ein?«, wies er mich mit zornigem Blick zurecht. »*Ich* verteile hier das Essen, verstanden?!«

Perplex starrte ich ihn an und spürte, wie die Blicke sämtlicher Gefangenen auf mir ruhten. Die Augen des Polen sprühten Gift und Galle in meine Richtung. Obwohl er mich zuerst angegriffen hatte, suchte er die nackte Konfrontation. Mein Puls schnellte augenblicklich in die Höhe. Unwillkürlich erinnerte ich mich an Marcos Worte, und gleichzeitig flammten Szenen von der Straße und von meiner Kindheit in mir auf. Ein einziger Satz hämmerte gegen meine Schläfen: *Sei nicht Opfer, sondern Täter! Sei nicht Opfer, sondern Täter!*

Jäh schnellte ich nach vorn und verpasste dem Polen mit meiner Stirn eine Kopfnuss. Er verlor für einen Moment das Gleichgewicht, torkelte zurück, fing sich aber gleich wieder und rammte mir im Gegenzug seine Faust in die Brust. Der andere Küchenmitarbeiter konnte gerade noch rechtzeitig den Metallwagen zur Seite rollen und das Essen in Sicherheit bringen, bevor ich mich erneut auf meinen Gegner stürzte und ihm einen schmerzhaften Kinnhaken verpasste.

»Aufhören! Auseinander! Sofort!«, rief nun Weinberger und versuchte, genau in dem Moment dazwischenzugehen, als der Pole zu einem weiteren Fausthieb ausholte. Ich duckte mich flink, und der Schlag traf den Beamten mit voller Wucht im Gesicht. Weinberger ging zu Boden, und fast zeitgleich heulten die Alarmsirenen auf. Ein ganzer Schwarm von Justizbeamten kam herbeigeeilt und riss uns gewaltsam auseinander. Der Pole fluchte wie ein Rohrspatz und wurde schnaubend abgeführt.

»Wir sprechen uns noch!«, zischte er mir im Vorbeigehen zu, und in seinen dunklen Augen loderte ein gefährliches Feuer. Ich wusste, dass die Sache ein Nachspiel haben würde. Aber darum würde ich mich kümmern, wenn es soweit war. Das Wichtigste war, dass ich mich gewehrt hatte. Ich würde mich nicht zum Fußabtreter machen lassen. Ich nicht! Ich war immerhin Farzad, der Psycho! Und wenn ich mir auf der Straße einen Namen geschaffen hatte, dann konnte ich es auch hier drinnen tun. Dieser Pole sollte sich besser in Acht nehmen, bevor er mir ein zweites Mal die Schöpfkelle über die Hand schlug!

Noch am selben Tag mussten wir beide beim Anstaltsdirektor antraben, welcher uns einzeln zu dem Streit befragte. Ich erzählte ihm wahrheitsgetreu, was geschehen war, und Herr Moser, der Direktor, schien meiner Version offenbar mehr Glauben zu schenken als der des Polen, denn er bestrafte ihn mit einem Monat Einkaufssperre, während er mich mit den Worten entließ: »Sehen Sie zu, dass Sie sich in Zukunft von Problemen fernhalten, Rasuli.« Und damit war die Sache erledigt - jedenfalls für den Direktor.

Die Woche Zugang war vorbei, und ich wurde der Station 4 zugeteilt. Es gab 4 Stationen in der JVA Laufen: Auf Station 1 waren die Straftäter zwischen dem 14. und 17. Lebensjahr untergebracht, und die übrigen 3 Stationen waren für die jungen Erwachsenen zwischen 18 und 21. Insgesamt zählte die Justizvollzugsanstalt Laufen rund 220 Häftlinge. Als ich meine wenigen Habseligkeiten zusammenpackte und auf einem Rollwagen den Korridor entlangschob, fragte ich den Aufseher, der mich begleitete, in was für eine Zelle ich verlegt würde. Der Beamte warf einen Blick auf die Unterlagen und sagte: »Sie kommen in eine 5-Mann-Zelle mit einem Deutschen und drei Albanern.«

Ein ungutes Gefühl beschlich mich, als ich das hörte. Wegen dem Deutschen machte ich mir keine Gedanken. Aber mit Albanern hatte ich so meine Erfahrungen. Ich hatte sie auf der Straße immer als äußerst aggressiv und brutal erlebt. Und genau wie Türken bewegten sie sich mit Vorliebe in Cliquen. Nicht dass ich je Reibereien mit ihnen gehabt hätte. Schließlich war Andri, obwohl in Deutschland geboren und aufgewachsen, einer von ihnen. Trotzdem war es mir nicht wohl dabei, zu drei Albanern auf die Zelle zu kommen. Ich konnte nur hoffen, dass ich keinen Ärger mit ihnen kriegen würde.

Wir fuhren mit dem Lift in den zweiten Stock, und der Beamte erklärte mir nochmals kurz die Hausregeln, bevor er mich in meine neue Zelle sperrte. Das Erste, was mir auffiel, als ich die Zelle betrat, war ihre erstaunliche Größe. Wenn man bedachte, dass ich die ersten Jahre in Deutschland 15 Quadratmeter mit sechs Menschen hatte teilen müssen, war diese Fünf-Mann-Zelle mit ca. 25 Quadratmetern eine wahre Luxussuite. Es gab sogar zwei Waschbecken, um einen morgendlichen Stau zu verhindern. Ein blonder dünner Junge, der gerade dabei war, einen Brief zu schreiben, erhob sich und kam mit ausgestreckter Hand auf mich zugelaufen.

»Willkommen in unserem Königreich. Ich bin Jörg«, stellte er sich mir vor und lächelte freundlich.

»Farzad«, sagte ich und schüttelte seine Hand, während ich mich umsah. »Wo sind die anderen? Ich dachte, wir wären zu fünft hier.«

»Ja, sind wir auch«, nickte Jörg, der mich mit seiner Mittelscheitel-Frisur irgendwie an Nick von den Back Street Boys erinnerte. »Die anderen kommen so gegen 16:30 Uhr von ihren Werkstätten. Das da drüben ist dein Bett. Komm, setz dich.« Er winkte mich an den Tisch und räumte das Schreibpapier weg. »Erzähl. Was hast du ausgefressen, um hier zu sein?«

Ich legte mein Kleiderbündel auf das mir zugeordnete Bett und gesellte mich dann zu Jörg an den Tisch. »Ich hab 'ne Bank ausgeraubt«, sagte ich, worauf Jörg die Kinnlade herunterfiel. »Du ... hast 'ne Bank ausgeraubt?! Jetzt nicht im Ernst, oder?«

»Doch«, sagte ich, »die Sparkasse von Bad Grönenbach.«

»Alle Achtung.« Jörg war sichtlich beeindruckt. »Mann, würde man dir gar nicht ansehen. Ich meine ... wow! Darf ich mal deine Akte lesen?«

»Klar«, sagte ich großzügig. »Und weswegen bist du hier?«

»Ach, so 'ne dumme Drogengeschichte«, winkte er ab. »Ist etwas kompliziert.«

»Ich bin ganz Ohr.«

Er erzählte mir seine Geschichte, war aber mehr daran interessiert, mir jedes Detail über den Banküberfall zu entlocken. Die Zeit verflog im Nu, und am späten Nachmittag trafen die drei Albaner ein. Um einen guten Eindruck zu machen, hatte ich meine Habseligkeiten fein säuberlich in mein Schrankfach geräumt. Nicht, dass ich schon am ersten Tag bei ihnen in Ungnade fiel. Der erste der drei war neunzehn, hieß Dardan und hatte einen sehr starken Akzent. Der zweite war ein ebenfalls neunzehnjähriger Bauernjunge namens Luan, der mit seinen schwarzen schulterlangen glatten Haaren und seinem schiefen Kinn aussah wie eine Vogelscheuche. Er war jedoch sehr eitel, wie ich später herausfand, kämmte sich mindestens zwanzigmal am Tag sein Haar und schmierte sich ständig irgendwelche Hautcreme ins Gesicht. Der dritte Albaner hieß Arben. Er war mit seinen 21 Jahren der älteste Insasse der JVA Laufen und genoss gleichzeitig den Ruf des stärksten Häftlings. Arben war mir von allen vier Zellengenossen der sympathischste.

Wir stellten uns gegenseitig vor, und Jörg posaunte gleich heraus, dass ich ein Bankräuber wäre, was die Albaner natürlich sehr verwunderte. Wieder musste ich die ganze Story erzählen, und die Albaner waren ziemlich fasziniert von meinem Mut. Je länger wir uns unterhielten, desto lockerer wurde ich. Meine Befürchtung, mich in feindlichem Territorium zu befinden, stellte sich als völlig unbegründet dar. Die Albaner waren mir gutgesinnt. Es war alles in bester Ordnung - zumindest für eine Stunde. Doch dann musste ich die bittere Erfahrung machen, dass im Gefängnis nichts ungerächt bleibt ...

Pünktlich um 18 Uhr wurde die Zellentür aufgesperrt und ein Beamter holte uns zum Duschen ab. Der Duschraum, in den wir gebracht wurden, erinnerte mich an Filmausschnitte von Konzentrationslagern. Es gab keinerlei Privatsphäre oder Schutz vor Gaffern. Die Abtrennungen zwischen den einzelnen Duschkabinen - wenn man überhaupt von Kabinen reden konnte - waren gerade mal ein Meter hoch und eigentlich ziemlich überflüssig. Im Vorraum der Gruppendusche entledigte ich mich wie alle anderen meiner Kleider und suchte mir dann etwas unsicher eine leere Duschbox. Da ich ein Neuer war, wurde ich von allen Seiten angestarrt, als wäre ich ein Alien. Ich fühlte mich gar nicht wohl in meiner Haut und gab mir furchtbar Mühe, all die stechenden Blicke zu ignorieren und mich bloß auf mich und meine Seife zu konzentrieren.

»Hey, woher kommst du?«, rief mir ein übergewichtiger Türke von der gegenüberliegenden Seite her zu.

»Aus dem Iran«, antwortete ich ihm.

»Woher?!«, rief er und hielt seinen Kopf schräg unter die Duschbrause, um sich die Shampoorückstände aus den Ohren zu spülen.

»Aus dem Iran«, antwortete ich etwas lauter.

»So so, aus dem Iran«, sagte er, und sein Tonfall gefiel mir überhaupt nicht. »Sind alle Iraner 31er?«

Ich kapierte nicht, was er damit meinte.

Was zum Teufel ist ein 31er?, dachte ich. Ich hatte keine Ahnung. Aber es war bestimmt nichts Gutes, so viel war sicher. Ich spürte förmlich, dass etwas in der Luft lag. Ich sah es in ihren abschätzigen Blicken und an der Art und Weise, wie sie miteinander kommunizierten: ohne Worte, nur mit kleinen Gesten, so, als hätten sie sich vorher abgesprochen und würden nur noch auf das vereinbarte Zeichen warten. Hilfe suchend drehte ich mich nach dem Aufsicht habenden Beamten um, der eben noch in der Tür gestanden hatte, um durch seine Präsenz Gewalttätigkeiten oder gar Vergewaltigungen während des Duschens vorzubeugen. Aber der Beamte war nicht da! Er war einfach verschwunden! Gerade so, als wäre er bestochen worden, um in genau diesem Moment nicht anwesend zu sein und draußen auf dem Gang eine Zigarette zu rauchen.

Ich begann langsam aber sicher innerlich durchzudrehen. Ich kam mir vor wie ein Stück rohes Fleisch, das man den hungrigen Löwen zum Fraß vorwirft. Was auch immer es war, das sie mit mir vorhatten, ich war ihnen hilflos ausgeliefert. Das Einzige, was ich tun konnte, war, mich so unauffällig wie möglich zu verhalten. Hastig wusch ich mich und – die Blicke sämtlicher Häftlinge im Nacken – verließ ich den Nassbereich, wobei ich hoffte, den Jungs nicht nackt im Umkleideraum zu begegnen. Ich nahm das von der

Anstalt zur Verfügung gestellte Handtuch vom Haken und trocknete mich eilends ab. Dann schlüpfte ich in meine Unterhose und rubbelte mir meine Haare trocken, während ich innerlich bebte vor Angst. Jeden Moment würden sie über mich herfallen und mich krankenhausreif prügeln. Ich wusste es, ich spürte es. Und die Ohnmacht, nichts dagegen tun zu können, brachte mich schier um den Verstand.

Noch ehe ich Zeit hatte, mich anzukleiden, hatten sie mich auch schon von hinten eingekreist. Der erste Fußtritt in mein Gesäß schleuderte mich gegen die gekachelte Wand. Ich rappelte mich wieder auf und drehte mich mit zitternden Knien meinen Gegnern zu. Im Halbkreis hatten sie mich umzingelt, acht Burschen, die meisten davon Russen. Ich stand im wahrsten Sinne des Wortes mit dem Rücken zur Wand und hatte keinerlei Möglichkeit zur Flucht. Und der Beamte, meine einzige Rettung in dieser ausweglosen Situation, war noch immer nicht da!

Der Rudelführer, ein kräftiger Afroamerikaner mit an der Kopfhaut entlanggeflochtenen Zöpfchen, machte einen Schritt auf mich zu.

»Du elender Verräter!«, schnarrte er. »Jetzt zeigen wir dir mal, was wir hier drinnen mit dreckigen Verrätern wie dir alles anstellen!«

Ich hatte noch immer keine Ahnung, wovon er redete.

»Ich bin kein Verräter!«, rief ich, bemüht darum, mir die Jungs weit genug vom Leib zu halten, dass ich wenigstens einen kleinen Anlauf nehmen konnte, wenn der erste von ihnen zum Angriff überging. Die Burschen grinsten höhnisch. Ein paar äfften mich nach und verstellten dazu ihre Stimmen wie bei einem Kasperletheater.

»Du bist ein scheiß Verräter!«, blaffte mich der Schwarze an und trat noch näher an mich heran. »Du hast den Polen bei den Beamten verpfiffen, weil er dir deine zu große Fresse poliert hat!«

Darum ging es also. Um den Polen, der mir die Schöpfkelle über die Hand geschlagen und dafür einen Monat Einkaufssperre kassiert hatte. Geschah ihm ganz recht. Trotz meiner miesen Lage konnte ich es nicht unterlassen, beim Gedanken an den Polen schadenfroh meinen linken Mundwinkel etwas hochzuziehen.

»Was gibt's da zu grinsen, Bastard?«, schnaubte der Rudelführer und kam mir so nahe, dass unsere Gesichter nur noch wenige Zentimeter voneinander entfernt waren. Wie zwei Boxer im Ring standen wir uns gegenüber, von Angesicht zu Angesicht, während die übrigen Häftlinge den Kreis immer enger zogen

»Komm schon, Nino!«, spornten sie den Schwarzen an. »Zeig dem verfluchten Iraner, wer hier das Sagen hat! Schlag zu!«

Ninos Nasenflügel bebten. Wir starrten uns an, und ich wusste, dass ich keine Chance gegen ihn und seine Meute hatte. Ich war verloren. Wenn nicht in den nächsten Sekunden ein Wunder geschah, würde man innerhalb weniger Minuten meine Überreste von der Wand kratzen können. Ich stieß ein Stoßgebet gen Himmel. Ich hatte zwar schon lange aufgehört, mir von Gott - wenn es ihn denn gab - irgendwelche Hilfe zu erhoffen. Aber mir fiel spontan nichts anderes mehr ein.

Bitte, hilf mir, Gott!, schrie ich innerlich zu wem auch immer hoch. *Lass heute kein Blut vergossen werden! Ich flehe dich an! Hilf mir!*

Im selben Moment geschah das Unmögliche: Wie aus dem Nichts tauchte Arben, mein Zellengenosse und stärkster Insasse unter den 220 Häftlingen, in der Umkleidekabine auf. Ich hatte keine Ahnung, wo er auf einmal herkam, denn er war eigentlich in einer anderen Duschgruppe. Jedenfalls war er plötzlich da, fast wie ein Himmelsbote auf Rettungsmission, und im nächsten Augenblick schob er die Jungs zur Seite, steuerte direkt auf Nino zu, packte ihn mit der rechten Hand am Hals und drückte ihn gegen die gekachelte Wand. Allen Russen, die bereits in Kampfformation gegangen waren, ging die Luft aus. Und Nino, mit den Füßen hilflos einige Zentimeter über dem Boden zappelnd, wirkte auf einmal klein und zerbrechlich an Arbens Pranke.

»Arben ... was soll das?«, brachte er quiekend hervor und versuchte, sich aus dem Griff des Albaners zu befreien. Natürlich erfolglos.

»Jetzt hör mir mal gut zu, Nino«, knurrte Arben, die Augen zu kleinen Schlitzen verengt, während er den Schwarzen wie in einem

Schraubstock festhielt, »dieser Iraner ist bei uns in der Zelle. Und deshalb fasst ihn niemand an. Ist das klar?!«

»Aber«, würgte Nino mühsam hervor, »er ist ein 31er! Wegen ihm ist der Pole ...«

»Ist mir scheißegal«, fiel ihm Arben ins Wort und schlug seinen Kopf ein zweites Mal gegen die Wand. Nino rang nach Luft. »Solange er bei mir in der Zelle ist, wird er nicht angerührt! In meiner Zelle wohnen keine Opfer, kapiert? Wer ihm auch nur ein Haar krümmt, kriegt es mit mir zu tun, verstanden?!« Nino nickte folgsam. »Verstanden?!«, wiederholte Arben seine Drohung und blickte in die Runde. Alle nickten eifrig, und einer nach dem anderen zog den Kopf ein und verkrümelte sich. Keiner hätte es gewagt, sich mit jemandem wie Arben anzulegen.

»Dann ist ja alles klar«, meinte der Albaner zufrieden und ließ Nino wieder herunter. Der Schwarze schnappte nach Luft wie einer, der zu lange unter Wasser gewesen war, betastete seinen Hals und mischte sich dann rasch unters Volk. Ich hingegen stand da und war einfach nur baff. So viel Mut, Einsatz und Solidarität von einem Zellengenossen, den ich noch keine zwei Stunden kannte, hätte ich nie und nimmer erwartet. Mir war sehr wohl bewusst, dass mir der Albaner soeben das Leben gerettet hatte.

»Danke«, murmelte ich und sah zu dem Muskelprotz hoch.

»Keine Ursache«, brummte er und winkte bescheiden ab.

Fasziniert und immer noch völlig platt, dass kein einziger Tropfen Blut vergossen worden war, kleidete ich mich an. Ein berauschendes Gefühl des Triumphes überkam mich, als ich an meinen Feinden vorbeispazierte, ohne auch nur eine zynische Bemerkung oder einen bösen Blick einzufangen. Ich stand unter dem Schutz des stärksten Insassen der Anstalt. Etwas Besseres hätte mir weiß Gott nicht passieren können.

Draußen vor dem Umkleideraum lehnte der Justizvollzugsbeamte, der seine Pflicht versäumt hatte, gemütlich an der Wand und paffte eine Zigarette. Ich hätte ihn zu gerne zur Rede gestellt, um herauszufinden, ob er seinen Posten aus Faulheit oder für bares Geld verlassen hatte. Aber ich schwieg. Korruption hin oder her, ich war am Leben. Und ich hatte ab sofort meinen ganz persönlichen Schutzengel. Um meine Zukunft brauchte ich mir keine Sorgen mehr zu machen.

Dachte ich zumindest.

20 Alles hat seinen Preis

Am Abend erzählte ich Jörg, Dardan und Luan, die in einem anderen Duschraum gewesen waren, ausführlichst, wie Arben mich in letzter Sekunde vor Nino und seinen Spießgesellen gerettet hatte. Ich war richtig guter Laune und kürte Arben offiziell zu meinem Helden.

»Nicht auszudenken, was geschehen wäre, hättest du nicht eingegriffen, Arben«, plapperte ich munter, »Mann, echt. Ich hab mich schon im Krankenflügel gesehen oder auf dem Friedhof. Was haben die eigentlich die ganze Zeit gefaselt von wegen, ich wäre ein 31er? Was ist das, ein 31er?«

»Die Zahl 31 bezieht sich auf den Paragrafen 31 des Strafgesetzbuches«, klärte mich Jörg auf. »Es geht darum, dass ein Krimineller straffrei ausgeht, wenn er von der Beteiligung an einer Straftat zurücktritt, bevor diese begangen wird. Aber eigentlich läuft es darauf hinaus, dass er seine Kameraden verpfeift, um seine eigene Haut zu retten. Und daher ist ein 31er nichts anderes als ein Petzer, ein Verräter eben.«

»Aber ich habe den Polen nicht verraten«, rechtfertigte ich mich. »Ich meine, ich hab bloß die Wahrheit gesagt.«

»Na ja, Wahrheit sieht eben für jeden ein bisschen anders aus«, meinte Luan, während er sich wieder mal viel zu viel Creme ins Gesicht schmierte und sich eingehend im Spiegel betrachtete. »Gott, ich glaub, ich krieg schon wieder einen Pickel!«

Dardan legte mir kumpelhaft den Arm um die Schulter. »Vergiss die Geschichte«, sagte er. »Bei uns bist du sicher, natürlich nur, solange du nicht verpetzt, was in unserer Zelle so läuft.«

»Was meinst du damit?«, fragte ich ihn verwundert.

Anstatt mir eine Antwort zu geben, versetzte er mir einen Klaps auf den Hinterkopf und grinste. Die anderen grinsten ebenfalls, und ich hatte wieder mal keine Ahnung, worum es ging. Aber irgendwie kam es mir etwas seltsam vor. Was führten die Kerle wohl im Schilde, das ich nicht verpetzen sollte? Ich hatte nicht den leisesten Schimmer. Und wahrscheinlich war das auch besser so.

Alle Insassen der JVA Laufen waren verpflichtet, in verschiedenen Gewerbehäusern zu arbeiten. Ich wurde der Schlosserei zugeteilt. Abends spielten meine Zellengenossen und ich häufig Karten. Der Verlierer musste dann irgendeine bescheuerte Aufgabe erfüllen, wie zum Beispiel 5 Liter Wasser in 15 Minuten trinken oder rohe Butter essen und all so was. Die Albaner unterhielten sich während des Spiels mit Vorliebe auf Albanisch, was dazu führte, dass die blöden Jobs meistens an mir hängen blieben. Aber ich beklagte mich nicht. Es war ja nur ein Spiel, und außerdem wollte ich es mir mit den Albanern nicht verscherzen.

Das erste Wochenende rückte heran, und Jörg wurde von einem Kollegen besucht, der ihm Haschisch reinschmuggelte. Somit lagen wir am Sonntagabend völlig bekifft in unseren Kajütenbetten und lachten uns über jede dämliche Kleinigkeit halb tot. Irgendwann befahl mir Dardan vom unteren Bett aus in gebieterischem Ton: »Hey, Iraner, steh auf und bring mir ein Glas Wasser!«

»Ach, kannst du es dir nicht selber holen? Ich bin total high«, antwortete ich ihm glucksend, während ich alle viere von mir streckte und über irgendeine Bemerkung kicherte, die irgendjemand vor fünf Minuten über irgendjemanden gemacht hatte.

»Steh sofort auf!«, brüllte mich Dardan an. Ich hielt es noch immer für einen Scherz und reagierte nicht darauf. Mir wurde erst klar, wie ernst es ihm war, als der kräftige Albaner plötzlich vom unteren Bett aufsprang, mich völlig überraschend packte, vom oberen Bett herunterriss und mir eine Ohrfeige gab.

»Ich sagte, ich will ein Glas Wasser!«, fauchte er mich an. Ich hielt mir die brennende Wange und starrte ihn entgeistert an.

»He, was soll das?!«, murmelte ich verwirrt und erschrocken. »Bin ich jetzt dein Butler oder was?«

Unbeherrscht knallte er mir wieder eine, und Luan unterstützte ihn auch noch dabei, indem er ihm zurief: »Schlag ihn nur mit der flachen Hand, Dardan, nicht mit der Faust, sonst bekommt er blaue Flecken und die Wärter stellen Fragen.«

Wie war das?! Ich konnte nicht glauben, was ich da hörte. Auch wenn ich vom Gras etwas benebelt war, die Botschaft hätte klarer nicht sein können: Die hatten tatsächlich vor, mich zu ihrem Sklaven zu machen!

»Jetzt beweg endlich deinen Hintern, verflucht noch mal!«, herrschte mich Dardan an und stieß mich unsanft gegen das metallene Bettgestell.

»Lass mich in Ruhe, Mann!«, rief ich zurück und wandte mich Hilfe suchend an Arben, der mit Luan das Kajütenbett teilte und das untere Bett belegte, in der Hoffnung, er würde vielleicht Partei für mich ergreifen und Dardan in die Schranken weisen. Aber das tat er nicht. Er blickte völlig gleichgültig zu mir herüber, als würde ihn die Sache nicht das Geringste angehen, und meinte bloß: »Was guckst du mich an? Ist nicht mein Bier.«

»Ich dachte, wer mich anrührt, kriegt es mit dir zu tun!«, erinnerte ich ihn an sein Versprechen, worauf Jörg, Luan und Dardan gleichzeitig zu lachen anfingen, obwohl ich überhaupt nicht einsah, was es da zu lachen gab. Dardan packte mich am T-Shirt, zog mich zu sich heran und erklärte mir unmissverständlich: »Jetzt hör mir mal zu, Iraner. Was da draußen läuft, ist eine Sache. Hier drinnen bestimmen wir, wie der Hase läuft, klar? Und jetzt bring mir mein Wasser!«

Ich rührte mich nicht von der Stelle und versuchte immer noch zu verstehen, was hier eigentlich vor sich ging.

»Na los, wird's bald!«, fauchte mich Dardan an und schubste mich grob von sich weg.

Ich hielt es für weiser, zu tun, was er von mir verlangte, damit das Ganze nicht in einen Streit eskalierte. Unter dem Gegröle seiner Freunde tappte ich zu unserer Küchennische, füllte ein Glas mit Wasser und brachte es Dardan zurück. Was aber dann geschah, verschlug mir gänzlich die Sprache. Anstatt das Wasser zu trinken, schüttete der Albaner es einfach demonstrativ vor mir auf den Boden und befahl mir voller Häme im Gesicht: »Aufwischen!«

Es hätte nicht mehr viel gefehlt, und ich wäre ihm an die Gurgel gesprungen. Aber damit hätte ich vermutlich mein eigenes Todesurteil unterzeichnet. Mir war sehr wohl klar, dass ich keine Chance gegen meine Zellengenossen hatte, und Arben, mein bisher so hochgejubelter Beschützer, hielt sich nach wie vor aus der Sache raus und ergriff weder für mich noch für seine Kollegen Partei. Vielleicht war er an diesem Abend einfach zu bekifft, um ein Machtwort zu sprechen, vielleicht war es ihm auch schlicht und einfach egal, ob seine Landsleute auf mir rumhackten oder nicht. Schließlich waren sie Albaner, und Albaner halten zusammen, erst recht, wenn sie dieselbe Zelle teilten. Und was Jörg anging, so saß er schon lange genug mit den Albanern im selben Käfig, um von ihnen akzeptiert zu sein. Ich hingegen war nichts weiter als der Neue, mit dem man seinen Spott treiben konnte.

»Aufwischen, Sklave!«, wiederholte Dardan seinen Befehl. In mir drin brodelte es. Dennoch gehorchte ich und holte einen Putzlappen aus der Ecke, um das Wasser vom Boden zu wischen. Die anderen sahen mir amüsiert dabei zu. Es war absolut erniedrigend, und die ganze Zeit fragte ich mich, was sie sich wohl als Nächstes einfallen lassen würden, um mich zu demütigen. Bis spät in die Nacht hinein schikanierten mich die Jungs, indem sie sich gegenseitig damit abwechselten, mich um ein Glas Wasser zu bitten, meistens gerade dann, wenn ich kurz davor war einzunicken. Es war ein Albtraum. Arben hatte irgendwann doch Erbarmen mit mir und hielt seine Kollegen an, mich in Ruhe zu lassen. Aber sie hörten nicht auf ihn und machten einfach weiter.

Ich hatte nur noch ein einziges Ziel: die Nacht heil zu überstehen. Die Nacht überstand ich zwar, aber die Tortur hatte deswegen noch lange kein Ende. Am nächsten Abend, als ich von der Arbeit in der Schlosserei kam, verkündete mir Dardan mit stolz gereckter Brust, dass sie die sauberste und ordentlichste Zelle in der ganzen Anstalt hätten und dass ich selbstverständlich auch einen Beitrag dazu zu leisten hätte.

»Kein Problem«, sagte ich ahnungslos. »Ich hatte eine eigene Wohnung. Ich kann gut Ordnung halten.«

»Wunderbar«, meinte Dardan, »dann kannst du gleich loslegen und alles abstauben, den Boden schrubben und die Toilette putzen.«

Ich machte mich unverzüglich an die Arbeit und polierte unsere Zelle auf Hochglanz.

Vielleicht kann ich mir ja damit ihre Freundschaft erkaufen, dachte ich und hörte erst auf zu putzen, als in der ganzen Zelle kein einziges Staubkorn mehr zu sehen war. Doch meine Meisterleistung wurde mit keinem Wort des Dankes, sondern lediglich mit schweigender Kenntnisnahme gewürdigt, was mich schon ein wenig enttäuschte. Und noch verletzender war es, als Jörg, der schon wieder Besuch erhalten hatte, wenig später mit einer Schachtel Zigaretten die Zelle betrat und mir wie einem räudigen Hund eine einzige Zigarette zuwarf, während er die restlichen 11 Zigaretten brüderlich mit den Albanern teilte. Ich kam mir vor wie das letzte Stück Dreck. Wie nur sollte ich hier drin überleben? Würde das jetzt immer so weitergehen?

Am nächsten Morgen gegen sechs Uhr hörte ich im Halbschlaf, wie jemand auf die Toilette ging. Die Spülung rauschte, und gleich darauf rief mir Luan, die Vogelscheuche, zu: »Hey, Iraner! Aufstehen! Die Toilette ist schmutzig!«

Ich rieb mir die Augen und blickte verschlafen vom Kajütenbett herunter. »Blödsinn«, murmelte ich, »ich hab sie erst gestern geputzt. Heute ist einer von euch dran.«

Gerade wollte ich mich auf die andere Seite drehen, um weiterzupennen, als Luan auf mich zukam, mich an den Haaren zerrte und kurzerhand vom Bett riss. Ich knallte mitsamt meiner Bettdecke auf den Boden und war schlagartig wach.

»Willst du jetzt auch noch frech werden oder was?«, beschimpfte mich die Vogelscheuche und gab mir eine saftige Ohrfeige. Im Nu waren alle wach. Dardan und Jörg grinsten dreckig zu mir herüber.

»Ich sagte, die Toilette ist schmutzig!«, wiederholte Luan und versetzte mir einen Fußtritt zwischen die Rippen. »Na los! Steh auf und mach sie sauber, Sklave!«

»Hey, Luan, nun übertreib mal nicht!«, mischte sich Arben von seinem Bett aus ein. »Lass den Jungen in Frieden. Er hat die Toilette gestern gereinigt.«

»Ja, hat er. Aber zufällig ist sie wieder schmutzig geworden«, rechtfertigte sich die Vogelscheuche und sein hässliches Gesicht tauchte wieder über dem meinen auf. »Also putz sie gefälligst!«

»Ich werde gar nichts tun!«, schrie ich ihn an und kämpfte mit den Tränen. »Ich bin nicht euer Sklave!«

Für diese Bemerkung erntete ich eine weitere Ohrfeige und mehrere Tritte in den Unterleib. Jetzt schossen mir tatsächlich die Tränen in die Augen.

»Ihr könnt mich alle mal! Das mach ich nicht länger mit!«, kreischte ich außer mir vor Wut und versuchte, mich vor meinem Angreifer in Sicherheit zu bringen, was mir aber nicht gelang. Er packte mich am T-Shirt, zog mich zu sich hoch und zischte mir mit nasser Aussprache ins Gesicht: »Du kleine miese Ratte! Ist das der Dank dafür, dass Arben dich vor den Russen gerettet hat? Hm?! Ist das der Dank dafür?! Wart's nur ab. Du wirst schon sehen, was sie mit dir machen werden, wenn du nicht mehr in unserer Zelle wohnst und keiner mehr da ist, der dich beschützt!«

Er ließ mich los, kickte mich ein letztes Mal in die Seite und ging zu seinem Kleiderfach, wo er mit seinem täglichen Hautpflegeritual begann. »Ach, und vergiss nicht, die Toilette zu putzen!«, mahnte er mich erneut, während er sich seine Gesichtscreme einmassierte. »Heute bist *du* an der Reihe!«

Ich saß zusammengekrümmt da und wischte mir mit zitternden Fingern die Tränen aus dem Gesicht. Ich hatte es kapiert: Entweder, ich spurte, oder ich war da draußen auf mich allein gestellt. So sah es aus. Und ich Idiot hatte geglaubt, Arben hätte mich aus reiner Gutmütigkeit unter seinen persönlichen Schutz gestellt. Wie konnte ich nur so naiv sein! Nichts war umsonst. Alles hatte seinen Preis, auch und gerade im Knast. Das war die bittere Realität. Draußen lauerten die Russen, drinnen die Albaner. So oder so: Ich war umzingelt von Feinden, die allesamt scharf darauf waren, mich fertigzumachen.

Die nächsten Tage und Nächte waren der absolute Horror. Ich weiß nicht mehr, wie oft ich die Toilette und den Boden schrubbte, das Geschirr wusch oder sogar die Kleider meiner Zellengenossen, und mir dazu ihre herablassenden Bemerkungen und ihr schadenfrohes Gegrinse gefallen lassen musste. Eines Nachts jedoch trieben sie es auf die Spitze. Ich wachte auf, weil ich plötzlich das Gefühl hatte, meine Füße würden brennen. Und als ich an mir herunterblickte, sah ich tatsächlich Flammen von meinen Zehen aufsteigen! Reflexartig begann ich mit den Füßen herumzustrampeln, um das Feuer loszuwerden, aber dadurch wurde es nur noch schlimmer. Ich wusste nicht, wie das möglich war, aber meine Zehen standen lichterloh in Flammen, und es brannte höllisch. Ich schrie und ruderte in der Luft herum, und gleichzeitig hörte ich in der Dunkelheit das Gelächter meiner Peiniger, die für diesen bitterbösen Scherz verantwortlich waren. Ich drehte schier durch vor Panik. Mit einem Satz sprang ich vom Kajütenbett und hüpfte wie ein Irrer auf dem Boden herum, bis es mir endlich gelang, das Feuer auszutreten. Erst jetzt bemerkte ich das zusammengerollte und verkohlte Toilettenpapier zwischen meinen Zehen. Diese hinterhältigen Füchse mussten es mir im Schlaf zwischen die Zehen geklemmt und dann angezündet haben.

»Na, Iraner? Hat das Fahrradfahren Spaß gemacht?«, grinste Dardan.

»Wusste gar nicht, dass du so gut tanzen kannst«, kicherte Luan, und auch Jörg kugelte sich vor Lachen und meinte amüsiert: »Hey, damit könntest du glatt im Zirkus auftreten!«

Ich muss raus hier!, war alles, woran ich denken konnte, während ich zum Waschtrog humpelte, um meine Füße unter den kalten Wasserhahn zu halten. *Ich muss raus hier!*

Während das kalte Wasser über meine wunden Zehen rieselte, weinte ich still vor mich hin. Ich hätte schreien können. Aber ich tat es nicht. Einmal mehr schluckte ich meine Wut hinunter und erduldete die Folter meiner Peiniger, ohne mich dagegen zu wehren. Was blieb mir auch anderes übrig? Sie hatten mich in der Hand. Sie konnten mit mir machen, was sie wollten. Und ich, ich konnte gar nichts tun außer mein Schicksal geduldig zu ertragen und zu schweigen.

Von nun an konnte ich nachts kaum mehr richtig schlafen aus Angst, sie würden mich wieder Fahrrad fahren lassen, wie man dieses Spiel im Knast nannte. Der einzige Lichtblick in meinem düsteren Gefängnisalltag waren die Besuche meiner Familie. Alle zwei Wochen nahmen meine Geschwister und Mama die dreistündige Autofahrt von Kempten nach Laufen auf sich, um mich zu sehen. Mama hatte jedes Mal Tränen in den Augen und umarmte mich in einer Art und Weise, wie ich es gar nicht gewöhnt war von ihr. Ich fragte mich manchmal, warum sie mir ihre Zuneigung erst jetzt zeigte. Mein Leben lang hatte ich mich danach gesehnt, von ihr in den Arm genommen zu werden oder wenigstens einmal zu hören, dass sie mich liebe, anstatt andauernd mit dieser schier unerträglichen Gleichgültigkeit behandelt zu werden. Offenbar hatte meine Verhaftung etwas in ihr ausgelöst, wovon ich geglaubt hatte, es würde gar nicht existieren. Und ich muss gestehen: Es löste auch bei mir ziemlich viel aus. Es war, als würde mit jeder Umarmung unsere kaputte Beziehung ein kleines Stückchen geheilt. Schon irgendwie komisch, wie sich manche Dinge ändern, wenn man hinter Gittern sitzt.

Bei jedem ihrer Besuche brachte meine Familie mir auch Geschenke mit. Bei einem normalen Besuch durfte ich eine Schachtel Zigaretten, eine Tafel Schokolade und eine Getränkedose annehmen. Aber an Heiligabend waren die Beamten großzügiger. So überreichten mir Mama, Milad, Nasrin, Shirin und Daria ein fünf Kilogramm schweres Geschenkpaket mit einer Stange Zigaretten, jeder Menge Süßigkeiten und Schokolade sowie meinem Lieblingsparfüm.

Meine Freude reichte allerdings nur so lange, bis ich zurück in der Zelle war, wo die Albaner und Jörg wie die Aasgeier über meine Weihnachtsgeschenke herfielen, das Geschenkpapier zerrissen und achtlos auf den Boden warfen und sich alles unter den Nagel rissen, was meine Geschwister und Mama mit so viel Liebe für mich eingepackt hatten. Machtlos musste ich mit ansehen, wie meine Zellengenossen meine Lebensmittel fraßen, meine Zigaretten rauchten und sich mit meinem Parfüm einsprühten. Der Schmerz über so viel Gemeinheit war unbeschreiblich. In dieser Nacht weinte ich mich in den Schlaf. Wie um alles in der Welt sollte ich das bis zu meinem Gerichtsprozess durchstehen?

Weihnachten war noch keine Woche vergangen, als ich eines Nachts wieder mit brennendem Toilettenpapier zwischen den Zehen aufwachte. In diesem Moment wusste ich, dass ich mein Schweigen brechen musste oder ich würde als psychisches Wrack in einem Irrenhaus enden. Natürlich war mir das Risiko, die Albaner zu verraten, sehr wohl bewusst. Aber es war mir egal. Das Maß war voll. Keinen Tag länger würde ich mit diesen Bestien in einem Käfig verbringen! Keinen Tag! Sollten sie mit mir anstellen, was sie wollten. Ich hielt dieser Belastung nicht mehr länger stand. Ich konnte nicht mehr.

Am nächsten Morgen in der Schlosserei schilderte ich den Vorfall meinem Chef und flehte ihn förmlich an, mit dem Anstaltspsychiater reden zu dürfen. Am Abend nach der Arbeit wurde ich unter Begleitschutz von mehreren Beamten zum Sprechzimmer von Dr. Hubrich gebracht. Hubrich war ein dicker, unrasierter Psychiater mit einer viereckigen Brille und empfing mich sehr freundlich. Im Wissen um seine Schweigepflicht schüttete ich ihm mein ganzes Herz aus und bat ihn unter Tränen, mich von diesem Albtraum zu befreien und in eine andere Zelle zu verlegen.

Hubrich hörte mir aufmerksam zu, während er mich über die Ränder seiner dicken Brille analysierte. Dann blätterte er in der Akte, die vor ihm auf dem Schreibtisch lag, kratzte sich nachdenklich an seinem Stoppelbart und faltete die Hände, als er sich mir wieder zuwandte.

»Herr Rasuli«, sagte er. »Wie ich Ihren Unterlagen entnehme, sind Sie wegen eines Banküberfalls inhaftiert. Richtig?«

»Ja«, sagte ich.

»Nun, ich muss ehrlich gestehen, es überrascht mich etwas zu hören, dass ein *Bankräuber* von anderen Häftlingen unterdrückt wird.«

Ich blickte ihn entgeistert an. »Wollen Sie etwa behaupten, ich hätte das alles erfunden?«

»Nein, nein«, winkte Hubrich ab, »natürlich nicht. Es ist nur - wie soll ich es ausdrücken - ungewöhnlich, ja. Ungewöhnlich. Das ist alles.«

»Heißt das nun, Sie helfen mir oder nicht?«

Der fette Psychiater lehnte sich gemütlich in seinem Drehsessel zurück. »Selbstverständlich werde ich Ihnen helfen, Herr Rasuli. Aber Sie müssen wissen, dass alles seine Zeit braucht.«

»Was wollen Sie damit sagen?«, fragte ich ihn mit einem flauen Gefühl im Magen. »Ich geh nicht mehr in diese Zelle zurück! Ich kann nicht, verstehen Sie?!«

»Ja, ja, sicher. Sicher«, nickte Hubrich, »ich werde mit dem Abteilungsleiter Ihrer Station reden, damit wir schnell eine Lösung für Sie finden. Aber zwei, drei Tage müssen Sie sich noch gedulden. Ich nehme an, das dürfte für jemanden wie Sie kein Problem sein.«

Kein Problem sein?! Zwei, drei Tage länger mit diesen charakterlosen Schurken in einer Zelle leben zu müssen, dürfte kein Problem sein?! Wo um alles in der Welt glaubte dieser Fettwanst, dass wir hier waren? Die Albaner würden mir keine zwei, drei Tage Aufschub gewähren, bis die Anstaltsleitung eine Lösung für mich gefunden hätte. So viel Zeit hatte ich nicht! In zwei, drei Tagen konnte ich tot sein! Tränen der Verzweiflung rollten über meine Wangen.

»Aber ...«, versuchte ich dem Psychiater die Dringlichkeit meiner Verlegung ein letztes Mal klarzumachen. »Ich kann da nicht zurück! Wenn die erfahren, dass ich bei Ihnen war und ausgepackt habe, bin ich ein toter Mann. Verstehen Sie das denn nicht?!«

»Doch, doch, ich verstehe durchaus, Herr Rasuli«, sagte Hubrich, während er seelenruhig die Akte zuklappte und in einer Ledertasche verstaute, als wäre der Fall für ihn abgeschlossen. »Ich werde sehen, was sich machen lässt. Gleich morgen früh rede ich mit dem Abteilungsleiter.«

»Tun Sie es jetzt, ich flehe Sie an!«

»Morgen früh«, wiederholte Hubrich unbeeindruckt.

Er hatte gut reden. Es war ja nicht sein Leben, das auf dem Spiel stand, sondern meines. Das Gefängnis hatte Augen und Ohren, und bestimmt war die Nachricht, dass ich zum Seelenflicker gegangen war, bereits bei Dardan und seinen Landsleuten angekommen. Und sie brauchten nur eins und eins zusammenzuzählen, um zu wissen, dass ich gesungen hatte. Nein, ich konnte unmöglich zurück. Warum wollte dieser sture Psychiater das nicht einsehen?

Seine totale Blindheit gegenüber der Gefahr, in der ich mich befand, trieb mich an den Rand des Wahnsinns. Ich wusste, dass ich etwas tun musste. Meine Tränen verfehlten ganz offensichtlich ihre Wirkung, also musste ich einen anderen Weg finden, mir endlich Gehör zu verschaffen. Ich musste handeln. Und zwar schnell! Ich schaute mich um. Mein Blick blieb an einem kleinen Holzhocker in der Ecke haften. Kurz entschlossen schnappte ich ihn mir und zerschlug damit eine Fensterscheibe.

»Ich sagte heute!«, schrie ich mit zitternden Knien. »Jetzt sofort!«

Perplex starrte mich Dr. Hubrich an und löste über ein am Körper montiertes Gerät Alarm aus. Auf dem Gang waren rasche Schritte zu hören. Die Tür flog auf und fünf Beamte stürzten sich auf mich und warfen mich zu Boden. Ich war völlig am Ende mit den Nerven und begann auf einmal hemmungslos zu weinen.

»Ich will doch nur Ihre Hilfe!«, rief ich mit brüchiger Stimme. »Warum helfen Sie mir nicht?!«

»Jetzt beruhigen Sie sich erst mal, Herr Rasuli. Um Gottes willen, so beruhigen Sie sich doch!«, versuchte mich der Psychiater zu beschwichtigen, während ich kampfunfähig auf dem Boden lag und gurgelnde Schluchzer von mir gab.

»Ich will nicht mehr in diese verfluchte Zelle zurück!«, wimmerte ich. »Die bringen mich um! Warum glauben Sie mir denn nicht?!«

Hubrich fuhr sich durch sein schütteres Haar und war noch immer etwas durcheinander von meinem überraschenden Wutanfall.

»Setzen Sie ihn auf«, ordnete er an, worauf die Beamten ihre Griffe lockerten und mich etwas unsanft auf den Stuhl drückten. Für den Fall, dass ich ein zweites Mal ausrasten und mit Gegenständen um mich schmeißen würde, blieben sie wie Bodyguards hinter und neben mir stehen. Der fettleibige Seelenklempner nahm seine Brille ab und rieb sich die Augen.

»Hören Sie, Herr Rasuli, ich glaube Ihnen ja. Und ich werde dafür sorgen, dass Sie nicht mehr in diese Zelle zurückmüssen, versprochen.« Er setzte seine Brille wieder auf. »Und jetzt atmen Sie bitte tief durch und beruhigen sich, oder wir müssen Ihnen Handschellen anlegen.«

Ich nickte, und nachdem ich wieder einigermaßen heruntergekommen war, erklärte mir Hubrich: »Auf der Station 1 für die 14- bis 17-jährigen ist gestern eine Einzelzelle frei geworden. Die könnte ich Ihnen besorgen, wenn Sie möchten.«

Natürlich hatte ich keinerlei Einwände. Ich hätte mich sogar freiwillig in irgendeinem dunklen Loch im Kellergeschoss einsperren lassen. Hauptsache, ich kam aus dieser Fünferzelle raus.

»Danke«, sagte ich, und die Erleichterung in meiner Stimme kam aus tiefstem Herzen. Der Psychiater lächelte.

»Die Beamten werden Sie zu Ihrer Zelle zurückbegleiten, damit Sie Ihre Sachen packen können«, sagte er und deutete dann auf das Waschbecken an der Wand. »Vorher sollten Sie sich aber noch etwas frisch machen. Ihre Ex-Zellengenossen brauchen schließlich nicht zu sehen, dass Sie geweint haben, nicht wahr?«

Damit hatte er wohl recht. Nachdem ich mir das Gesicht gewaschen hatte, eskortierten mich die Beamten aus dem Sprechzimmer und durch die verwinkelten Gänge zurück zu meiner Zelle, wo ich unter den giftigen Blicken meiner Mitbewohner mein Hab und Gut zusammenpackte und diese schreckliche Folterkammer ein für alle Mal verließ.

Mein außergewöhnlicher Umzug aus der Fünferzelle sprach sich wie ein Lauffeuer im ganzen Gefängnis herum. Der Stempel des 31er war mir nun definitiv aufgedrückt. Die Russen, die aus ihrer Sicht noch eine offene Rechnung mit mir zu begleichen hatten, konnten es nicht unterlassen, gleich am nächsten Tag beim Mittagessen ihr Recht einzufordern. Schon beim Betreten der Kantine drehten sich sämtliche Häftlinge nach mir um und gafften mich an wie einen Aussätzigen. Keiner sagte etwas, aber achtzig Augenpaare durchbohrten mich von allen Seiten wie Speerspitzen. Ich versuchte die Verdammnis, die aus ihren Blicken sprach, zu ignorieren, fasste mein Essen und setzte mich dann einsam und allein an einen Tisch, an dem keine Albaner, Türken, Italiener und erst recht keine Russen saßen.

Kaum hatte ich zu essen begonnen, als plötzlich Mohammed mit einer Gefolgschaft von mehreren Russen an meinen Tisch trat. Mohammed war ein 16-jähriger Albaner mit langen braunen Haaren, die er sich zu einem Pferdeschwanz gebunden hatte. Der Bursche war mir noch nie ganz geheuer gewesen. Einen Tag nach der Auseinandersetzung in der Dusche waren wir uns zum ersten Mal im Speisesaal begegnet. Ich hatte einen Platz gesucht, und er hatte mich großzügig an seinen Tisch gewunken und mich eingeladen, bei ihm und seinen albanischen Freunden zu sitzen. Damals war ich unter Arbens Schutz gestanden, was mir die Freundschaft sämtlicher Albaner gesichert hatte. Doch jetzt, wo ich Arben und seine Freunde ans Messer geliefert hatte, um meine Haut zu retten, war Schluss mit allen Nettigkeiten. Ich war ein Verräter, und dafür hassten sie mich.

Mohammed legte mir seine Hand auf die Schulter und kniff mich schmerzhaft ins Fleisch. Ich biss auf die Zähne und tat so, als hätte ich nichts gespürt.

»Na, schmeckt das Essen, du 31er?«, sagte er absichtlich laut, und als ich ihn weiterhin ignorierte, spuckte er mir prompt ins Essen. Im Saal wurde es schlagartig still. Sämtliche Gefangenen starrten zu uns herüber, um zu sehen, wie ich auf Mohammeds Provokation reagieren würde. Ich hätte ihm natürlich am liebsten den Schädel eingeschlagen, riss mich aber zusammen, um mir keinen weiteren Ärger einzufangen. Stattdessen stand ich wortlos auf, nahm mein Tablett mit dem Essen, das ich nicht angerührt hatte, und machte mich auf den Weg zur Geschirrabgabe. Weder Mohammed noch die Russen in seiner Begleitung hinderten mich daran. Aber ich spürte ihre Blicke in meinem Nacken, und plötzlich spottete Mohammed über die Köpfe der Gefangenen hinweg: »Sag mal, sind alle Iraner so feige wie du, du Hurensohn?«

Dieses letzte Wort setzte alle meine Vernunftsmechanismen wie auf Knopfdruck außer Betrieb. Ich drehte mich um, holte aus und schleuderte ihm mein gesamtes Essenstablett entgegen. Es traf den Albaner mit voller Wucht im Gesicht, worauf er das Gleichgewicht verlor und im Sturzflug das Mittagessen mehrerer Häftlinge mit sich zu Boden riss. Bedeckt mit Nudeln, Karotten und brauner Soße lag Mohammed zwischen den Tischen, und ehe er dazu kam wieder aufzustehen, war ich auch schon über ihm und bearbeitete ihn mit heftigen Fußtritten.

»Meine Mutter ist keine Hure!«, brüllte ich ihn zornig an. »Meine Mutter ist keine Hure!!!«

Die Beamten kamen sofort herbeigeeilt und zerrten mich gewaltsam von meinem Opfer weg. Wären sie nicht dazwischengegangen, ich glaube, Mohammed wäre an diesem Tag im Krankenflügel gelandet. Glück für ihn, dass er nur mit ein paar blauen Flecken davonkam, denn meine geballte Wut in mir hätte für weit mehr gereicht. Ich fluchte, spuckte und schlug um mich wie ein wildes Tier, als die Aufseher mir die Arme auf den Rücken drehten und mich mit einiger Mühe aus dem Esssaal entfernten.

Zu meinem Erstaunen wurde ich für meine Tat weder zum Direktor zitiert noch in irgendeiner Form bestraft, was ich einzig dem Bericht des Psychiaters zu verdanken hatte, wie ich auf dem Weg zu meiner Zelle erfuhr. Aber an meinem Gemütszustand änderte das nicht viel. Ich fühlte mich dennoch miserabel. Warum mussten immer alle auf mir rumhacken? Warum konnten sie mich nicht einfach mal in Ruhe lassen? Wie lange noch musste ich das alles ertragen? Wie lange noch?

21 Das Urteil

Der Gerichtstermin für meinen Fall wurde auf den 18. März 1999 angesetzt. Endlich gab es einen Hoffnungsschimmer am grauen Horizont meines Gefängnisalltags. Denn allen Prognosen meines Anwalts zum Trotz klammerte ich mich an den einzigen Strohhalm, der mir geblieben war, nämlich daran, dass ich mit einer Bewährungsstrafe davonkommen und meinem Martyrium in der JVA Laufen damit endgültig entfliehen würde. Natürlich hielten mich alle für bekloppt.

»Ein Bankräuber, der auf Bewährung rauskommt? Träum schön weiter, Spinner!«, lachten mich die Mitgefangenen und auch die Beamten aus, wenn ich ihnen von meinem geheimen Wunsch erzählte. Aber ich ließ mich nicht entmutigen, und als mein Anwalt mir den Namen des für mich zuständigen Amtsrichters mitteilte, bombardierte ich den Richter wöchentlich mit zwei Bittbriefen, in welchen ich ihn darum ersuchte, mich auf Bewährung freizulassen.

»Farzad, du hast nicht mehr alle Tassen im Schrank«, verklickerte mir Eric, ein sechzehnjähriger Deutsch-Russe, in der Schlosserei. »Richter Becker hat mich zu *neun* Monaten unbedingt verurteilt. Und alles, was ich getan hab, ist, einen falschen Notruf auszulösen. Und da glaubst du im Ernst, er wird ausgerechnet bei dir ein Auge zudrücken? Bei einem *Bankräuber*?«

»Warum nicht«, beharrte ich auf meiner Version. »Hey, ich hab eine tolle Schlussrede vorbereitet. Ich hab sie schon tausendmal vor dem Spiegel geübt. Die wird alle umhauen, glaub mir.«

»Vergiss es, Farzad. Damit kommst du nie durch.«

»Ich bin perfekt vorbereitet. Es kann gar nicht schiefgehen.«

Davon war ich felsenfest überzeugt. Ich hatte mich besser auf mein Plädoyer vorbereitet als ein Abiturient auf die mündliche Prüfung. Wochenlang schleifte ich an meinem Text herum und prägte mir jedes Wort genau ein. Als ein Beamter zufällig auf meine außergewöhnliche Rede stieß, war er so fasziniert von meinem Schreibtalent, dass er mit seinen Kollegen darüber sprach und mir schließlich ein sehr ungewöhnliches Angebot unterbreitete. Ab sofort durfte ich als Einziger im ganzen Knast übers Wochenende meine Zelle verlassen, um jüngere und unerfahrene Verbrecher in ihren Zellen zu besuchen und ihnen beim Verfassen offizieller Briefe ans Gericht, die Behörden oder ihre Anwälte zu helfen. Mein neues Engagement half mir nicht nur, mich bei den Gefangenen (zumindest bei einigen) wieder beliebt zu machen, sondern auch, wenigstens vorübergehend einen Sinn in meinem trostlosen Dasein zu sehen. Und auf einmal verflogen die zweieinhalb Monate bis zum Prozess viel schneller als erwartet.

Die letzte Nacht vor meiner Verhandlung brachte ich vor Aufregung kein Auge zu. Und dann war es endlich so weit. Der Tag, der über meine Zukunft entscheiden sollte, war gekommen. Ich hatte in meiner Freizeit viele psychologische Bücher gelesen und in einem stand, dass Blau eine beruhigende Wirkung auf das Gegenüber hätte. Daher hatte ich Milad gebeten, mir für den Prozess einen Anzug mit einem himmelblauen Hemd zu besorgen. Als ich mit einem VW-Bus in Handschellen zum Gericht transportiert wurde, sah ich richtig elegant aus in dem zweiteiligen beigen Anzug, dem gebügelten blauen Hemd, den makellos glänzenden Lederschuhen und meinem ordentlich frisierten Haar. Auf mein höfliches Betteln hin nahmen mir die Polizisten beim Eintritt in das Gebäude sogar für einen Moment die Handschellen ab, damit ich meine Familie umarmen konnte.

Ebenfalls anwesend war mein Anwalt Herr Eisenmann und mein Jugendgerichtshelfer Herr Wenger. Da er mich seit vielen Jahren kannte und sich vor Gericht immer mit Leidenschaft für mich eingesetzt hatte, hatte Nasrin ihn angefleht, mir ein letztes Mal zu helfen. Zuerst hatte er abgelehnt, weil er emotional zu stark mit mir und meiner ganzen Familie verbunden war, aber Nasrin hatte nicht locker gelassen, bis er ihr versprochen hatte, alles in seiner Macht Stehende zu tun, um mich bei der Gerichtsverhandlung rauszuboxen.

Pünktlich um 13:30 Uhr begann also vor dem Jugendschöffengericht Laufen der Strafprozess gegen mich wegen schwerer räuberischer Erpressung. Beim Betreten des Saales richtete ich meinen Blick sofort auf den Richter und seine beiden Schöffen, ehrenamtlich ernannte Laienrichter, deren Aufgabe es war, die Tat des Angeklagten zu beurteilen und zusammen mit dem Richter das Strafmaß festzusetzen. Richter Becker, der mir auf meine zahlreichen Briefe nie geantwortet hatte, war ein großer, etwas übergewichtiger Mann mit grauem Haar und buschigen Augenbrauen. Er warf mir einen kurzen vertrauensvollen Blick zu, was mich sehr zuversichtlich stimmte, und flüsterte dann der Kollegin zu seiner Rechten etwas ins Ohr. Die Frau war bestimmt schon um die siebzig und erinnerte mich mit ihrer kleinen runden Brille, ihrem Strickjäckchen und dem hochgesteckten Haar an eine freundliche Großmutter aus einem Märchen. Von ihr brauchte ich bestimmt nichts zu befürchten.

Der andere Schöffe war ein schwer durchschaubarer Mann um die vierzig. Um seine Sympathie zu gewinnen, musste ich mich wohl ziemlich ins Zeug legen. Von wem ich definitiv kein Mitgefühl erwarten konnte, war der Staatsanwalt, der auf der anderen Seite des Gerichtssaales schräg rechts außen saß. Seine Abneigung mir gegenüber konnte ich förmlich riechen, als er nach der kurzen Eröffnungsrede des Richters die Anklageschrift vorlas. Er war dazu aufgestanden und in seiner wallenden schwarzen Robe wirkte er auf mich wie eine riesige, Furcht einflößende Fledermaus. Nachdem er mir all meine Kindheits- und Jugendsünden aus dem Bundeszentralstrafregister um die Ohren geschlagen hatte, verkündete er theatralisch: »Der Angeklagte macht *Geldnöte* als Motiv geltend. Wo kämen wir da hin, wenn jeder Lehrling, der unter Geldnot leidet, eine Bank überfallen würde? Dann müssten wir alle Banken in der Bundesrepublik Deutschland zum Abschuss freigeben! Nein, verehrtes Gericht, dieser junge Mann« – und damit deutete er mit dem Finger auf mich – »überfiel die Bank in Bad Grönenbach nicht, weil er zu wenig verdiente, sondern weil er nicht bereit war, auf seinen ausschweifenden Lebensstil zu verzichten!«

Er machte eine Pause und musterte mich herablassend. Ich schüttelte nur den Kopf, um dem Richter und seinen Schöffen anzudeuten, dass dies keineswegs den Tatsachen entsprach, aber der Staatsanwalt fuhr unbeirrt fort: »Also plante und organisierte der Angeklagte mit einer mir in meiner gesamten Karriere noch nicht begegneten Dreistigkeit einen Bankraub, und das mit einer derartigen kriminellen Energie, die sonst nur bei erwachsenen Verbrechern in Erscheinung tritt, welche jahrelange Gefängnisaufenthalte hinter sich haben. Es wäre ein schwerwiegender Fehler, den heute hier anwesenden Angeklagten allein aufgrund seines jugendlichen Alters mit Samthandschuhen anzufassen. Immerhin hat die Staatsanwaltschaft Kempten bereits im Vorfeld gegen den Angeklagten Strafanzeige wegen *siebenfacher Körperverletzung* erstattet, was einmal mehr unterstreicht, wozu Herr Rasuli fähig ist.«

Ich musste mich beherrschen, um den Staatsanwalt bei seiner euphorischen Rede nicht zu unterbrechen. Er zog alle Register, um mich hinzustellen, als wäre ich ein potenzieller Massenmörder. Ich warf einen Blick auf Eisenmann und Wenger, die wie zwei Pokerspieler neben mir saßen und den Ausführungen des Staatsanwaltes lauschten, ohne auch nur eine Miene zu verziehen.

»Durch Film und Fernsehen hat der Angeklagte sich nach eigenen Angaben zu der Tat *angespornt* gefühlt«, sprach der Staatsanwalt geflissentlich weiter. »Nach seiner Flucht täuschte er einen Herzanfall vor, um die Ringfahndung der Polizei in einem Krankenwagen zu umgehen, was ihm auch beinahe gelungen wäre. Dass die Beute überhaupt gesichert werden konnte, ist reiner Zufall.« Er blickte von seinen Unterlagen auf und reckte das Kinn. »Für so viel Raffinesse, verbunden mit einer für einen jungen Täter über die Maßen hohen kriminellen Energie, beantrage ich eine Gesamtfreiheitsstrafe von drei Jahren und zwei Monaten.«

Er setzte sich, und ich schrumpfte auf meinem Stuhl zusammen. *Drei Jahre und zwei Monate!* Der schockierende Antrag des Staatsanwaltes saugte mir alle Kraft aus den Knochen. Ich konnte nicht sehen, wie meine Familie, die hinten im Gerichtssaal saß, auf den Antrag reagierte, aber ich war mir sicher, dass es sie genauso hart traf wie mich. Meine Hoffnung auf eine Bewährungsstrafe schwand schneller dahin als die Luft aus einem zerstochenen Ballon.

Als Nächstes erhob sich mein Jugendgerichtshelfer, um das Wort zu ergreifen. Wenger schlug dem Gericht vor, mich unter seine Obhut zu stellen, damit er mir bei meiner Resozialisierung helfen könne. Um den Richter und seine Schöffen davon zu überzeugen, dass der eigentliche Ursprung meines kriminellen Verhaltens in meiner Kindheit lag, in der ich aufs Schwerste misshandelt worden war, zitierte er eine dramatische Aussage von mir, die er in den Akten des Jugendamtes gefunden hatte. Damals war ich zwölf Jahre alt gewesen.

»Letzte Woche sperrte mich mein Bruder Rashno für ungefähr eine Stunde auf den Balkon, weil ich beim Spielen meine Schuhe schmutzig gemacht hatte«, las Wenger mit lauter Stimme vor. »Ich war nur mit meiner Unterhose bekleidet, und auf dem Balkon lag ziemlich viel Schnee. Schon nach ein paar Minuten spürte ich meine Füße nicht mehr. Obwohl ich die ganze Zeit weinte und mit meinen Fäusten gegen die verschlossene Balkontüre hämmerte, blieb Rashno hart und sagte, Strafe müsse sein.«

Ich erinnerte mich an den Vorfall, als wäre es erst gestern gewesen. Und mich fröstelte, wenn ich daran zurückdachte und daran, was Rashno sonst noch alles mit mir gemacht hatte. Das ergreifende Zitat erzielte jedenfalls seine gewünschte Wirkung. Der Richter und seine Schöffen warfen mir einen solidarischen Blick zu, und die nette Oma mit dem Strickjäckchen sah mich so verständnisvoll an, als wäre sie am liebsten hinter der erhöhten Richterbank vorgekommen, um mich großmütterlich in den Arm zu nehmen und mich über meine verlorene Kindheit zu trösten.

Nun war mein Anwalt an der Reihe zu sprechen. Ruhig und objektiv trug er sein Plädoyer vor und ersuchte das Gericht um eine Bewährungsstrafe.

»Schließlich«, so begründete er seinen Antrag, »ist es keineswegs, wie vom Staatsanwalt behauptet, ein Zufall, sondern alleine der Verdienst des Angeklagten, dass die Beute der Bank vollständig zurückerstattet werden konnte. Außerdem hat der Angeklagte ein umfangreiches Geständnis abgelegt und bereits sechs Monate Freiheitsentzug hinter sich, was ihm durchaus eine Lehre war, wie er mir gegenüber mehrfach erwähnte. Er hegt nicht die geringste Absicht, sich nach seiner Entlassung weiter kriminell zu betätigen, was uns eine günstige Zukunftsprognose für den Angeklagten erlaubt. Daher halte ich eine unbedingte Haftstrafe für nicht gerechtfertigt und beantrage eine Bewährungsstrafe.«

Das Gericht nahm den Antrag meines Anwaltes zur Kenntnis und wandte sich nun an mich.

»Herr Rasuli«, sagte Richter Becker und nickte mir freundlich zu. »Bitte erheben Sie sich, wenn Sie etwas sagen möchten. Sie haben das letzte Wort.«

Da war er nun, der Moment, auf den ich so viele Stunden, Tage und Monate in meiner winzigen Zelle gewartet hatte, der Augenblick, für den ich tagelang vor dem Spiegel geübt hatte. Mit schwabbeligen Knien stand ich auf. Ich war so nervös, dass ich mich mit den Fingern auf der Tischkante abstützte, damit niemand sehen konnte, dass meine Hände zitterten. Ich blickte vom Richter zu der alten Dame, dann zu dem Jugendschöffen und begann stockend meine eingeübte Rede.

»Verehrtes Gericht, heute stehe ich vor Ihnen für einen Banküberfall, der am 16. September vergangenen Jahres begangen wurde. Und Sie wollen denjenigen zur Rechenschaft ziehen, der jenes Verbrechen begangen hat. Doch die Person, die damals verhaftet wurde, ist nicht die Person, die heute vor Ihnen steht. Denn die Person, die Sie hier sehen, ist kein kaltblütiger Bankräuber, sondern jemand ...«

Ich brach ab. Ich merkte, wie meine Emotionen mit mir durchgingen. Ein Kloß bildete sich in meinem Hals, und meine Lippen zogen sich nach unten, ohne dass ich etwas dagegen machen konnte. »Sondern ein verzweifelter junger Mann, der seine Tat aus tiefstem Herzen bereut«, beendete ich den Satz mit tränenerstickter Stimme, bevor ich wieder eine Pause einlegen musste, weil ich keinen Ton mehr hervorbrachte. Mein Anwalt überreichte mir ein Taschentuch, und ich wischte mir damit über die feuchten Augen.

»Es geht mir nicht darum, mich hier vor dem Gericht zu entschuldigen, damit ich weniger hart bestraft werde«, sagte ich, nachdem ich mich wieder einigermaßen gefasst hatte. »Wenn das der einzige Grund für meine Reue wäre, so sollte ich besser den Mund halten und mich wieder hinsetzen. Nein, ich möchte mich aus einem ganz anderen Grund entschuldigen. Ich habe Menschen, die mir nichts zuleide getan haben, in meine Gewalt gebracht und sie zu Tode geängstigt. In den letzten sechs Monaten habe ich an meinem eigenen Leibe auf brutalste Art erfahren müssen, was es bedeutet, Opfer und nicht Täter zu sein. Ich wünsche niemandem, so etwas je erleben zu müssen, genauso wenig wie ich jemandem wünsche, jemals in die Lage zu kommen, in die ich unschuldige Menschen in der Bank gebracht habe. Ich habe selbst eine Familie. Meine Mutter und meine Geschwister sitzen heute hier im Gerichtssaal, und bei Gott, ich schwöre es Ihnen, verehrtes Gericht: Wenn jemand auf eine meiner Schwestern eine Waffe richten würde, so wie ich sie auf die Bankangestellten und Kunden gerichtet habe, ich wäre heute der Erste hier im Raum, der nach Gerechtigkeit und Bestrafung schreien würde.«

Ich hörte, wie meine Mama hinten im Saal leise schluchzte, und musste mich zusammennehmen, um nicht selbst wieder in den Strudel meiner Gefühle gerissen zu werden.

»Ich kann die Zeit leider nicht zurückdrehen und ungeschehen machen, was ich am 16. September getan habe«, sprach ich so gefasst wie möglich weiter. »Alles, was ich sagen möchte, ist, dass es mir aufrichtig leidtut.«

Meine rührende Rede hatte voll ins Schwarze getroffen. Ich hatte die Anwesenden (mit Ausnahme des Staatsanwaltes) derart in meinen Bann gezogen, dass sie geradezu an meinen Lippen hingen. Die ältere Schöffin ertappte ich sogar dabei, wie sie sich heimlich mit dem Zeigefinger eine glitzernde Träne unter der Brille wegwischte. Aber das Beste hatte ich mir bis zum Schluss aufbewahrt. Ich richtete mich nun direkt an den Staatsanwalt. Sein Gesicht zeigte keinerlei Regung.

»Bei allem Respekt, verehrter Herr Staatsanwalt«, sagte ich. »Ich wünschte, Sie würden für einen Moment in meiner Haut stecken und fühlen, was ich fühle. Heute versucht mir der lange Arm des Gesetzes das Genick zu brechen. Aber ich frage Sie, Herr Staatsanwalt: Wo war derselbe Staat, als meine unschuldige Kinderseele geschändet und ich meiner Kindheit beraubt wurde? Es ist derselbe Staat, den Sie heute voller Stolz vertreten, um mich für die nächsten drei Jahre und zwei Monate hinter Schloss und Riegel zu bringen, der all meine Hilfeschreie ignorierte, als mein Bruder mich jahrelang misshandelte.« Wieder füllten sich meine Augen mit Tränen, und ich hatte Mühe, die Fassung zu bewahren. »Derselbe Staat, der mich heute verurteilt, hat das Verfahren gegen meinen Bruder mit der Begründung ›kein öffentliches Interesse‹ eingestellt und meine kindliche Stimme damit zum Schweigen gebracht. Ich frage Sie: Ist das Gerechtigkeit?«

Der Staatsanwalt schürzte die Lippen und sah aus, als würde er mich für diese anmaßende Kritik am liebsten lebenslänglich hinter Gitter bringen. Er war aber zu professionell, um sich zu einem Streitgespräch hinreißen zu lassen und verzichtete auf einen Kommentar. Immer noch mit feuchten Augen wandte ich mich dem Richter zu.

»Ich bitte Sie: Geben Sie mir nochmals eine Chance. Ich verspreche Ihnen, ich werde Sie nicht enttäuschen!«

Mit diesen Worten nahm ich wieder auf meinem Stuhl Platz.

»Gut gemacht«, raunte mir Eisenmann zu, und auch Wenger nickte mir von der Seite anerkennend zu. Offenbar hatte meine Rede auch beim Richter einen starken Eindruck hinterlassen. Auffällig lange ließ er sich Zeit, bevor er die nervenaufreibende Stille im Saal brach und mich mit seinen braunen Augen eingehend musterte.

»Ich habe tagtäglich über viele Fälle zu urteilen. Viele Jugendliche und junge Erwachsene in Ihrem Alter sitzen jeden Tag auf dieser Anklagebank, und die meisten von ihnen sind kaum imstande, ihren eigenen Namen richtig zu buchstabieren, geschweige denn eine derart entflammende Rede zu halten, wie Sie es soeben taten. Sie sind ein sehr intelligenter junger Mann, Herr Rasuli.« Er lächelte mich an, und ich lächelte befangen zurück. »Das Gericht wird sich zur Urteilsberatung für die Dauer von 30 Minuten zurückziehen.«

Damit erhob sich der pompöse Richter von seinem ledernen Sessel, und alle im Raum erhoben sich aus Respekt ebenfalls, bis er und die beiden Schöffen den Gerichtssaal durch die Tür hinter der Richterbank verlassen hatten. Ein Stimmengewirr breitete sich im Raum aus. Eisenmann und Wenger überschütteten mich mit Komplimenten. Eisenmann, der mir vor der Verhandlung noch versucht hatte klarzumachen, dass meine Chancen auf eine Bewährungsstrafe im günstigsten Fall 1 zu 1000 standen, war auf einmal sehr zuversichtlich. Mama, Nasrin, Daria, Shirin und Milad umringten mich, klopften mir aufmunternd auf die Schulter und fieberten mit mir mit, dass ich eine zweite Chance kriegen würde. Mama weinte noch immer.

Nach exakt einer halben Stunde verkündete ein Polizist, der Richter lasse uns bitten, unsere Plätze wieder einzunehmen. Mein ganzer Körper vibrierte innerlich vor Aufregung. Wie gebannt starrte ich auf die Tür des Richterzimmers. Plötzlich öffnete sie sich, und Richter Becker und seine Schöffen betraten den Raum. Ehrfurchtsvoll erhoben sich alle Anwesenden im Gerichtssaal und setzten sich erst wieder, nachdem sich der Richter und seine Gefolgschaft hinter der erhöhten Richterbank niedergelassen hatten. Die Einzigen, die stehen blieben, waren ich und mein Anwalt, um das Urteil zu empfangen. Ein flüchtiger Augenkontakt mit der alten Dame genügte mir, um zu erahnen, wie die Würfel gefallen waren. Ich war so nervös, dass ich glaubte, meine Beine würden mir gleich wegknicken. Der Richter ließ seinen Blick durch den Saal gleiten, bevor er seine Brille aufsetzte und das Urteil verkündete.

»Im Namen des Volkes ergeht folgendes Urteil gegen den Angeklagten: Sie werden der schweren räuberischen Erpressung für schuldig befunden und zu einer Gesamtfreiheitsstrafe von zwei Jahren, deren Vollstreckung zur Bewährung ausgesetzt wird, verurteilt.«

In mir drin brach ein Vulkan der Euphorie aus. Am liebsten hätte ich vor lauter Begeisterung einen Jubelschrei ausgestoßen und den Richter und seine beiden Schöffen auf der Stelle umarmt. Meine Geschwister sprangen von ihren Sitzen auf, und fielen sich gegenseitig in die Arme, worauf der Richter sie scharf zurechtwies: »Bitte nehmen Sie wieder Platz! Setzen Sie sich! Bitte!«

Auch ich konnte mich kaum noch stillhalten. Ich kam mir nicht mehr vor wie ein Verurteilter, sondern eher wie ein Schüler bei einer Preisverleihung. Ich sah hinüber zum Staatsanwalt. Sein Kopf war knallrot. Mein spektakulärer Triumph versetzte ihn beinahe in Rage, und es fiel ihm schwer, nicht die Beherrschung zu verlieren. Eisenmann und ich durften uns wieder setzen, während der Richter seine Urteilsbegründung vorlas und mir erklärte, dass mir die Bewährungsauflagen zu gegebener Zeit mitgeteilt würden. So beschwingt und glücklich hatte ich mich seit Jahren nicht mehr gefühlt. Ich rutschte so nervös auf meinem Stuhl hin und her, dass mein Anwalt mich wie einen kleinen Jungen zurechtwies und mir zuflüsterte, ich solle endlich aufhören, mit den Füßen zu zappeln.

Richter Becker schenkte mir einen väterlichen Blick, während er fortfuhr: »Es ist gut, die Wahrheit zu sagen. Wir alle machen Fehler, aber sich die Fehler einzugestehen und vor Gott und den Menschen zu berichtigen, das tun die Wenigsten. Ihr heutiger Auftritt und Ihre unzähligen Briefe an mich zeugen von Intelligenz und Charakterstärke und beweisen, dass Sie zu Besserem imstande sind, als eine Bank zu überfallen. Wir hoffen, dass Sie Ihr Potenzial in Zukunft dafür nützen werden, Ihr Leben in geordneten Bahnen zu führen. Hiermit wird Ihnen und dem Staatsanwalt noch die Möglichkeit eingeräumt, innerhalb von einer Woche gegen dieses Urteil Berufung einzulegen. Aber ich denke« – er sah mich an, ein feines Schmunzeln im runden Gesicht – »Sie werden wohl kaum von diesem Recht Gebrauch machen.«

Ich schüttelte heftig den Kopf. Der Staatsanwalt brütete dagegen dumpf über seinen Akten.

»Im Namen des Volkes erkläre ich die Verhandlung hiermit für beendet!«, sagte der Richter, erhob sich, nickte mir freundlich zu und rauschte in seiner richterlichen schwarzen Robe durch die Hintertür davon. Ich suchte den Blickkontakt mit der netten Strickjäckchen-Schöffin und formte mit meinen Lippen ein »Danke«, welches sie mit einem lautlosen »Bitte« und dem Lächeln eines Engels erwiderte, bevor sie zusammen mit dem zweiten Schöffen den Raum verließ.

Die Polizisten gewährten mir ausgiebig Zeit, mich von meiner Familie zu verabschieden. Es war ein Abschied mit vielen Freudentränen. Wohl musste ich nochmals für eine Woche ins Gefängnis, weil das Urteil erst nach Ablauf der Berufungsfrist rechtskräftig wurde, aber darüber machte ich mir keine Gedanken. Weswegen sollte ich?

»Bald bin ich wieder zu Hause«, tröstete ich meine Mama und umarmte sie ein letztes Mal. Dann wurde ich, mit einer Hand an einen Polizisten gefesselt, aus dem Gerichtssaal geführt und spazierte in meinem schicken Anzug und dem himmelblauen Hemd aus dem Gebäude heraus. Es war ein herrlich sonniger Tag mit einem strahlend blauen Himmel, und auch wenn ich nochmals hinter Gitter musste, sog ich den Duft der Freiheit bereits tief in mich ein. Nur noch dreißig Tage, und ich war ein freier Mann. Ich hatte es geschafft.

22 Niederschmetternde Nachrichten

Ich wurde auf den Rücksitz des VW-Busses verfrachtet, und der Polizist, an den ich gekettet war, nahm neben mir Platz, während der andere sich ans Steuer setzte und losfuhr. Während der ganzen Fahrt strahlte ich wie ein Honigkuchenpferd. Ich konnte mein Glück kaum fassen. Es kam mir noch immer vor wie ein unwirklicher Traum. Bewährung. Ich hatte *Bewährung* gekriegt! Als *Bankräuber*! Wo hatte man so etwas schon gesehen?! Ich hatte mit meiner grandiosen Rede sämtliche Sympathiepunkte eingesammelt, die ein Angeklagter vor Gericht irgend einsammeln kann. Ich war ein Genie!

»Ich muss ja schon sagen«, sprach mich der Polizist neben mir plötzlich an. »Ich bin schon zwanzig Jahre bei der Polizei und hab schon viele Verbrecher zum Gericht begleitet, Mörder, Erpresser, Vergewaltiger, Drogenhändler, die ganze Palette eben. Aber so etwas wie heute hab ich noch nie erlebt.«

Sein fahrender Kollege nickte zustimmend. »Allerdings«, sagte er und sah mich durch den Rückspiegel schmunzelnd an. »Du solltest Politiker werden, so wie du die Leute eben um den Finger gewickelt hast mit deiner feurigen Ansprache.«

Abgesehen davon, dass er mich duzte, fühlte ich mich sehr geschmeichelt von seinem Kompliment.

»Junge, ich geb dir einen guten Rat«, ergriff der Beamte neben mir wieder das Wort, »vergeude dein Talent nicht und mach was aus deinem Leben. Ich bin sicher, du wirst es noch weit bringen.«

»Danke«, sagte ich, mich stolz in die Brust werfend. Und für einen kurzen Moment erinnerte ich mich daran, wie mein Bruder mir mein Leben lang genau das Gegenteil eingebläut hatte, nämlich, wie dumm ich wäre und dass man mich zu nichts gebrauchen könne.

Zurück in der JVA Laufen wollte natürlich jeder wissen, wie es gelaufen war.

»Und?«, fragte ein arroganter Aufseher, den ich nicht leiden konnte, zynisch. »Haben Sie nun Ihre Bewährungsstrafe gekriegt?«

»Ja, hab ich«, antwortete ich, übers ganze Gesicht feixend und beobachtete mit großer Genugtuung, wie sein freches Grinsen augenblicklich erstarb.

»Reden Sie keinen Stuss«, hakte er nach. »Kein Bankräuber kommt auf Bewährung raus. Wie viele Jahre haben Sie gekriegt?«

»Zwei Jahre auf drei Jahre Bewährung«, gab ich ihm wahrheitsgetreu Auskunft. »Mit anderen Worten: In einem Monat bin ich weg hier.«

Dem Mann fiel die Kinnlade herunter. »Das ist ja wohl das Letzte«, protestierte er. »Andere sitzen hier seit Monaten wegen irgendeines unbedeutenden Diebstahls. Und Sie kommen mit einem Banküberfall auf freien Fuß? Was ist nur aus unserem Rechtssystem geworden?«

In der ganzen Anstalt löste das Urteil heftigste Reaktionen aus, die von aufrichtiger Verblüffung bis zu blankem Neid reichten. Mein Gerichtsfall war definitiv das Gesprächsthema Nummer eins an diesem Tag. Und ich, ich war einfach nur happy. Ich hätte die ganze Welt umarmen können. Als ich alleine in meiner Zelle war, wusste ich kaum, wo ich mit all der überschüssigen Energie hin sollte, die sich während des Nachmittags in mir angestaut hatte. Beschwingt tanzte ich von einer Wand zur anderen, bis ich vollkommen nass geschwitzt war. Dann ließ ich mich auf mein Bett fallen und begann vor lauter Freude zu weinen.

»Danke, lieber Gott!«, sagte ich ergriffen, während mir die Tränen über die Wangen liefen. »Danke, lieber Gott! Danke! Danke! Danke!«

Es war mein erstes ernstes Gebet seit jenem Vorfall in der Dusche vor einem halben Jahr. Ich war kein frommer Mensch. Ich war nicht religiös erzogen worden. Gott war schlicht und einfach nie ein Thema in unserer Familie gewesen. Und trotzdem hatte ich Gott immer mal wieder auf meine Weise in mein Leben einbezogen. Mal war ich stinksauer auf ihn, weil er mich nicht vor dem Zorn meines Bruders bewahrte, mal verfluchte ich ihn für mein erbärmliches

Leben, oft zweifelte ich daran, dass es ihn überhaupt gab, manchmal beschloss ich, definitiv nicht mehr an ihn zu glauben, und dann wieder, wenn ich nicht mehr weiterwusste, flehte ich ihn um Hilfe an.

Eigentlich wusste ich gar nicht so genau, zu wem ich eigentlich betete, ob zu Allah, Jesus, Buddha oder sonst irgendeiner höheren Macht. Ich machte mir darüber keine allzu große Gedanken. Hauptsache, derjenige, der da oben im Himmel war, wusste, dass *er* gemeint war, wenn ich zu ihm sprach. Und an diesem frühen Abend, als ich weinend auf meinem Bett lag und diesem unbekannten Gott, dessen Existenz ich so oft infrage gestellt hatte, aus tiefstem Herzen dankte, war ich überzeugt davon, dass er mich tatsächlich hörte.

»Ich verspreche dir, ich werde mein Leben komplett umkrempeln, sobald ich entlassen werde«, beendete ich dieses seltene, aber aufrichtige Gebet. »Ich werde mich ändern, das verspreche ich dir hoch und heilig!«

Die nächsten Tage ließen mich meine Mitgefangenen bei jeder Gelegenheit spüren, wie eifersüchtig sie auf mich waren und dass sie mir nur das Allerschlechteste für meine Zukunft wünschten. Aber ich ließ ihre Worte einfach an mir abprallen und konzentrierte mich nur noch auf meine baldige Entlassung, die mit jedem Tag näher rückte. Einen Tag vor Ablauf der Berufungsfrist wurde ich überraschend in eine andere Anstalt, in die JVA Neuburg, verlegt. Niemand konnte mir den Grund dafür nennen, aber eigentlich kratzte es mich auch nicht groß. Ich war eh bald draußen.

Die Stunden flogen nur so dahin, und im Nu war der Tag und damit die einwöchige Berufungsfrist rum. Das Urteil des Richters war jetzt rechtsgültig, und ich konnte es kaum erwarten, meine Sachen zu packen und diese Mauern erhobenen Hauptes zu verlassen. Die Tage verstrichen, und eine Woche später saß ich noch immer im Knast. Ich fragte einen Aufseher, wann ich denn nun entlassen würde, aber er konnte es mir nicht sagen. Langsam wurde ich ungeduldig. Hatten sie mich etwa vergessen?

Ja, und dann kam der Hammerschlag. Eines Abends, als ich von der Arbeit in der Werkstatt zurück in meine Einzelzelle kam, erhielt ich Post. Die beigebraune Farbe des Kuverts ließ mich innerlich erschauern. Mir schwante Schlimmes. Mit zitternden Fingern öffnete ich den Umschlag und meine Befürchtung bestätigte sich: Dieser miese Kerl von einem Staatsanwalt hatte doch tatsächlich Berufung eingelegt! Das also war der Grund, warum ich über die Frist hinaus gefangen gehalten wurde.

Mir wurde schwindlig. Ich hatte das Gefühl, den Boden unter den Füßen zu verlieren. Unendliche Verzweiflung überkam mich, und gleichzeitig empfand ich einen unendlichen Zorn auf Gott. Schließlich war er es, der irgendwo dort oben an den Fäden zog und mich wie eine Marionette von einem Schicksalsschlag zum nächsten taumeln ließ. War er nicht allmächtig genug, das Herz des Staatsanwaltes zu besänftigen, damit er aufhörte, mich weiter zu verklagen?

Warum hast du nicht eingegriffen? Warum tust du mir das an? Warum?!

Ich warf das gerichtliche Schreiben zu Boden und trampelte fluchend darauf herum. Dann begann ich, meine Wut am Zelleninventar auszulassen. Ich schrie und tobte, ich kippte den Tisch um, schleuderte alles, was nicht niet- und nagelfest war, quer durch den Raum und hämmerte mit den Fäusten gegen den grauen Beton, bis ich keine Kraft mehr hatte und wimmernd an der Wand entlang auf den Boden sank. Ich weinte und weinte. Alles, wofür ich gekämpft, alles, worauf ich meine ganze Hoffnung gesetzt hatte, war wie eine Seifenblase vor meinen Augen zerplatzt, und was zurückblieb, war nichts als eine gähnende Leere. Er hatte Berufung eingelegt. Dieser brave Staatsdiener hatte tatsächlich Berufung eingelegt!

Wieso ist dieses Schwein so versessen darauf, mich hinter Gittern zu sehen? Was hab ich ihm angetan? Was weiß dieses arrogante Ekel schon von meinem Leben? Gar nichts weiß er! Gar nichts!

Ich weiß nicht, wie lange ich dort an der Wand gelehnt auf dem steinernen Boden saß und all meinen Frust aus mir herausweinte. Mein Kummer war so groß, dass ich beschloss, meinem verpfuschten Leben ein Ende zu setzen. Ich konnte so nicht mehr weiterleben. Nichts ergab mehr einen Sinn. Es war besser, mich ein für alle Mal von dieser Welt zu verabschieden.

Ich rappelte mich auf, stellte den Tisch an seinen Ort zurück, setzte mich hin und schrieb einen Abschiedsbrief an meine Familie. Die vielen Tränen benetzten meine Worte, in denen ich meine Mama und meine Geschwister um Verständnis für meine Tat bat und meine ewige Liebe für meinen Neffen Parvis und meine Nichte Parisa ausdrückte. Dann stellte ich mich auf einen Stuhl unter das Zellenfenster, befestigte das eine Ende meines Gürtels an den Gitterstäben und legte meinen Kopf in die lederne Todesschlinge.

Sie würden meine Leiche erst in ein paar Stunden finden, denn abends, wenn die Zellentüren einmal zugesperrt waren, blieben sie bis zum nächsten Morgen verschlossen. Es würde also keiner vorbeikommen, um meine Verzweiflungstat in letzter Sekunde zu verhindern. Wenn ich mich jetzt erhängte, dann war's das. Unwiderruflich. Dessen war ich mir sehr wohl bewusst. Nur Gott höchstpersönlich konnte mich jetzt noch aufhalten. Ich schloss die Augen und atmete ein letztes Mal tief durch. Gerade wollte ich den Stuhl unter mir wegkicken, als ich hörte, wie sich jemand von außen am Schloss zu schaffen machte. Die Tür sprang auf, und ein Aufseher und der Anstaltspsychiater betraten die Zelle. Wie angewurzelt blieben sie stehen und starrten mich entgeistert an.

»Mein Gott!«, murmelte der Psychiater.

»Herr Rasuli, was tun Sie da?!«, rief der Beamte.

Sie stürmten auf mich zu und ehe ich die Gelegenheit hatte, meine Kurzschlusshandlung zu Ende zu bringen, holten sie mich vom Stuhl herunter und befreiten meinen Hals aus der Schlinge.

»Um Gottes willen, was haben Sie sich dabei gedacht?!«, fragte mich der Aufseher, während sie mich auf mein Bett setzten. Ich begann erbärmlich zu schluchzen, und stockend brach es aus mir heraus, die Wut, die Enttäuschung, die gesamte Tragödie, aus der ich einfach keinen anderen Ausweg mehr wusste, als mir mein Leben zu nehmen. Sie hörten mir geduldig zu und redeten so lange auf mich ein, bis ich mich wieder einigermaßen beruhigt hatte.

»Tja«, meinte der Psychiater zum Schluss dieses emotionsgeladenen und sehr wohltuenden Gesprächs, »hier sind die Tabletten gegen Schlafstörungen, die ich Ihnen heute Mittag vergessen habe mitzugeben.« Er drückte mir eine kleine Schachtel in die Hand. »Ich hätte nicht gedacht, dass meine Vergesslichkeit Ihnen heute das Leben retten würde. Ich schätze, da oben ist jemand, der Sie mag.«

Ich drehte die Tablettenschachtel zwischen meinen Fingern, während der Psychiater mir auf die Schulter klopfte und sich erhob.

Von wegen mich mögen, dachte ich nur. *Mit dem da oben bin ich fertig.*

Der Aufseher und der Psychiater sprachen mir ein paar letzte ermutigende Worte zu, dann verabschiedeten sie sich und ließen mich allein.

Diese Nacht hatte ich zwar physisch überlebt, aber etwas in mir war definitiv gestorben, nämlich der Glaube daran, dass ich auch nur die geringste Chance hatte, beim Landgericht noch einmal mit einer Bewährungsstrafe davonzukommen. Und somit kam es nicht überraschend, als ich am 19. Mai vom Landgericht Traunstein zu einer Freiheitsstrafe von zwei Jahren und drei Monaten verurteilt wurde. Unbedingt. Auf der ganzen Fahrt vom Gerichtsgebäude zurück ins Gefängnis saß ich schweigend auf der Rückbank und ließ meinen Groll an Gott aus.

Was erwartest du eigentlich von mir? Dass ich mich vor dir auf die Knie werfe und dich um Gnade anwinsle, du verfluchter Gott? Ich hab dir meine Treue geschworen, und was hast du gemacht? Du hast mich von einem Desaster ins nächste gestürzt! Ja, ich verfluche dich dafür, dass du mich ungefragt in diese beschissene Welt eingepflanzt und zum Leiden verdammt hast! Hast du mich gehört?! Ich verfluche dich!

»Herr Rasuli? Endstation.«

Die Stimme des Polizisten holte mich in die Wirklichkeit zurück. Erst jetzt bemerkte ich, dass wir das Gefängnisareal erreicht hatten und mir einer der beiden Beamten ungeduldig die Tür aufhielt, damit ich aussteigen konnte.

Willkommen zurück in der Hölle, flüsterte mir eine Stimme ins Ohr, die so schadenfroh klang wie die des leibhaftigen Teufels, *diesmal wirst du nicht mehr so schnell von hier wegkommen.*

Den Mut zu einem weiteren Selbstmordversuch brachte ich an

diesem Abend nicht auf. Nur mit viel Eigendisziplin und Willenskraft schaffte ich es in den nächsten Tagen und Wochen, nicht gänzlich im Sumpf meiner Schwermut zu versinken. Und dann, eines Tages, erhielt ich eine Nachricht, die auch noch den letzten Funken von Lebenswillen in mir zum Erlöschen brachte: Die Ausländerbehörde erwog die Möglichkeit, mir wegen meiner kriminellen Laufbahn und meiner jüngsten Verurteilung meinen unbefristeten Asylstatus zu annullieren und mich in den Iran abzuschieben.

Die Nachricht traf mich wie ein Bombenschlag. Deutschland wollte mich *abschieben*?!

»Das können die doch nicht machen!«, rief ich empört, als Nasrin mich besuchte und ich ihr das Schreiben vom Ausländeramt in Kempten unter die Nase hielt. »Ich lebe seit zehn Jahren hier! Deutschland ist meine Heimat! Die können mich doch nicht einfach in ein Land zurückschicken, wo ich sozusagen ein Analphabet bin! Was soll ich dort? Du, Daria, Shirin, Milad, Mama, ihr lebt doch alle hier! Wie könnte ich mich je im Iran zurechtfinden? Ich kann ja nicht mal die Sprache richtig!«

»Immer mit der Ruhe, Farzad«, versuchte mich meine Schwester zu beschwichtigen und legte besänftigend ihre Hand auf meinen Arm. »Hier steht ja bloß, dass sie die *Möglichkeit* erwägen. Noch ist die Welt nicht verloren. Du hast dreißig Tage Zeit, gegen das Schreiben Beschwerde einzureichen. Die werden dich nicht abschieben. Sei unbesorgt. Das kriegen wir schon hin.«

Ich verfasste noch am selben Tag einen ausführlichen Bericht über meine Situation und ersuchte die Ausländerbehörde in aller Höflichkeit, von einer Abschiebung abzusehen. Ich schickte den Brief an die zuständige Behörde, und dann blieb mir nichts anderes übrig, als zu warten. Da die Mühlen der Justiz bekanntlich ziemlich langsam mahlen, erwartete ich keine allzu rasche Antwort. Doch ein Monat verstrich, ein zweiter, und noch immer hatte das Ausländeramt keine Stellung bezogen. Worauf warteten die denn so lange? Endlich, nach fast zweieinhalb Monaten fiebrigen Wartens, erhielt ich erneut Post vom Ausländeramt. Als ich las, was sie mir schrieben, stockte mir der Atem. Es hieß, da ich die Frist für einen Einspruch versäumt hätte, entfalle somit das Recht auf weitere Beschwerden und es würde mir zu gegebener Zeit mitgeteilt, wie sich die Behörde bezüglich meines Aufenthaltsstatus entschieden hätte.

Wie bitte?!!! Das war doch nicht zu fassen! Ich *hatte* Einspruch eingereicht! Ich *hatte* die Frist nicht versäumt! Was um alles in der Welt war mit meinem Brief geschehen? Hier ging es nicht um einen blöden Handyvertrag, der sich automatisch um ein Jahr verlängert, wenn man ihn nicht fristgerecht kündigt. Hier ging es um meine Zukunft! Um mein Leben! Die konnten mich doch nicht einfach abschieben, nur weil irgendein Idiot meinen Brief verlegt hatte!

Ich setzte mich sofort mit dem Ausländeramt in Verbindung, um diesen schwerwiegenden Irrtum zu klären. Aber es half alles nichts. Der Brief war offenbar nie bei ihnen angekommen, und ich hatte keinerlei Beweise, dass ich ihn abgeschickt hatte. Die Frist war abgelaufen, die Maschinerie der Ausländerbehörde hatte sich bereits in Gang gesetzt und war durch nichts mehr zu stoppen. Ich war am Boden zerstört.

Bist du nun zufrieden?, schrie ich an diesem Abend in den Himmel hinauf. *Ist es das, was du wolltest? Macht es dir Spaß, mich in mein Verderben zu schicken?*

Auch alle Bemühungen meiner Geschwister verliefen erfolglos. Es war nichts zu machen. Im Januar 2000 erfuhr ich, dass meine Abschiebung beschlossene Sache war und mein Ausreisedatum auf den 1. April 2000 festgesetzt wurde. Mein Leben auf deutschem Boden neigte sich also dem Ende zu. Mir war alles andere als wohl dabei.

23 Reise ins Ungewisse

Meine Angst und Nervosität vor dieser einschneidenden Wende in meinem Leben wuchsen von Tag zu Tag. Meine Familie war ebenfalls sehr betrübt. Nasrin erwähnte bei ihren Besuchen mehrmals, dass sie mir jederzeit helfen würde, wieder nach Europa zurückzukehren, falls ich es nicht mehr aushalten sollte. Ich war ihr sehr dankbar für dieses Angebot, denn ich hatte ein wirklich mulmiges Gefühl bei der ganzen Sache. Der Iran war für mich ein völlig fremdes Land, und der einzige Verwandte, der damals nicht mit uns nach Deutschland geflohen war und immer noch im Iran lebte, war ausgerechnet mein Bruder Barzin, der unsere Familie übers Ohr gehauen und unser ganzes Geld vom Verkauf der Villa verprasst hatte. Trotzdem nahm Nasrin Kontakt mit Barzins Frau Mariam auf, die gleichzeitig unsere Cousine war, welche sich bereit erklärte, mich vom Flughafen abzuholen und bei sich aufzunehmen. Also war ich wenigstens nicht ganz auf mich allein gestellt, wenn ich drüben ankam.

Je näher der Tag der Abschiebung rückte, desto mehr verwandelte sich mein Unbehagen in echte Angst, und gleichzeitig wurde ich von einer Welle der Euphorie überrollt, endlich, nach 19 Monaten Haft, wieder ein freier Mann zu sein. Meine Familie versprach mir, sich am Flughafen München von mir zu verabschieden, aber entweder hatte man sie nicht zu mir durchgelassen, weil ich bis zum Abflug in einem separaten Raum des Zollbereichs untergebracht und streng bewacht wurde, oder sie waren im Verkehr stecken geblieben. Jedenfalls kamen sie nicht, und so musste ich meine ungewollte Reise antreten, ohne Mama und meine Geschwister noch einmal umarmt zu haben.

Von zwei Zollbeamten eskortiert, wurde ich in einem VW-Bus über das Rollfeld zu einer Passagiermaschine gebracht, die nach Mailand flog. Es war mein erster Flug überhaupt, und ich war mächtig aufgeregt. Die Beamten in Zivil waren sehr freundlich, und ich musste auch keine Handschellen tragen.

»Wenn Sie uns jedoch Schwierigkeiten machen oder versuchen sollten, sich gegen die Abschiebung zu wehren«, so ließen sie mich wissen, als wir die Maschine vor allen anderen Fluggästen bestiegen, »verschnüren wir Sie wie einen Weihnachtsschinken und verkleben Ihnen notfalls sogar den Mund. Alles klar?«

»Ich werde mich schon benehmen, keine Angst«, versprach ich ihnen, während sie mir den hintersten Fensterplatz zuwiesen und neben mir Platz nahmen.

Nachdem auch alle regulären Passagiere an Bord gekommen waren, manövrierte der Pilot die DC-9 auf die Startbahn und zog den großen Vogel mit vollem Schub in die Lüfte. Die Häuser, Autos und Bäume unter mir wurden rasch kleiner. Ein Gefühl von Melancholie überkam mich, als mir bewusst wurde, dass dies ein Abschied für immer war.

Mach's gut, Deutschland, und vergiss mich nicht.

Die hellgrünen Wiesen und dunkelgrünen Wälder sahen von hier oben aus wie eine dreidimensionale Landkarte. Ich blickte auf meine geliebte Heimat hinunter, und meine Gedanken schweiften zu all den mir wertvollen Menschen, die ich in Deutschland hatte zurücklassen müssen, meine Mama, Nasrin und ihre beiden süßen Kinder, meine Schwestern Daria und Shirin, mein Bruder Milad. Ich würde sie alle so sehr vermissen. Und das Herz tat mir weh, dass ich mich nicht von ihnen hatte verabschieden können.

Ich musste auch an meine erste große Liebe denken: Pamela. Ich erinnerte mich an all die wunderschönen Momente mit ihr. Meine Schwester Nasrin war immer davon überzeugt gewesen, dass Pamela eines Tages meine Frau würde. Und ich ehrlich gesagt auch. Gott, wie hatte ich dieses Mädchen geliebt. Ich hätte alles für sie getan. Und dann hatte sie einfach Schluss mit mir gemacht und unser gemeinsames Kind abgetrieben. Obwohl das alles bereits eineinhalb Jahre her war, kam es mir vor, als wäre es erst gestern gewesen, dass ich sie bei strömendem Regen aus dem Auto geworfen hatte.

Der Schmerz über den Verlust unserer Beziehung saß noch immer tief. Später im Gefängnis hatte Andri mich besucht und erzählt, er hätte Pamela kurz nach meiner Verhaftung knutschend auf dem Schoß von Bayram erwischt, einem Türken, der auch an der Rathausschießerei beteiligt gewesen war. So schnell hatte sie mich also gegen einen anderen eingetauscht. Natürlich hatte ich nach dieser ernüchternden Nachricht nächtelang geweint. Insgeheim hatte ich immer gehofft, wir würden vielleicht doch wieder zusammenkommen. Aber danach wusste ich, dass ich sie ein für alle Mal loslassen musste.

Die Freundschaft mit Andri war leider auch in die Brüche gegangen, nachdem ich von Nasrin erfahren hatte, dass sie ihm jeweils das gesamte Fahrtgeld und eine Schachtel Zigaretten obendrein hatte bezahlen müssen, damit er mich überhaupt im Gefängnis besuchen kam. So viel zum Thema Loyalität. Die Tatsache, dass sogar mein langjähriger bester Freund mich einfach so im Stich gelassen hatte, verdeutlichte mir einmal mehr, dass ich in dieser Welt niemanden hatte, auf den ich wirklich zählen konnte. Ich war allein.

Die letzte Person, an die ich dachte, bevor die Landschaft unter mir verschwand und wir in eine schneeweiße Wolkenwand hineinflogen, war mein Bruder Rashno. Ihn würde ich auf jeden Fall *nicht* vermissen. Auch er hatte mich im Gefängnis besucht, allerdings nur, um mir tausend Vorwürfe zu machen. Er war sogar so unverschämt gewesen, mir an den Kopf zu werfen, was für ein Idiot ich doch wäre, dass ich der Polizei das Versteck der Beute verraten hatte. Ich wäre ihm am liebsten an die Gurgel gesprungen und schrie ihn an, er solle verschwinden und ich wolle ihn in meinem Leben nie mehr wiedersehen. Das war das letzte Mal, dass ich ihn gesehen hatte. Doch die seelischen Wunden von dem, was er mir angetan hatte, würden wohl nie ganz verheilen. Eines Tages, so hoffte ich, würde er für all das bezahlen. Eines Tages würde auch er seine gerechte Strafe erhalten. Daran musste ich einfach glauben.

Der Flug von München nach Mailand dauerte keine zwei Stunden. In Mailand hatten wir einen dreistündigen Zwischenstopp. Dann ging es mit einer Boeing 747 weiter nach Teheran. Nach einem ziemlich leckeren Abendessen lehnte ich mich in meinem Sitz zurück und versank wieder in meiner Gedankenwelt. Ich versuchte, Erlebnisse aus meiner Kindheit auszugraben und überlegte mir, ob die Orte, an die ich mich vage erinnern konnte, wohl noch genauso aussahen wie damals. Elf Jahre war es her, dass ich als Neunjähriger in einer roten Sporttasche eingepfercht mein Land verlassen hatte. Und jetzt kehrte ich als Zwanzigjähriger, eingepfercht zwischen zwei Zollbeamte, in mein Land zurück. Was mich wohl im Iran erwartete? Ich hatte keine Ahnung. Aber ich hielt es für besser, mir erst mal nicht zu viele Gedanken darüber zu machen.

Der Flug nach Teheran dauerte sieben Stunden. Ich wunderte mich, warum es an Bord keine einzige Frau mit Kopftuch gab, wo wir doch in ein muslimisches Land flogen. Das Rätsel lüftete sich etwa zehn Minuten vor der Landung, als plötzlich sämtliche weiblichen Passagiere hastig in ihre Handtaschen griffen und schwarze Kopftücher herausfischten. Als wir mit einem nicht sehr modernen Shuttlebus zum Terminal gefahren wurden, fielen mir als Erstes die vielen Plakate des verstorbenen Staatspräsidenten Ayatollah Chomeini und seines Nachfolgers Ali Chamenei auf. Im gesamten Flughafengelände waren diese Turban und Bart tragenden Mullahs präsent, gerade so, als wolle man sämtliche Touristen gleich von Anfang an abschrecken und ihnen das Gefühl geben, mit ihrer westlichen Philosophie nicht unbedingt willkommen zu sein.

Die Zollbeamten begleiteten mich bis zum iranischen Zoll, dann verabschiedeten sie sich höflich und wünschten mir alles Gute für meine Zukunft. Und so marschierte ich also nach einem 20-monatigen Gefängnisaufenthalt und einer unbeschreiblich finsteren Episode meines Lebens, bepackt mit zwei Koffern und einem Rucksack, der lang ersehnten Freiheit entgegen.

24 Barzin

Ich fragte mich, ob ich meinen Bruder Barzin und meine Cousine Mariam nach all den Jahren überhaupt noch erkennen würde, als ich aus dem Gate in die menschenüberfüllte Empfangshalle kam. In dem Gewühl von meist schwarz gekleideten Männern und Frauen, die mit ihren selbst gebastelten Kartonschildchen in der Luft herumwedelten und eifrig und laut die Namen der Leute riefen, auf die sie warteten, verlor ich beinahe die Orientierung.

Mitten im Gewirr fasste mich plötzlich eine hübsche Iranerin, um die 30 Jahre alt, am Handgelenk und fragte mich auf Persisch: »Bist du Farzad?«

»Mariam?!«, rief ich verwundert aus und stellte meine Koffer ab. »Bist du das?«

»Farzad!«, sagte sie und umarmte mich. »Lass dich anschauen. Du bist ja riesig geworden, Maschallah!«

Wir drängten uns durch die Menschenmenge nach draußen, und kaum hatten wir das Flughafengebäude verlassen, schlug mir eine bleierne Hitze entgegen und das, obwohl es gerade mal vier Uhr in der Früh war. Eine Unmenge an Taxifahrern surrte augenblicklich um uns herum wie ein lästiger Bienenschwarm, und jeder wollte mir unbedingt meine Koffer aus der Hand reißen und in sein Taxi befördern. Mariam wandte sich an einen der Taxifahrer und verhandelte den Fahrpreis. Wir mussten in den Norden der Stadt, was ungefähr eine gute Stunde Fahrt in Anspruch nehmen würde. Der Mann verlangte dafür 3 000 Toman, was umgerechnet etwa acht Mark entsprach und maßlos überzogen war. Schließlich einigten sie sich auf 1 500 Toman.

Ich stand bloß daneben und kam mir ziemlich unnütz vor, da ich meine Cousine nicht einmal beim Feilschen unterstützen konnte. Meine Sprachkenntnisse in Farsi waren bedenklich geschrumpft, wie ich feststellen musste. Wir setzten uns auf den Rücksitz, und los ging die holprige Fahrt in der uralten Kiste, die in Deutschland längst auf dem Schrottplatz gelandet wäre. Die für die iranische Bevölkerung einzige erschwingliche Automarke war der sogenannte Paykan, ein iranisches Modell, das große Ähnlichkeit hatte mit dem Trabbi der ehemaligen DDR. Auch das Taxi, in dem wir saßen, war ein Paykan, der meines Erachtens nur noch durch ein Wunder zusammengehalten wurde. Ein Außenspiegel fehlte, der andere war notdürftig mit Klebeband festgemacht, und die Fensterkurbeln waren auch alle weg. Das war aber nicht weiter tragisch, denn wir fuhren ohnehin wie alle anderen Autos mit offenen Fenstern, da es keine Klimaanlage gab. Jedes Mal, wenn der Taxifahrer aufs Gaspedal drückte, stieg eine schwarze Rauchwolke hinter uns auf und verpestete die schon stickige Luft noch mehr.

»Von Katalysatoren haben die hier wohl auch noch nie was gehört«, meinte ich, Mariam zugewandt. »Gibt es hier keine Abgastests oder so was?«

Meine Cousine kicherte nur. Während der ganzen Fahrt amüsierte sie sich köstlich über meine Bemerkungen. Alles war für mich so neu und fremd, dass ich ständig irgendetwas mir Unbegreifliches kommentierte und tausend Fragen dazu stellte. Der Taxifahrer lachte sich ebenfalls halb tot, als ich ihn darauf hinwies, es wäre vielleicht angebrachter, nicht mit 140 Stundenkilometern durch die Innenstadt von Teheran zu brettern.

»Sie sind wohl schon lange nicht mehr im Iran gewesen, was? Wir haben hier keine Geschwindigkeitsbegrenzungen!«, stellte er lachend fest, während er hupend ein ziemlich gefährliches Überholmanöver startete und dabei um ein Haar eine sechsköpfige Familie auf einem Motorrad über den Haufen fuhr. Ich schloss für einen Moment die Augen, als ich sah, wie das knatternde Motorrad gefährlich ins Wanken kam und ein kleiner Junge, der auf der Lenkstange saß, weil sonst nirgends mehr Platz war, beinahe auf die Straße fiel. Was passiert wäre, wenn sich der wehende Schleier der verhüllten Frau, die mit drei weiteren Kindern auf dem Gepäckträger saß, plötzlich in den Speichen der Räder verfangen hätte, wollte ich mir lieber nicht ausmalen.

Wir (und alle um uns herum) überlebten die Taxifahrt, Mariam bezahlte den Fahrer und führte mich in ihre bescheidene und sehr enge Wohnung. Ich stellte die Koffer und den Rucksack ab, Mariam brachte mir ein Glas Wasser, und ich sah mich neugierig in meinem neuen Zuhause um. Erst jetzt fiel mir auf, dass mich ja mein Bruder noch gar nicht begrüßt hatte.

»Wo ist Barzin?«, fragte ich meine Cousine. »Ist er nicht da?«

Mariam wurde merkwürdig still. Traurig sah sie mich an.

»Farzad, wir wollten dich so lange wie möglich mit dieser schrecklichen Nachricht verschonen«, sagte sie, und für einen Augenblick befürchtete ich, Barzin wäre auf tragische Weise ums Leben gekommen oder würde schwer verletzt im Krankenhaus liegen.

»Was ist passiert?«, wollte ich wissen.

Mariam vergrub ihr Gesicht in den Händen und begann auf einmal zu schluchzen.

»Er ist ... er ...«, stammelte sie. Ich stellte das Glas Wasser auf den kleinen Beistelltisch vor der Polstergruppe und nahm sie in die Arme.

»Was denn?«, fragte ich. »Was ist los? Wo ist er?«

Sie wischte sich die Tränen aus den Augen. »Dein Bruder sitzt im Gefängnis.«

Ich trat einen Schritt zurück. »Was?!!! Wie lange schon?«

»Mehrere Monate«, sagte sie mit stockender Stimme.

»Aber ... warum denn? Was hat er getan?«

»Die Sache mit der Villa ... er wird wegen Betrugs angeklagt«, klärte sie mich auf und ließ sich seufzend auf dem Sofa nieder. »Deine Mutter hat ihn angezeigt.«

»Meine Mutter?!!!« Ich stürzte von einer bösen Überraschung in die nächste. »Warum würde sie so etwas tun?«

»Anscheinend hat ein Anwalt es ihr empfohlen. Er sagte, es wäre die einzige Möglichkeit, die Villa zurückzuerhalten, die Barzin mit gefälschten Urkunden verkauft hat.«

Ich setzte mich ebenfalls. Das war alles etwas viel auf einmal.

»Und ich hab gedacht, die Geschichte wäre endlich abgehakt«, murmelte ich kopfschüttelnd. »Hat mein Bruder von der Anzeige gewusst?«

Mariam nickte. »Er hat geahnt, dass er verhaftet würde. Er wartet seit Monaten auf den Prozess. Wenn er verurteilt wird, kann es sein, dass er für mindestens zehn Jahre weggesperrt wird. Ich hab dafür gekämpft, ihn auf Kaution freizukriegen, wenigstens bis zur offiziellen Verurteilung. Bisher erfolglos.«

Ich schluckte. Ich war selbst erst aus dem Gefängnis entlassen worden und wusste, wie es war, tagein, tagaus wie ein Tier in einem Käfig eingesperrt zu sein. Diese bittere Erfahrung wünschte ich niemandem, nicht einmal meinem Bruder, traumatische Kindheitserinnerungen hin oder her.

»Kann ich ihn besuchen?«

»Es ist schwierig, aber wir können es versuchen«, entgegnete Mariam. »Wenn du möchtest, fahren wir morgen zum Gericht und bitten den Richter um eine Besuchserlaubnis. Vielleicht können wir sogar einen Antrag auf Kaution stellen.«

»Warum fahren wir nicht schon heute?«, drängte ich sie und warf einen Blick auf meine Uhr. »Es ist ja noch nicht mal sieben.«

»Gut«, willigte sie ein. »Aber erst frühstücken wir.«

Während meine Schwägerin das Frühstück zubereitete, brachte ich das Gepäck auf mein Zimmer und ging ins Bad, um mich etwas frisch zu machen. Als ich mich auf die Toilette setzen wollte, stellte ich zu meiner Bestürzung fest, dass da keine Toilette war, nur ein Loch im Boden mit einem herunterhängenden Wasserschlauch. Ich hatte ganz vergessen, dass man in muslimischen Ländern sein Geschäft etwas anders verrichtet als im Westen und dass es auch kein Toilettenpapier gab, sondern lediglich Wasser. Tja, von da an wurde für mich jeder Toilettengang zur Qual. Ich hätte nicht gedacht, dass ich eines Tages die europäische Toilette zu einem meiner Lieblingsluxusartikel erklären würde.

Nach einem ausgiebigen Frühstück machten wir uns auf den Weg. Die Hitze wurde von Stunde zu Stunde unerträglicher. Der Verkehr und die nach Abgasen stinkende Luft ebenfalls. Die Straßen waren total verstopft, und das Hupkonzert gehörte zur Dauergeräuschkulisse. Mariam hielt ein Taxi an, in welchem bereits zwei männliche Fahrgäste saßen, einer auf dem Vorder-, der andere auf dem Rücksitz. Zuvorkommend hielt ich meiner Cousine die Tür auf, damit sie einsteigen konnte. Doch sie schob mich etwas grob vor, was ich ziemlich unhöflich fand. Während der Taxifahrt äußerte ich mich nicht dazu, aber als wir so gegen elf Uhr das Gerichtsgebäude erreichten, stellte ich sie deswegen zur Rede.

»Wieso hast du mich eigentlich ins Taxi geschubst?«

Ihre Antwort verblüffte mich sehr. »Farzad«, sagte sie, »du musst dir unbedingt die Bedeutung der Worte ›mahrem‹ und ›namahrem‹ einprägen. ›Mahrem‹ bedeutet sittlich, und ›namahrem‹ unsittlich. Ich musste sichergehen, dass du zwischen mir und dem anderen männlichen Gast Platz nimmst. Denn es geziemt sich nicht für eine Frau, sich neben einen fremden Mann zu setzen oder ihm auch nur die Hand zu schütteln.«

Ich starrte sie ziemlich perplex an. »Seit wann bist du denn eine von diesen konservativen muslimischen Ehefrauen?«, scherzte ich. »So hab ich dich gar nicht eingeschätzt.«

»Es hat auch andere Gründe.«

»Und die wären?«

»Nun, für einen Europäer wie dich mag es schwer nachvollziehbar sein. Aber iranische Frauen werden täglich belästigt, bei jeder Gelegenheit, im Bus, beim Einkaufen, in Warteschlangen bei Behörden. Die Männer begrapschen sie andauernd. Hier im Iran gehört das sozusagen zum Alltag einer jeden Frau und wird als etwas ziemlich Banales angesehen.«

»Das ist ja nicht zu fassen, Mariam. Und warum tut niemand etwas dagegen?«

Mariam lächelte. »Mein kleiner Cousin. Du musst noch viel lernen. Die Dinge funktionieren hier etwas anders als bei euch im Westen. Schau dir das Gerichtsgebäude an. Wenn ich heute geschminkt wäre, meine Fingernägel lackiert hätte, Sandalen trüge oder unter meinem Kopftuch zu viele Haare hervorschauen würden, dürfte ich diesen Justizpalast gar nicht erst betreten.«

»Das ist doch bescheuert!«

»So sind nun mal die Kleidervorschriften. Kurzärmelig würdest du übrigens auch nicht reinkommen.«

Ich schüttelte nur verständnislos den Kopf. »Ich glaube nicht, dass ich mich je an all diese Regeln und Absurditäten gewöhnen werde.« »Es ist ganz natürlich, dass die Umstellung von einer Kultur auf eine komplett andere etwas Zeit braucht«, meinte Mariam. »Hab etwas Geduld mit dir, Farzad. Du bist ja erst vor wenigen Stunden gelandet.«

Ich war mir allerdings gar nicht sicher, ob ich meine Ansicht in den nächsten Wochen oder Monaten ändern würde. Es war mir schlicht unbegreiflich, wie ein so hochkultiviertes Land mit einer so einzigartigen Geschichte sich derart lächerlichen Gesetzen hatte unterwerfen können. Wir begaben uns zum Eingang des Gebäudes, wo Mariam von drei regimetreuen Frauen, die von oben bis unten verhüllt waren und sogar trotz der unbarmherzigen Hitze Handschuhe trugen, kontrolliert wurde. Auch meine Taschen wurden untersucht. Dann fragten wir uns von einem Büro zum nächsten durch, bis wir nach einer knappen Stunde endlich erfuhren, welcher Strafrichter für den Fall meines Bruders zuständig war.

Durch einen Irrgarten von Gängen erreichten wir sein Büro und klopften an. Nichts geschah. Ich klopfte ein zweites Mal an, diesmal etwas lauter, aber nichts tat sich. Beim dritten Klopfen wurde es mir zu bunt, und ich erteilte mir selbst die Erlaubnis einzutreten. Meine Cousine im Schlepptau, betrat ich das Büro des Strafrichters, welcher hinter einem großen Tisch in einem bequemen Ledersessel thronte und ein Kreuzworträtsel löste. Ein Teejunge und eine Frau, die einen schwarzen Tschador trug und von der nur die Augen zu sehen waren, befanden sich ebenfalls im Raum. Alle drei blickten uns ziemlich verdutzt an.

Mit viel Respekt und einer leichten Verbeugung grüßte ich den Richter, der gar nicht erfreut darüber schien, in seiner Ruhe gestört worden zu sein. Aber bevor ich mich mit meinem eingerosteten Farsi blamieren konnte, übernahm Mariam das Reden. In demütiger Haltung und mit einer Stimme, die mich an das Klagen einer trauernden Witwe erinnerte, brachte sie unser Anliegen vor. Respektlos setzte der Richter indessen weiter Buchstaben in sein Kreuzworträtsel ein und tat, als ginge ihn das Ganze nichts an. So viel Unverschämtheit meiner Cousine gegenüber konnte ich nicht tolerieren.

»Bei allem Respekt, Herr Richter«, ergriff ich in meinem brüchigen Persisch das Wort. »Ich bin heute Morgen aus Deutschland angereist und habe meinen Bruder seit elf Jahren nicht gesehen. Bitte erlauben Sie mir und meiner Schwägerin, ihn zu besuchen.«

Der Richter, bisher völlig uninteressiert, horchte auf, schob die Zeitung mit dem Kreuzworträtsel zur Seite und schenkte mir auf einmal seine volle Aufmerksamkeit.

»Sie kommen aus Deutschland? Aus welcher Stadt?«

»Aus Kempten. Das liegt 130 Kilometer südwestlich von München.«

»Sieh an«, machte der Richter, der mit einem Mal unglaublich gesprächig geworden war und faltete die Hände zusammen. »Lassen Sie mich raten, welches Auto Sie gefahren haben: Einen Mercedes? Einen Audi? Einen BMW? Ich bin ein großer Fan von BMWs. Tolle Autos. Erzählen Sie mir: Wie ist das Leben so in Deutschland?«

Obwohl ich wirklich nicht hergekommen war, um mich mit einem iranischen Strafrichter über Deutschland zu unterhalten, beantwortete ich ihm brav jede Frage, die er mir stellte, und das mit Erfolg. Nach einem zwanzigminütigen Gespräch (der Teejunge servierte uns sogar frischen Tee) erteilte uns der Richter fast wie nebenbei die Besuchsbewilligung für meinen Bruder. Nachdem wir das stickige Büro wieder verlassen hatten, umarmten Mariam und ich uns vor lauter Glück.

»Weißt du, wie viele Monate ich schon versuche, eine Besuchsbewilligung zu erhalten?«, rief sie und drückte mich erneut an sich. »Du bist der Beste! Dein Deutschlandaufenthalt hat uns alle Türen geöffnet!«

Ein paar Tage später besuchten meine Schwägerin und ich Barzin im Ghasr-Gefängnis, welches mit Tausenden von Gefangenen die größte Haftanstalt Teherans ist. Ich war ja selbst im Knast gewesen. Aber als ich sah, unter welchen Verhältnissen die Häftlinge hier leben mussten, kamen mir die Gefängnisse Deutschlands beinahe wie Hotels vor.

Die Begegnung mit meinem Bruder war sehr emotional. Ich hatte mich die ganze Zeit gefragt, welche Gefühle wohl in mir aufsteigen würden, wenn wir uns nach elf langen Jahren zum ersten Mal wieder begegneten. Hass, vielleicht Rachegedanken oder gar Schadenfreude, dass er endlich für all seine Sünden büßen musste? Immerhin war er in meinen jungen Jahren mein persönlicher Folterknecht gewesen, bevor Rashno diese Rolle übernommen hatte. Als Kind war er mir immer riesig vorgekommen. Doch jetzt, wo er mir im Besucherraum entgegengeschlurft kam, stellte ich fest, dass er einen ganzen Kopf kleiner war als ich. Vor mir stand kein Riese, sondern ein gebrochener, kraftloser Mann. Er hatte ganz gelbe Finger und Zähne vom Opiumrauchen und seine Kleider waren nichts als staubige Fetzen, die um seinen abgemagerten Körper schlackerten. Es brach mir das Herz, ihn in diesem Zustand zu sehen. Ich empfand nichts als aufrichtiges Mitleid für ihn. Seine Augen füllten sich mit Tränen, als er mich sah.

»Farzad?«

»Barzin, mein Bruder«, sagte ich mit einem Kloß im Hals.

Es bedurfte keiner weiteren Worte mehr. Weinend fielen wir uns in die Arme, und so standen wir eine ganze Weile da und vergossen Meere voller Tränen.

»Ich werde alles tun, um dich hier rauszuholen«, versprach ich ihm und wischte mir über die feuchten Augen.

»Mach dir um mich keine Sorgen«, sagte er, und ich sah, dass seine Hände leicht zitterten. »Mir geht es gut. Kümmere dich um Mariam. Ich komm schon klar.«

Nach diesem erschütternden Besuch gingen meine Schwägerin und ich fast täglich im Gericht vorbei, um Barzin auf Kaution freizubekommen. Es dauerte mehrere Monate. Aber schließlich schafften wir es, und Barzin konnte diesen schrecklichen Ort endlich verlassen. Das Schicksal geht oftmals verschlungene Wege. Wer hätte gedacht, dass ich eines Tages ausgerechnet *den* Mann aus der Hölle befreien würde, der mir einst *mein* Leben zur Hölle gemacht hatte? Meine Geschwister verstanden natürlich nicht, wie ich mich derart für Barzin hatte einsetzen können, nachdem er die Familie um Hunderttausende von Mark betrogen hatte. Doch ich wusste, dass ich das Richtige getan hatte. Ich hatte ihm vergeben.

25 Flucht mit Hindernissen

Schon ganze fünf Monate war ich nun im Iran. Doch ich kam einfach nicht klar mit meinem neuen Leben in dieser so fremdartigen Kultur. Ich fühlte mich zurückversetzt ins 19. Jahrhundert. Wenn ich die Menschen um mich herum und ihre konservativen und für mich völlig unverständlichen Sitten, Gesetze und Verhaltensmuster betrachtete, kam mir der westliche Lebensstil dagegen wie eine Utopie meines Gehirns vor, die es in der realen Welt gar nicht gab. Ich hatte schon einige Länder in Europa bereist, aber nie hatte ich den Eindruck gehabt, wie im Iran, in einer komplett anderen Welt zu sein. Die europäische Mentalität war einfach zu stark in mir verwurzelt, als dass ich sie einfach so ablegen konnte. Und je länger ich dort war, desto mehr wurde mir klar: Ich konnte nicht hierbleiben. Es ging einfach nicht. Ich musste zurück.

Ich fiel in ein tiefes Loch und weinte viel. Ich hatte furchtbares Heimweh. Meine Familie fehlte mir, Deutschland fehlte mir, das Essen, die Sprache, die farbenfrohe Kleidung, sogar das Toilettenpapier, es fehlte mir einfach alles. Ich hatte das Gefühl, ein kleines Gefängnis gegen eine riesige Zwangsjacke eingetauscht zu haben. Und ich hielt es nicht mehr länger aus. Ich redete mit Barzin darüber, und er zeigte sich sehr verständnisvoll.

»Ich verstehe, dass du nach Europa zurückmöchtest, Farzad. Aber so einfach ist das nicht. Ohne den grünen Stempel im Pass kannst du das Land nicht mehr verlassen.«

»Was für ein grüner Stempel?«

»Den kriegst du nur, wenn du die obligatorischen zwei Jahre Militärdienst geleistet hast.« »Zwei Jahre?!«, rief ich entsetzt. »Niemals! Kann ich diesen blöden Stempel nicht sonstwie kriegen?«

Barzin schüttelte den Kopf. »Kannst du nicht. Die nehmen die Wehrpflicht hierzulande sehr ernst. Ohne Militärdienst keinen grünen Stempel. Und ohne grünen Stempel keine Ausreise. So einfach ist das.«

»Aber was mach ich denn jetzt?!«, überlegte ich laut. »Ich muss raus hier, oder ich dreh durch! Verstehst du?! Gibt es denn überhaupt keine andere Möglichkeit? Irgendeine?«

Barzin strich sich nachdenklich über seinen Bart. »Es gäbe schon eine. Aber sie ist riskant.«

»Ist mir egal. Sag mir einfach, was ich tun muss.«

»Ich kenne einen, der 40 Kilometer von der türkischen Grenze entfernt wohnt. Wir haben zusammen im Kriegsgefangenenlager für irakische Soldaten Dienst geschoben. Er hat mir damals erzählt, er wäre im Import-Export-Geschäft tätig. Du weißt schon: Er hilft Leuten, die illegal das Land verlassen wollen. Ich könnte mit ihm reden.«

»Ja, bitte«, sagte ich, »tu das. Ruf ihn gleich an. Bitte!«

Mein Bruder rief ihn an, und Hamid, so hieß der Mann, erklärte sich bereit, mich für 1200 US-Dollar in die Türkei zu bringen. Als Mariam von dem Plan erfuhr, flehte sie mich an, ich möge sie und Barzin mit nach Europa nehmen.

»Barzin steht eine zehnjährige Haftstrafe bevor wegen dem Betrug mit eurer Villa«, sagte sie. »Du hast das Gefängnis mit eigenen Augen gesehen. Ich würde es nicht ertragen, wenn er dorthin zurückmuss. Bitte, nimm uns mit nach Deutschland!«

Ich war einverstanden. Meine Familie allerdings sträubte sich mit Händen und Füßen dagegen.

»Barzin hat unser Leben ruiniert!«, fauchte meine Mama in den Telefonhörer, als ich sie um das nötige Geld für unsere Flucht bat. »Das hätte gerade noch gefehlt, dass wir einem Betrüger dabei helfen, seinem gerechten Urteil zu entgehen! Nur über meine Leiche!«

Es war ein hartes Stück Arbeit, meine Geschwister und vor allem Mama umzustimmen. Aber nach langem Hin und Her, viel Überredungskunst und meinem inständigen Drängen und Betteln, schickten sie uns schließlich genügend Geld, dass wir alle drei das Land verlassen konnten. Und so nahm der Plan langsam Gestalt an. Ich sollte mit diesem Hamid illegal über die Grenze in die Türkei. Barzin und Mariam, die erst mal ganz legal bis in die Türkei reisen konnten, würden mich in Istanbul treffen. Von dort aus würden wir dann gemeinsam weiter nach Sarajevo, der Hauptstadt von Bosnien, fliegen. Bosnien verlangte für iranische Staatsbürger kein Visum, somit war die Einreise unproblematisch. Und dann, von Bosnien aus, würden wir uns illegal bis in die Schengenstaaten durchschlagen. Das war der Plan.

Hamid traf alle nötigen Vorbereitungen, und im Oktober 2000 war es dann so weit. Ich reiste an die iranisch-türkische Grenze, wo mich der Schlepper in Empfang nahm und zu einem Bekannten von sich brachte, bei dem ich so lange bleiben sollte, bis die Luft rein war.

»Es könnte allerdings ein paar Tage dauern«, erklärte er mir den Ablauf. »Wir müssen den richtigen Zeitpunkt abwarten, bis mein Verwandter Dienst hat und die Leute vom Geheimdienst nicht anwesend sind.«

»Was für Leute vom Geheimdienst?«, fragte ich.

»Nun, am Zoll sitzen hinter jedem Zollbeamten drei Leute vom Geheimdienst. Die sind extra da, damit keine Regimegegner klammheimlich das Land verlassen. Sie sind unbestechlich, denn sie verdienen so gut, dass sie es nicht nötig haben, Bestechungsgelder anzunehmen.«

»Und wie kommt man an denen vorbei?«

Hamid hob den Zeigefinger in die Höhe. »Hier kommt mein Verwandter ins Spiel. Er arbeitet als Zollbeamter, und er ist es auch, der dir deinen Pass zur Ausreise abstempelt, obwohl dir der grüne Militärstempel fehlt. Aber das Zeitfenster, in welchem er das tun kann, ist sehr klein. Wir müssen warten, bis die Männer vom Geheimdienst zum Abendessen gehen, das ist normalerweise zwischen acht und neun Uhr abends. Und dann schleusen wir dich durch den Zoll.«

»Alles klar«, sagte ich und sah mich in Gedanken bereits in der Türkei. *Das wird ein Kinderspiel.*

Die nächsten zwei Tage verbrachte ich also mit dem Bekannten des Schleppers. Sein Name war Husseim, ein sehr freundlicher und anständiger Junggeselle. Am Mittag des zweiten Tages rief mich Hamid an und richtete mir aus: »Tut mir leid. Es ist etwas dazwischengekommen. Heute klappt es nicht. Aber morgen Abend krieg ich dich hundertprozentig raus. Halt dich bereit und warte auf meinen Telefonanruf.«

»Mach ich«, sagte ich zuversichtlich. Ich dachte nicht im Traum daran, dass irgendetwas schiefgehen könnte und war guten Mutes, als es abends plötzlich an der Tür klingelte. Husseim öffnete und kam mit einem großen, athletisch gebauten jungen Mann herein, den er mir als Hamids Bruder vorstellte.

»Das ist Mehrak. Ich hab ihm von dir erzählt, und er wollte dich unbedingt kennenlernen. Er wird über Nacht hierbleiben.«

Wir setzten uns ums Sofreh auf den Boden, aßen, tranken und plauderten bis spät in die Nacht hinein. Gegen ein Uhr zog sich Husseim auf sein Zimmer zurück. Mehrak und ich redeten noch eine Weile weiter, bis wir ebenfalls müde waren und beschlossen, uns schlafen zu legen. Ich ging ins Bad, um mir die Zähne zu putzen, und als ich zurückkam, hatte sich Mehrak bereits hingelegt. Im Iran schlafen die meisten Leute auf dem Boden. Man breitet eine dicke Decke aus und deckt sich mit einer anderen zu.

»Wo ist mein Schlafplatz?«, fragte ich etwas verwundert, als ich sah, dass nur eine Decke auf dem Boden lag.

»Na hier«, antwortete mir Mehrak und winkte mich zu sich. »Wir teilen uns das Bett. Das ist ein Zeichen der Brüderlichkeit.«

Ich hatte ein sehr komisches Gefühl bei der Sache. Aber in den vergangenen Monaten hatte ich immer wieder äußerst merkwürdige Bräuche kennengelernt. Zum Beispiel wollte mein Bruder, als wir zusammen unterwegs waren, Händchen halten und war ganz verwundert, als ich ablehnte und ihm erklärte, in Europa würden das nur verliebte Pärchen tun. Vielleicht war das hier auch wieder eine von diesen harmlosen, wenn auch sehr gewöhnungsbedürftigen Traditionen. Also zog ich mich bis auf meine Boxershorts aus und legte mich neben ihn. Er zog die Decke über uns, und es war noch keine Minute vergangen, als er mich auch schon von hinten umarmte.

»He, was soll das?«, sagte ich aufgebracht. »Lass mich sofort los!«

Doch er hielt mich wie in einem Schraubstock fest und begann mich nun im Nacken zu küssen. Seine Absichten waren eindeutig, und er war ein ziemlich kräftiger Kerl, gegen den ein Fliegengewicht wie ich null Chancen hatte. Wenn ich mich jetzt nicht zur Wehr setzte, würde mich dieser Mehrak vergewaltigen, das war mir sehr wohl bewusst. Es heißt, der Mensch würde in extremen Situationen extreme Kräfte entwickeln. Nur so kann ich mir erklären, dass es mir gelang, mich aus seiner Umklammerung zu befreien. Ich taumelte zu meiner Hose, doch er kam mir zuvor und riss sie mir aus der Hand.

»Jetzt hab dich nicht so«, sagte er und versuchte, mich erneut an sich zu ziehen.

Ich entwischte ihm ein zweites Mal und öffnete die Tür, um ins Wohnzimmer zu flüchten. Er kriegte mich jedoch am Fuß zu fassen, ich stolperte und stürzte auf das Sofreh mit den ganzen Essensresten und dem schmutzigen Geschirr.

»Lass mich los!«, fauchte ich ihn an, während er meinen Fuß festhielt und mich, wie einen Mehlsack über den Boden schleifend, zu sich zurückzog. Kurzerhand griff ich nach einer Teetasse und schleuderte sie ihm an den Kopf. Daraufhin war er für einen kurzen Moment abgelenkt, und ich nützte meinen Vorteil und strampelte mich wieder von ihm frei.

»Du willst spielen?«, grinste Mehrak mit einem fiebrigen Glanz in den dunklen Augen. »Ich liebe Spiele! Komm her, du!«

Ich wusste nicht mehr, was ich tun sollte. Wenn wenigstens Husseim von dem Krach aufgewacht und mir zu Hilfe geeilt wäre! Verzweifelt hielt ich nach irgendetwas Ausschau, das ich hätte gebrauchen können, um mir den Riesen vom Leib zu halten. Jäh fiel mein Blick auf ein großes Küchenmesser, das nicht weit von mir entfernt auf dem Boden lag. Auf allen vieren kroch ich darauf zu, schnappte es mir, und gerade in dem Moment, als Mehrak sich über mich beugte, um mich am Arm zu packen, wirbelte ich herum und ... *zack*!

Mehrak schrie auf. Blut spritzte aus seinem linken Oberarm.

»Bist du wahnsinnig geworden?!«, schrie er und hielt sich die Hand auf die tiefe Schnittwunde, die ich ihm zugefügt hatte.

Jetzt endlich erschien Husseim mit zerzaustem Haar im Wohnzimmer. »Was ist denn los hier?«

»Was hier los ist?«, schnaubte ich zornig, das blutige Messer immer noch in der Hand. »Du weißt genau, was los ist! Du hast ihn hergebracht, damit er sich an mir vergreifen kann!«

»Was?! Wovon redest du?« Verwirrt wandte sich Husseim an Mehrak, der vergeblich versuchte, mit einem T-Shirt die Blutung zu stoppen. »Mehrak? Was geht hier vor?«

»Der Kerl ist total übergeschnappt!«, rief dieser. »Greift mich plötzlich mit einem Messer an! Ich glaube, der hat Drogen genommen! Verfluchter Mist, es hört nicht auf zu bluten!«

Husseim, hin- und hergerissen, wer von uns beiden die dringendere Aufmerksamkeit bedurfte, entschied sich für mich.

»Farzad, bitte leg das Messer weg!«, forderte er mich auf und machte einen Schritt auf mich zu.

Aber ich wich automatisch zurück. »Komm mir bloß nicht zu nahe oder ich schlitz dich genauso auf!«, warnte ich ihn, das Messer zitternd gegen ihn erhoben. Tränen der Wut und Panik stiegen mir in die Augen. Ich konnte einfach nicht glauben, dass das alles wirklich passiert war. Mein ganzer Körper bebte.

»So beruhig dich doch!«, versuchte mich Husseim zu besänftigen. »Ich schwör dir, ich hab nichts damit zu tun. Du bist in meiner Obhut. Ich würde nie zulassen, dass dir etwas zustößt. Jetzt leg bitte das Messer weg!«

Ich schüttelte heftig den Kopf. »Nein. Ich geh jetzt!«

»Wo willst du denn hin? Du kennst dich hier nicht aus!«

»Ist mir scheißegal!«, knurrte ich, und meine Stimme vibrierte vor Anspannung. »Ich bleib keine Minute länger hier! Nicht mit dem da!«

»Farzad, sei vernünftig! Es ist mitten in der Nacht. Bitte bleib!«

Aber ich wusste, dass ich unmöglich bleiben konnte. Nicht nach dem, was geschehen war. Mehrak hatte sich in der Zwischenzeit notdürftig ein Tuch um den Oberarm gewickelt. Sein muskulöser nackter Oberkörper war voller Blut. Ich eilte in den Nebenraum und zog mich hastig an, während Husseim weiter auf mich einredete, um mich umzustimmen. Doch mein Entschluss stand fest. Ich schulterte meinen Rucksack und floh Hals über Kopf in die Nacht hinaus.

Es war zwei Uhr früh. Und ich hatte keine Ahnung, wohin ich gehen sollte. Ich kannte niemanden. Und von dem Schlepper wusste ich gerade mal den Vornamen, mehr nicht. Ich hatte nicht mal eine Telefonnummer von ihm. Und wo er wohnte, wusste ich auch nicht, da er mich gleich bei diesem Husseim abgeliefert hatte. Mit anderen Worten: Ich war total aufgeschmissen. Weinend stapfte ich durch das schlafende Nest, bis ich eine staubige Hauptstraße erreichte, der ich aufs Geratewohl in eine Richtung folgte. Ich lief die ganze Nacht durch, ohne zu wissen, wo ich eigentlich war. Die Sonne ging bereits am Horizont auf, und ich war noch immer im steinigen Nirgendwo, weit entfernt von jeglicher Zivilisation, wie es den Anschein machte.

Gegen sechs Uhr erreichte ich endlich ein anderes Dorf. Die ersten Teehäuser gingen auf, und obwohl ich mir keine großen Hoffnungen machte, den Schlepper je zu finden, erkundigte ich mich bei allen Dorfbewohnern nach ihm. Ich ging in die Bäckerei, den Friseursalon, die Autowerkstatt. Niemand kannte einen gewissen Hamid, der im Im- und Export tätig war. Woher auch. Ich war ja sowieso am falschen Ort. Schließlich fragte ich einen Taxifahrer, und mein Erstaunen war groß, als der Mann tatsächlich wusste, wen ich meinte! Gott sei Dank! Ich war gerettet!

Der Taxifahrer fuhr mich zu ihm, und Hamid fiel aus allen Wolken, als ich erschöpft, hungrig und mit staubiger Kleidung vor seiner Tür auftauchte. Er hatte mich nur deswegen bei Husseim einquartiert, weil er selbst Frau und Kind hatte und es sich daher offenbar nicht geziemte, einen Junggesellen, der nicht zur Verwandtschaft gehörte, über Nacht zu beherbergen. Und wegen dieser blöden Regel wäre ich beinahe von einem Mann missbraucht worden.

Hamid war untröstlich, als ich ihm die ganze Situation schilderte. Er entschuldigte sich tausendmal für seinen Bruder und beschwor mich gleichzeitig, niemandem etwas davon zu sagen, um seine Familienehre nicht in den Schmutz zu ziehen.

»Ich werde mit ihm abrechnen, sobald du in der Türkei bist. Darauf hast du mein Wort«, versicherte er mir. »Jetzt nimm erst mal eine Dusche und danach frühstücken wir. Heute bleibst du hier und ruhst dich aus, und heute Abend schmuggeln wir dich rüber wie vereinbart. Es wird alles klappen, du wirst sehen.«

Ich konnte nur hoffen, dass er recht hatte. Denn für noch so eine böse Überraschung hatte ich die Nerven nicht mehr. Doch es lief alles wie am Schnürchen. Wir fuhren zur Grenze und warteten, bis die Leute von der Geheimpolizei zum Abendessen gingen. Dann betrat ich den iranischen Zoll, Hamids Verwandter gab mir meinen Ausreisestempel, ich passierte den türkischen Zoll, erhielt meinen Einreisestempel, und schon war ich in der Türkei. Die erste Hürde war geschafft. An Aufatmen war deswegen aber noch lange nicht zu denken.

Ich fuhr mit dem Bus nach Istanbul, wo ich mir ein billiges Hotelzimmer nahm, um auf meinen Bruder und seine Frau zu warten. Sie kamen ein paar Tage später, und wir flogen gemeinsam weiter nach Sarajevo. Eigentlich hätte die Einreise nach Sarajevo kein Problem sein dürfen, denn für Bosnien brauchten wir kein Visum. Es bestand also kein Grund zur Sorge, und wir stellten uns nach der Landung unbekümmert in die Schlange vor der Passkontrolle und warteten darauf, von einem der Zollbeamten aufgerufen zu werden.

Wie ich so in der Reihe stand, fiel mir plötzlich ein deutscher KFOR-Soldat auf, der einen Dobermann an der Leine führte und mich seltsamerweise nicht aus den Augen ließ. Die KFOR, Kosovo Force, bestand aus Soldaten von 37 Nationen und war für den Wiederaufbau des Kosovo zuständig. Die Soldaten wurden aber auch in anderen Bereichen eingesetzt, und einige von ihnen waren in Sarajevo stationiert und halfen unter anderem den einheimischen Zollbeamten am Flughafen. Warum mich dieser eine Soldat allerdings so scharf beobachtete, war mir ein Rätsel. Er machte mich nervös. Was um alles in der Welt wollte der von mir? Ich versuchte, ihn zu ignorieren und mich ganz normal zu verhalten. Aber aus den Augenwinkeln sah ich ihn noch immer zu mir herüberstarren, gerade so, als würde er glauben, ich hätte eine Bombe in meinem Handgepäck versteckt. Er schien irgendetwas zu spüren, und mein Herzschlag wurde immer heftiger.

Ich war der Nächste, der zur Passkontrolle gewunken wurde.

Äußerlich ruhig und gelassen, innerlich total nervös, legte ich meinen Pass auf den Tresen, als plötzlich dieser deutsche Soldat von rechts auftauchte und sich den Pass kurzerhand unter den Nagel riss. Ich wusste, dass ich nichts zu befürchten hatte. Mein Pass war vor meiner Abschiebung vom iranischen Konsulat in München ausgestellt worden und völlig in Ordnung. Der Soldat betrachtete jedoch den Stempel des Konsulats und musterte mich skeptisch.

»Sprechen Sie deutsch?«

»Ja, ich spreche deutsch«, sagte ich.

»Sie sprechen aber ziemlich gut deutsch«, meinte der KFOR-Soldat, während er den Pass Seite für Seite durchblätterte. »Ziemlich ungewöhnlich für jemanden, der kein Visum für Deutschland hat. Wo wollen Sie hin?«

»Ich mache hier Urlaub.«

Der Soldat zog den linken Mundwinkel zu einem zynischen Grinsen hoch. »Urlaub, ja? Hören Sie auf mit dem Schwachsinn. Glauben Sie, Sie sind der erste Iraner, der Bosnien als Sprungbrett für eine illegale Einwanderung nach Europa nutzen möchte?«

»Es tut mir leid, ich weiß nicht, wovon Sie reden«, sagte ich und setzte meine Unschuldsmiene auf.

»Wissen Sie nicht, nein?« Er baute sich bedrohlich vor mir auf. »Ich weiß genau, was Sie im Schilde führen. Sie wollen nach Deutschland, um dort auf Kosten unseres Sozialstaates zu leben.«

»Das ist nicht wahr!«, protestierte ich. »Ich bin hier, um Urlaub zu machen!«

»Sind Sie nicht«, entgegnete der Soldat kalt. »Ich lass Sie nicht rein.«

»Was?!!!« Jetzt war es vorbei mit meiner gespielten Ruhe. »Ich hab Ihnen nichts getan!«, rief ich empört. »Und falls es Sie interessieren sollte, meine ganze Familie lebt in Deutschland. Ich hab selbst jahrelang dort gelebt und keine *einzige* Mark Sozialhilfe beantragt! Nur, weil ich Iraner bin, ziehen Sie all diese absurden Schlüsse über mich. An meinem Pass ist nicht das Geringste auszusetzen! Also *müssen* Sie mich reinlassen!«

»Ich muss gar nichts«, sagte der Soldat und genoss es, mit seiner

Macht zu spielen. »Mit dem nächsten Flug schicke ich Sie zurück nach Istanbul. Dort wird Ihr Pass der türkischen Polizei übergeben. Ich werde persönlich dafür sorgen, dass Sie wieder in den Iran abgeschoben werden. Nach Bosnien kommen Sie jedenfalls *nicht* rein!«

Jetzt mischte sich auch mein Bruder in die hitzige Diskussion ein, nachdem ich ihm auf Persisch erklärt hatte, worum es ging.

»Das ist ja wohl die Höhe!«, schimpfte er und begann zu fluchen und dem Soldaten mithilfe meiner Übersetzung die schlimmsten Vorwürfe an den Kopf zu werfen. Das war natürlich ziemlich dumm von ihm. Zwei Stunden später saßen wir somit zu dritt in derselben Maschine, mit der wir gekommen waren, und flogen zurück nach Istanbul. Dort wurden wir von der türkischen Polizei in Empfang genommen und mussten pro Nase 700 Dollar für den ungewollten Rückflug nach Teheran bezahlen. Hätten wir uns geweigert, wären wir ins Gefängnis gekommen, so drohten uns die Polizisten.

»Und damit Sie nicht auf die Idee kommen, sich klammheimlich aus dem Staub zu machen«, erklärten sie uns außerdem, »bleiben Ihre Pässe erst mal bei uns. Sie werden sie wiederkriegen, sobald Sie in Teheran gelandet sind. Ihr Flug geht in fünf Stunden. Wir wünschen Ihnen einen angenehmen Aufenthalt in der Transithalle.«

Barzin war noch immer ziemlich aufgebracht von der Unverschämtheit, dass man uns einfach wieder in den Iran zurückschickte. Mariam trug das Ganze mit Fassung. Und ich, ich war total fertig. Ich wollte nicht zurück in den Iran. Warum hatte es dieser verfluchte KFOR-Soldat bloß auf mich abgesehen? Es waren bestimmt noch ein Dutzend andere Iraner in dem Flugzeug gewesen. Er hätte sich jeden x-Beliebigen herauspicken können. Aber nein, er musste ausgerechnet *mich* anhalten und *meinen* Pass kontrollieren. Und hier saß ich nun in der Transithalle auf dem Flughafen in Istanbul und wartete darauf, zum zweiten Mal innerhalb eines halben Jahres in den Iran abgeschoben zu werden.

Aber das eigentliche Problem war nicht die Abschiebung, sondern der fehlende grüne Stempel in meinem Pass, der bewies, dass ich den Iran auf illegalem Weg verlassen hatte. Wie vertrackt meine Situation wirklich war, wurde mir erst klar, als ich den Schlepper anrief, um zu fragen, ob er bereit wäre, mich ein zweites Mal aus dem Iran zu schleusen. Mein Anruf warf ihn total aus der Bahn.

»*Was* ist geschehen?! Sie schieben dich in den Iran ab?! Um Himmels willen, du darfst auf keinen Fall zurück in den Iran kommen! Hörst du?! Du bist ein toter Mann, wenn sie dich an der Grenze erwischen, und ich gleich mit!«

»Aber ich kann nichts dagegen tun!«, entschuldigte ich mich mit einem leichten Zittern in der Stimme. »Die haben meinen Pass, verstehst du? Ich sitze hier in der Transithalle in Istanbul fest. Mein Flug geht bereits in drei Stunden.«

Hamid kriegte am anderen Drahtende die volle Krise. »Ist dir klar, was die mit dir machen, wenn sie sehen, dass du trotz fehlendem Militärstempel einen Ausreisestempel hast? Die werden dich so lange foltern, bis du ihnen sagst, wer dir dabei geholfen hat, das Land zu verlassen. Und glaub mir, die iranischen Folterknechte verstehen ihr Handwerk. Frag deinen Bruder, was für Methoden wir damals im Kriegsgefangenenlager anwandten, um die irakischen Gefangenen zum Reden zu bringen.«

Mir wurde leicht schwindelig. Als kleiner Junge hatte ich genügend Kostproben dieser brutalen Kunst erhalten. Und damals war ich nur ein Kind gewesen. Mit Schrecken wurde mir bewusst, dass ich den Ernst der Lage völlig unterschätzt hatte. Aber was sollte ich denn tun?

»Bitte, Farzad, ich flehe dich an! Ich habe Frau und Kind! Bitte komm nicht in den Iran zurück!«, beschwor mich der Schlepper, und ich merkte, dass er den Tränen nahe war. »Oder es ist unser beider Verderben!«

Seine Worte trieben mir den Schweiß auf die Stirn. Ich erzählte Barzin, was mir Hamid am Telefon gesagt hatte, doch er beruhigte mich und meinte, die würden am Zoll bestimmt keinen Blick auf die letzte Seite meines Passes werfen.

»Sei unbesorgt, zu der frühen Morgenstunde, in der wir in Teheran landen, sind die Zollbeamten viel zu müde, um die Pässe genauer unter die Lupe zu nehmen. Die werden dir keine Probleme machen, du wirst sehen.«

Ich hätte ihm zu gerne geglaubt. Aber nach allem, was bisher schiefgelaufen war, rechnete ich mit dem Schlimmsten. Auf dem Flug nach Teheran war ich ein einziges Nervenbündel. Ich sah mich bereits kopfüber von der Decke hängen bis zur Bewusstlosigkeit oder am ganzen Körper mit Kabeln ausgepeitscht. Ich würde es nicht überleben, da war ich mir sicher. Wenn sie mich am Zoll erwischten, war das mein Ende. Und dieser Gedanke brachte mich beinahe um den Verstand.

Zu meiner großen Erleichterung passierte ich den Zoll ohne Schwierigkeiten. Kaum im Iran angekommen, organisierten wir Fluchtversuch Nummer zwei. Meine Familie schickte uns nochmals Geld, und schon wenige Wochen später trafen sich mein Bruder, meine Schwägerin und ich erneut in Istanbul. Diesmal beschlossen wir, dass ich mit einem gefälschten Pass reisen sollte. Immerhin war es gut möglich, dass mein Name seit dem letzten Vorfall im Computer gespeichert war und ich damit nicht mehr durchkäme. Ein afghanischer Hotelgast, der ebenfalls nach Europa reisen wollte, riet uns aber dringend davon ab.

»Ich würde es nicht riskieren. Der Flughafen von Istanbul ist mit den modernsten Dokumentenprüfgeräten der Welt ausgestattet. Die erkennen einen falschen Pass im Handumdrehen.«

Wir schlugen seine Warnungen in den Wind und machten uns trotzdem auf die Suche nach einem Passfälscher, was erstaunlich einfach war. Für 600 Dollar ließ ich mir einen falschen Pass anfertigen, und eine Woche später standen wir also erneut am Flughafen Atatürk in der Schlange vor dem Zoll. Das Ganze kam mir vor wie ein Déjà-vu. Wir vereinbarten, uns vorsichtshalber nicht in dieselbe Reihe zu stellen.

»Falls etwas schiefläuft, geht ihr einfach weiter und tut so, als würdet ihr mich nicht kennen«, schärfte ich Barzin ein. »Lasst euch meinetwegen unter keinen Umständen aufhalten, okay?«

Barzin versprach es mir. »Viel Glück, Bruder«, sagte er. »Wir sehen uns hinter der Passkontrolle.«

Wir umarmten uns kurz, dann reihten wir uns unabhängig voneinander in je eine der zehn Warteschlangen vor den grauen Zollkabinen ein. Mein Herz schlug mir bis zum Hals, als der Zollbeamte von Kabine 7 mich mit einer flüchtigen Armbewegung zu sich winkte. Ich reichte ihm meinen Pass, und er hielt ihn routinemäßig unter ein blaues UV-Licht. Für meinen Geschmack etwas zu lange betrachtete er den Pass und ließ seinen Blick mehrmals zwischen mir und meinem Pass hin- und hergleiten. Mein Rücken war patschnass vor lauter Bammel. Der Beamte schaute mir direkt in die Augen, warf meinen Pass achtlos zur Seite und zeigte mit dem Finger zur Seite.

»Stehen bleiben! Dort!«

Mir rutschte das Herz in die Hose. Mit weichen Knien taumelte ich zur Wand, während Barzin und Mariam gerade ihren Ausreisestempel erhielten und mir einen besorgten Blick zuwarfen. Ich gab ihnen mit den Augen zu verstehen, sie sollten gehen, bevor man sie am Ende noch mit mir in Verbindung brachte und wir wieder zu dritt in der Klemme steckten. Es fiel ihnen gar nicht leicht, mich einfach so zurückzulassen, ohne ein Wort des Abschieds und ohne zu wissen, was mit mir geschehen würde. Aber sie taten es, und nachdem sie aus meinem Blickfeld verschwunden waren, überkam mich ein elendes Gefühl von Verlassenheit. Jetzt war ich auf mich allein gestellt.

26 Üble Konsequenzen

Der Zollbeamte führte ein kurzes Telefongespräch, und ein paar Minuten später kamen vier türkische Polizisten, nahmen mich ziemlich grob in ihre Mitte und brachten mich auf die Polizeistation des Flughafens. Dort sperrten sie mich in einen großen Raum, in welchem sich zu meinem Erstaunen bereits 50 bis 60 weitere Iraner befanden.

»Weswegen seid ihr hier?«, fragte ich einen von ihnen.

»Die behaupten, unsere Pässe wären gefälscht«, gab mir ein bärtiger Mann um die vierzig Auskunft. »Und du?«

»Dasselbe«, sagte ich niedergeschlagen.

»Und? Ist dein Pass gefälscht?«

»Nein«, antwortete ich, da ich es für weiser hielt, niemandem zu trauen. »Mein Pass ist echt.«

»Dann hast du ja nichts zu befürchten«, meinte der Iraner. »Wenn der Irrtum geklärt ist, fliegen wir alle noch heute auf Staatskosten nach Sarajevo.«

Ich nickte schwach und hoffte bloß, dass mein gefälschter Pass einer genauen Prüfung standhalten würde. Sonst wäre ich geliefert.

Nachdem ich über eine Stunde in dem stickigen Raum gewartet hatte, wurde ich in einen anderen Raum gebracht. Zwei uniformierte Polizeibeamte saßen mit meinem Pass hinter einem Tisch und deuteten auf einen Stuhl, der ungefähr einen Meter vom Tisch entfernt war. Ich setzte mich.

»Do you speak English?«, fragte ich sie, während sie in meinem Pass blätterten. »Deutsch?«

»No«, sagten die Beamten und schüttelten den Kopf.

Ich versuchte mein Glück trotzdem, denn ich war mir ziemlich sicher, dass die Polizisten bestechlich waren. »Please, I give you money, please! Ich gebe Ihnen Geld. Bitte lassen Sie mich gehen. Please let me go!«

»Okay«, stieg einer der beiden prompt darauf ein und machte mir in gebrochenem Englisch sein Angebot: »Tenthousand Dollar.«

»Zehntausend Dollar?!« Ich dachte, er mache einen Scherz, aber er wiederholte die Zahl, ohne eine Miene zu verziehen.

»Ich habe 2 000 Mark«, sagte ich. »Das ist alles, was ich habe. Sie können es haben. Aber bitte, please! Let me go! Bitte!«

»Sus lan!«, fauchte der Größere der beiden. Ich verstand zwar kein Türkisch, aber seiner Mimik nach zu urteilen, hieß es wohl, ich solle den Mund halten.

Die zwei unterhielten sich eine Weile miteinander, dann wandte sich mir der Kleinere zu und erklärte mir in schlechtem Deutsch: »Dein Pass gehen nach Ankara. Kriminaltechnisches Labor. Dort überprüfen, ob gefälscht oder nicht gefälscht. Dauern drei Tage. Diese drei Tage du in Arrest. Wenn Pass echt, du fliegen nach Sarajevo. Wenn nicht, du haben große Probleme. Du verstehen?«

»Ja, ich verstehe«, murmelte ich.

Nach einer weiteren Stunde Warten begleitete mich ein einzelner Polizist durch das Flughafengelände, um mich ins Flughafengefängnis zu bringen. Hätte ich auch nur geahnt, was für eine schreckliche Zeit der Folter und Qualen mir bevorstand, ich wäre niemals freiwillig mit dem Beamten mitgegangen. Ich hätte meinen Rucksack fallen gelassen und wäre um mein Leben gerannt. Wie konnte ich nur so naiv sein zu glauben, mein gefälschter Pass würde sich plötzlich auf wundersame Weise als echt herausstellen? Wie konnte ich glauben, sie würden mich einfach wieder laufen lassen? Warum nur habe ich meine Chance zur Flucht nicht genützt? Ich trug nicht mal Handschellen! Ich hätte einfach davonlaufen können! Stattdessen trottete ich brav neben dem Polizisten her und ließ mich von ihm direkt in die Höhle des Löwen geleiten.

Im Gefängnis wurde ich von zwei Polizisten in Empfang genommen. Der eine durchwühlte meinen Rucksack, der andere führte eine Leibesvisitation durch.

»Do you speak English?«, fragte ich den Polizisten, der mich abtastete.

»No«, sagte er.

»Sprechen Sie Deutsch?«

Er nickte. »Ein bisschen.«

»Was passiert mit mir?«

»Ich nix wissen«, entgegnete er.

»Bitte«, sagte ich. »Wie lange muss ich hierbleiben?«

»Ich nix wissen.«

»Darf ich wenigstens einen Anruf machen?«

»No.«

»Bitte lassen Sie mich mit meiner Familie telefonieren!«

»No!«

Mein Blick fiel auf vier riesengroße Poster an der Wand. Es waren Informationsblätter in Englisch, Deutsch, Französisch und Türkisch.

SIE SIND VERHAFTET WORDEN, stand in großen Buchstaben auf dem deutschen Plakat. Darunter waren mehrere Punkte aufgeführt. Es hieß unter anderem, ich hätte das Recht, einen Anwalt zu konsultieren sowie das Recht auf ein Telefongespräch, um meine Familie zu benachrichtigen. Aufgeregt zeigte ich auf Punkt Nummer zwei und sagte dem Polizisten: »Da steht es doch! Ich Telefon! Bitte! Da! Punkt Nummer zwei, ich Telefon!«

»Sus lan!«, zischte der Mann, und sein Kollege trat von hinten an mich heran und schlug mir mit der Hand auf den Hinterkopf.

»Du in einem türkischen Gefängnis!«, wies er mich scharf zurecht. »Hier keine Rechte, kapiert?! Du Klappe halten! Sus lan!«

Ich gehorchte und hielt den Mund. Dass in der Türkei immer wieder gravierende Menschenrechtsverletzungen begangen werden, hatte ich ja schon oft gehört. Aber selbst ein Opfer davon zu werden, war eine komplett neue und alles andere als angenehme Erfahrung. Und das war leider noch gar nichts im Vergleich zu dem, was kommen sollte ...

Ich wurde in den unteren Stock gebracht, welcher mit drei Räumen ausgestattet war. Sie steckten mich zu zwei Iranern und einem Türken in die Zelle.

»Und?«, wollte Ali, einer der beiden Iraner, gleich wissen, nachdem wir uns gegenseitig vorgestellt hatten. »Ist dein Pass falsch?«

»Nein«, beharrte ich auf meiner Lüge. »Mein Pass ist echt.«

Die Zeit verstrich, und ich hoffte vergeblich darauf, dass wir im Lauf des Nachmittags wenigstens mit Wasser und Brot verköstigt würden. Ali hatte ein paar Datteln in der Hosentasche und teilte sie mit mir.

»Iss nicht alle auf einmal«, riet er mir. »Wer weiß, wann wir das nächste Mal etwas zu essen kriegen.«

Ich befolgte seinen Rat und aß nur eine einzige Dattel. Die anderen hob ich mir für später auf.

Der Raum, in dem wir uns befanden, war feucht und fensterlos. Es gab eine einzige Pritsche, die der Türke bereits für sich in Beschlag genommen hatte. Für uns Iraner blieb nur der nackte Boden, um sich hinzusetzen. Es war fürchterlich kalt, und mich fröstelte in meinem T-Shirt. Ich schlüpfte mit meinen Armen unter den dünnen Stoff, um mich mit meiner eigenen Körpertemperatur einigermaßen warm zu halten, aber es brachte nicht viel. Ich schlotterte trotzdem weiter. Schließlich lieh mir Ali einen Pullover, wofür ich ihm unsäglich dankbar war.

Ich legte mich auf den feuchten Boden und versuchte, etwas zu schlafen. Aber schon nach wenigen Minuten spürte ich ein unangenehmes Kitzeln auf meiner Wange. Jäh sprang ich auf und schlug mir mit den Händen ins Gesicht, bis das Viech, eine riesige, acht Zentimeter lange Kakerlake, von mir abfiel. Erst jetzt sah ich, dass noch mehr von diesen abscheulichen Biestern auf dem Boden herumkrabbelten. Aus Angst, die Dinger könnten mir im Schlaf in Nase oder Ohren kriechen, legte ich mich nicht mehr hin und lief stattdessen die ganze Nacht in der Zelle hin und her.

Am nächsten Tag kriegten wir wieder nichts zu essen und ich genehmigte mir die zweite Dattel. Es gab auch ein Klo, draußen auf dem Flur. Wie im Iran handelte es sich dabei lediglich um ein Loch im Boden. Der Gestank war bestialisch, und aus der Kanalisation krochen Kakerlaken heraus, die sogar fliegen konnten. So etwas Ekelhaftes hatte ich in meinem Leben noch nicht gesehen. Unnötig zu erwähnen, dass ich fortan meinen Gang auf die Toilette auf ein Minimum beschränkte.

Im Verlauf der nächsten zwei Tage wurden immer mehr Leute in unsere Zelle gestopft, bis wir uns den miefenden Raum zu zehnt teilen mussten. Dann, am Abend des dritten Tages, kam ein Polizist mit einer Menge Papiere in der Hand und sagte, die Resultate aus Ankara wären eingetroffen. Ich flehte zu Gott, dass das Ergebnis positiv wäre und ich endlich hier rauskäme.

Der Polizist redete auf Türkisch, und einer der Iraner übersetzte ihn.

»Ich werde jetzt diejenigen nennen, deren Pässe in Ordnung sind«, verkündete der Beamte. »Alle, die auf der Liste stehen, stellen sich auf die rechte Seite der Zelle.«

Er verlas die Namen der Glücklichen, und jeder, der aufgerufen wurde, stieß einen Seufzer der Erleichterung aus. Auch Ali durfte sich zu den Privilegierten zählen, deren Tortur hiermit offiziell beendet war. Ich nicht. Und obwohl ich hätte wissen müssen, dass mein gefälschter Pass sich nicht über Nacht in einen echten verwandeln würde, brach für mich eine Welt zusammen.

Ali sah mich verständnislos an, während einer der Gefängniswärter die Zelle aufschloss. »Aber du hast doch gesagt, dein Pass wäre echt!«

»Ist er auch«, sagte ich.

»Warum stand dein Name dann nicht auf der Liste?«

»Ich weiß es nicht«, antwortete ich ihm achselzuckend.

»Hier«, sagte er und drückte mir im Vorbeigehen die restlichen Datteln in die Hand. »Teil sie dir gut ein. Ach, und den Pullover kannst du behalten. Viel Glück.«

Ich bedankte mich bei ihm, und nachdem er und die anderen die Zelle verlassen hatten und die Gittertür wieder einrastete, hockte ich mich in eine Ecke, schlang die Arme um meine angewinkelten Beine und kämpfte gegen die Tränen an, die in mir aufsteigen wollten. Ich fühlte mich elend. Mein letztes Stückchen Hoffnung, an das ich mich so fieberhaft geklammert hatte, war mir wie Sand zwischen den Fingern zerronnen. Ich erinnerte mich an das Verhör am Flughafen, als der eine der Polizisten gesagt hatte, ich würde große Probleme kriegen, wenn sich herausstellen sollte, dass mein Pass gefälscht war. Was bedeutete das? Was würden sie mit mir tun? Sie konnten mich nicht ewig hier festhalten. Oder etwa doch?

Wieder verbrachte ich eine Nacht im Kampf gegen die Kakerlaken und ohne auch nur eine einzige Stunde Schlaf. Dann endlich, am Morgen des vierten Tages, wurde ich zusammen mit den anderen Gefangenen aus der Zelle geholt und wie ein Schwerverbrecher in Hand- und Fußschellen nach draußen gebracht. Das helle Tageslicht blendete meine Augen. Immerhin hatte ich vier Tage in diesem dunklen Kellerloch verbracht und die Sonne nicht gesehen. Die frische Luft einzuatmen war eine wahre Wohltat nach dem Mief in unserer überfüllten Zelle. Ich sehnte mich nach einer Dusche und danach, meine Kleider zu wechseln. Zudem nagte der Hunger an meinen Eingeweiden, denn die ganzen vier Tage hatte man uns nichts zu essen gegeben. Ich hatte mich einzig von den Datteln ernährt und Leitungswasser getrunken.

Man verfrachtete uns zu neunt in einen Minivan.

»Was geschieht jetzt mit uns?«, erkundigte ich mich bei einem der Iraner, der Türkisch sprach. »Wo bringen sie uns hin?«

»Zum Gerichtsgebäude«, gab mir mein Landsmann Auskunft. »Wir werden dem Richter vorgeführt. Der wird darüber entscheiden, ob wir gleich abgeschoben werden oder ob es erst zu einem Gerichtsverfahren kommt.«

Auf der ganzen Fahrt quer durch die Stadt überlegte ich mir Wort für Wort, was ich dem Richter sagen würde, damit er mich nicht ins Gefängnis zurückschickte. Ich hätte ihm sogar die Füße geküsst, um sein Mitgefühl zu gewinnen. Ich war bereit, alles zu tun, wenn ich nur nicht mehr an diesen schrecklichen Ort zurückmusste. In Gedanken kratzte ich meinen gesamten spärlichen Englischwortschatz zusammen, um den Richter um Gnade anzuflehen. Er musste mich einfach anhören. Oder ich würde dort unten in der muffigen Dunkelheit qualvoll vermodern.

Wir erreichten das Gerichtsgebäude, und der Polizist auf dem Beifahrersitz stieg mit einem ganzen Stapel voller Akten aus und verschwand im Gebäude.

»Was hat das zu bedeuten?«, fragte ich neugierig.

Derselbe Iraner, der mir schon vorher Auskunft gegeben hatte, mutmaßte: »Wahrscheinlich bringt er die ganzen Dossiers dem Richter. Und dann holen sie einen nach dem anderen zur Verhandlung rein.«

Das ergab Sinn. Wir saßen also wie die Sardinen in der Büchse und warteten darauf, einzeln ins Gebäude gerufen zu werden. Drei Stunden saßen wir da, ohne dass etwas geschah. Es war ein knallheißer Tag. Die Sonne brannte auf das Dach des Minivans herunter, und wir schwitzten wie in einer Sauna. Einer der Iraner, der ebenfalls ein wenig Türkisch konnte, klopfte an die Scheibe hinter der Fahrerkabine.

»Lüften, lüften!«, sagte er. »Bitte! Geben Sie uns Wasser! Wir zahlen Ihnen zwanzig Dollar. Bitte gehen Sie zum Kiosk dort drüben und kaufen uns Wasser. Wir verdursten hier. Bitte! Lüften!«

»Sus lan!«, schnaubte uns der Polizist an und warf uns einen düsteren Blick zu.

Ich hatte das Gefühl, bei lebendigem Leibe geröstet zu werden. Der Schweiß tropfte mir nur so von der Stirn und mein T-Shirt klebte mir auf der Haut. Die Hitze war wirklich unerträglich, aber der Polizist ließ sich trotzdem nicht erbarmen und gönnte uns keinen einzigen Schluck Wasser. Wir warteten und warteten. Irgendwann kam der zweite Polizist wieder aus dem Gerichtsgebäude gelaufen, nahm auf dem Beifahrersitz Platz und begann, uns zugewandt, irgendetwas auf Türkisch vorzulesen.

»Was sagt er? Was sagt er?«, erkundigte ich mich nervös bei meinem Sitznachbarn und stupste ihn mit dem Ellbogen in die Seite.

Seine Antwort traf mich wie ein Blitzschlag. »Er verliest die Urteile. Wir sind ... wir sind alle verurteilt worden.«

»Was?!!!«, rief ich entsetzt, und auch bei den anderen machte sich Panik breit. »Wir haben nicht mal einen Richter gesehen! Die können uns doch nicht verurteilen, ohne dass wir die Möglichkeit hatten, uns zu verteidigen!«

»Schsch!«, machte mein Nachbar und wedelte mit der Hand in der Luft herum. »Seid still! Sonst versteh ich nicht, was er sagt!«

Aber es war schier ein Ding der Unmöglichkeit, die Gruppe nach dieser schockierenden Neuigkeit ruhig zu halten. Mir blieb ganz einfach die Luft weg. Ich konnte es nicht glauben! Der Richter hatte uns verurteilt, ohne auch nur mit uns gesprochen zu haben! Wie war so etwas möglich? Was für ein unmenschlicher Staat gab einem Gefangenen nicht einmal die Chance, sich zu rechtfertigen?!

»Wie lautet denn nun das Urteil?«, fragte einer der Iraner, nachdem der Polizist sich wieder nach vorne gedreht und der Kleinbus sich in Bewegung gesetzt hatte. Mein Sitznachbar teilte es uns mit.

»Diejenigen, die zugegeben haben, dass ihre Pässe gefälscht sind, wurden zu sechs Monaten Haft verurteilt mit anschließender Abschiebung. Diejenigen, die behauptet haben, ihre Pässe wären echt, werden noch heute in ein Abschiebungsgefängnis überführt und bei der nächsten Gelegenheit in den Iran abgeschoben.«

Das Urteil entbehrte jeder Logik, da die Geständigen offenbar härter bestraft wurden als die Ungeständigen. Aber das änderte nichts an der Tatsache, dass sie mich in den Iran abschieben würden. Ich war am Boden zerstört. Meine Augen füllten sich mit Tränen.

Gott, wo bin ich hier?, dachte ich. *Wo bin ich hier? Was soll denn jetzt aus mir werden?! Ich kann nicht zurück in den Iran! Die foltern mich zu Tode! Was mach ich denn bloß? Was um Gottes willen mach ich denn jetzt?!*

Nach einer längeren Fahrt quer durch Istanbul erreichten wir einen mehrstöckigen Gefängniskomplex. Als wir das Gebäude betraten und von unseren Hand- und Fußfesseln befreit wurden, ahnte ich nicht, dass dies für viele Wochen das letzte Mal sein würde, dass ich das Sonnenlicht sah ...

27 Die Spielregeln der Hölle

Zwei Gefängniswärter führten uns in die unteren Stockwerke, die sehr stark an Katakomben erinnerten. Über dem Eingang war eine Tafel angebracht, auf welcher geschrieben stand: »Allah Yok«, was, wie mir später erklärt wurde, bedeutet: »Hier gibt es keinen Gott«. Sie öffneten die Tür, und ein bestialischer Gestank wallte uns entgegen. Nie zuvor und auch nie wieder danach habe ich etwas derartig Penetrantes gerochen. Wenn ich gedacht hatte, die katastrophalen Zustände im Flughafengefängnis wären die menschenunwürdigsten gewesen, die ich je zu Gesicht bekäme, so wurde ich hier eines Besseren belehrt.

Vor mir befand sich eine Art Raubtierkäfig, fensterlos, düster, auf drei Seiten mit grauen Betonwänden, an der Vorderseite mit dicken blau gestrichenen Gitterstäben versehen. Die Zelle war nicht größer als 25 bis 30 Quadratmeter, und es waren ungefähr achtzig Leute darin eingepfercht. Es war so eng in dem Käfig, dass die meisten Gefangenen nicht einmal in die Hocke gehen konnten. Der Raum platzte aus allen Nähten, und es gab gerade mal zwei Pritschen für alle. Ich sah Asiaten, Afrikaner, Araber, Mongolen, Afghanen – Männer aus den unterschiedlichsten Völkergruppen.

»Wo sind wir hier? Was ist das?«, flüsterte ich dem Iraner zu, der gleich neben mir stand.

»Ich glaube, hier müssen wir warten, bis wir abgeschoben werden«, entgegnete er.

»Hier?! Das kann doch unmöglich deren Ernst sein!«, hauchte ich schockiert zurück. »Die stehen ja dichter beisammen als bei einem Rockkonzert!«

Wir wurden in den Käfig reingeschoben. Außer unserer Zelle gab es noch zwei weitere in dem feuchten Kellergewölbe, erfuhr ich später. Rechts von uns war ein kleiner Raum für die Ehefrauen, und etwas weiter hinten war ein Trakt für Unverheiratete und osteuropäische Prostituierte, die man auf der Straße aufgegriffen hatte.

Meine Nase begann sich nur langsam an den fürchterlichen Gestank zu gewöhnen.

»Aus welchem Land kommst du?«, fragte mich ein Dunkelfarbiger mit ungepflegtem Bart.

»Aus dem Iran«, antwortete ich, worauf der Mann über die Köpfe der Gefangenen hinweg deutete und sagte: »Die Iraner sind da drüben.«

Ich kämpfte mich zu meinen Landsleuten durch und wurde von allen herzlich begrüßt.

»Und? War dein Pass auch gefälscht?«, wollten sie wissen.

Ich sah keinen Grund mehr zu lügen. »Ja«, seufzte ich. »Mein Pass war auch gefälscht.« »Mach dir keine Sorgen«, trösteten sie mich. »Es wird alles wieder gut.«

Ihr habt ja keine Ahnung, dachte ich bei mir selbst.

»Wie lange müssen wir denn hierbleiben?«, erkundigte ich mich.

»Das ist schwer zu sagen«, erklärten sie mir. »Zwischen einer Woche und sechs Monaten ist so ziemlich alles möglich.«

»Sechs Monate?«, rief ich entgeistert. »In diesem Raum?! Gibt es wenigstens irgendwo eine Dusche?«

Sie schüttelten den Kopf. »Nein. Es gibt eine Toilette, mehr nicht.«

»Heißt das etwa, es gibt hier drin welche, die seit *sechs* Monaten nicht mehr geduscht haben?«

»Ja, unser Architekt zum Beispiel. Wir nennen ihn hier den Professor«, sagten sie und schoben einen älteren Mann mit einem riesigen, verwilderten Bart vor. Er reichte mir seine Hand, und ich konnte die Dreckkruste förmlich spüren. Er muss abartig gestunken haben, aber ich nahm den Mief schon gar nicht mehr wahr.

»Warum sind Sie noch nicht abgeschoben worden?«, fragte ich ihn.

»Im Iran wartet die Todesstrafe auf mich«, war seine erschreckende Antwort. »Deswegen ziehe ich es vor, hierzubleiben.«

»Was haben Sie getan?«

»Betrug in Milliardenhöhe«, gab er mir bereitwillig Auskunft, obwohl ich ihn eben erst kennengelernt hatte. »Ich hab meine ganze

Familie rechtzeitig nach Kanada geschickt und wollte mit einem falschen Pass nachreisen. Da haben sie mich erwischt. Tja. Jetzt bleib ich halt hier. Immer noch besser als gelyncht zu werden, findest du nicht?«

Ich wusste nicht, was ich darauf sagen sollte. Die Vorstellung, auch nur einen Monat, eine Woche, ja einen einzigen Tag hier drinnen ausharren zu müssen, ließ mir einen kalten Schauer über den Rücken laufen. Und dieser Mann saß schon sechs Monate hier fest. Sechs Monate! Ich musste daran denken, was *mich* erwartete, wenn ich in den Iran abgeschoben würde. Mir wurde schlecht bei dem Gedanken. Ich konnte es drehen und wenden, wie ich es wollte: Ich war so oder so verloren.

»Wie ist das eigentlich mit dem Essen?«, fragte ich meine iranischen Zellengenossen. »Wie viele Mahlzeiten gibt es am Tag?«

Die Iraner begannen zu lachen. Der Professor, dessen Zähne von einem abstoßend gelben Belag überzogen waren, klärte mich auf. »Wenn du Geld hast, mein Junge, dann lebst du. Und wenn du kein Geld hast, dann stirbst du.«

»Wie soll ich das verstehen?«, hakte ich nach, und ein ungutes Gefühl beschlich mich dabei.

Er klopfte mir auf die Schulter. »Du wirst es sehen«, sagte er einfach, ohne meine Frage damit beantwortet zu haben. »Ach, und wo wir schon dabei sind: Da gibt es noch ein paar andere Dinge, die du wissen solltest.« Er deutete zwischen den Gefangenen hindurch Richtung Gitter. Auf dem Flur befand sich ein Schreibtisch, und dahinter saß ein Polizist, der von seinem Platz aus den gesamten Käfig überwachen konnte.

»Sprich den Wärter niemals direkt an oder du kriegst Prügel«, schärfte mir der Professor ein. »Du kannst dir gar nicht vorstellen, wofür man alles Prügel bezieht. Ich hab hier Dinge gesehen, da stehen dir die Haare zu Berge. Also keine Gespräche mit dem Polizisten.«

»Und wenn ich auf die Toilette muss?«, fragte ich.

»Dann wendest du dich an den General. Ganz egal, was du brauchst, du musst den General um Erlaubnis fragen.«

»Was für ein General?«, wollte ich verwundert wissen.

Der Architekt zeigte mir einen jungen Iraner, der gerade mit einem Afghanen in ein Gespräch vertieft war. Er mochte um die dreißig Jahre alt sein und sah nicht unbedingt wie ein General aus.

»Wir nennen ihn General, weil er ein äußerst kluges Kerlchen ist«, setzte mich der Professor ins Bild. »Er ist bereits seit drei Monaten hier und hat sich dabei eine goldene Nase verdient. Die Spekulationen gehen auf über 100 000 Dollar.«

»Das verstehe ich nicht. Womit kann man an einem Ort wie diesem 100 000 Dollar verdienen?«

»Mit Hoffnung«, erklärte mir der Bärtige.

Ich verstand noch immer nur Bahnhof. »Ist er ein Priester oder so was?«

Der Professor lachte. »Nein, aber ein äußerst raffinierter Geschäftsmann. Er spielt mit den Hoffnungen der Gefangenen. Er sagt ihnen, er könne die Beamten bestechen, damit sie sie freilassen. Glaub mir, irgendwann kommt jeder an den Punkt, an dem er bereit ist, jede beliebige Summe zu zahlen, um aus diesem Loch herauszukommen. Dir wird es nicht anders ergehen.«

»Ja, und ... kriegt er die Leute wirklich frei?«

Der Architekt zog vielsagend die Augenbrauen hoch. »Was glaubst du wohl?« Er machte eine Pause, und ich war mir nicht sicher, ob er eine Antwort erwartete.

»Wie läuft das eigentlich mit der Abschiebung?«, wollte ich wissen. »Wer bestimmt, wie lange wir hierbleiben?«

»Das hängt ganz von dir ab«, sagte der Professor. »Jeden Donnerstag werden alle Iraner auf die iranische Botschaft gebracht. Dort wirst du dem Botschafter vorgeführt, und er fragt dich nach deinen echten Personalien. Wenn du sie ihm angibst, stellt er dir ein Übergangsdokument aus, mit dem du dann abgeschoben wirst. Wenn du dich weigerst, nun, dann bleibst du eben hier.«

»Für wie lange?«

»So lange, wie es eben dauert, bis du redest. Ich schweige schon 24 Wochen und drei Tage über meine wahre Identität. Sie machen sich nicht einmal mehr die Mühe, mich auf die Botschaft zu bringen, weil ich eh nicht auspacke.«

»Das heißt, Sie bleiben einfach hier? Vielleicht jahrelang?«

Er nickte. »Das ist der Preis, den ich bezahle, um am Leben zu bleiben. Ich habe keine andere Wahl.«

Ich runzelte die Stirn und betrachtete den Professor mit einer Mischung aus Mitleid und Erschütterung. Sechs Monate, und aus einem gebildeten Architekten war ein Höhlenmensch geworden.

Mein Gott, wo bin ich hier bloß gelandet?, dachte ich entsetzt. *Das halte ich keine Woche durch!*

Am Abend lüftete sich das Rätsel um das Essen. Jeder von uns kriegte ein Stück Brot, das halb so groß war wie meine Handfläche, und dazu drei trockene Oliven. Das war die Tagesration. Wer mehr essen wollte, musste es sich bei einem Mann kaufen, der jeden Abend vorbeikam und Bestellungen entgegennahm. Er besaß einen Kiosk und verkaufte uns Brot, Käse, Tomaten, Schinken und andere Lebensmittel, natürlich zu einem übertriebenen Preis. So kostete zum Beispiel ein einziges Stück Brot fünf Dollar. Anscheinend machte hier drinnen jeder seine Geschäfte, der eine mit der Hoffnung, der andere mit dem Hunger der Leute.

Jetzt verstand ich auch, was der Professor damit gemeint hatte, als er sagte, wer Geld hätte, würde leben und wer kein Geld hätte, würde sterben. Ich hätte niemals gedacht, dass dies tatsächlich die makabre Wahrheit war. Gott sei Dank besaß ich Geld. Meine Schwägerin hatte mir vor unserer Flucht 2 000 Mark in meine Kleider eingenäht. Zudem hatte ich das Glück, dass meine iranischen Landsleute und ich, die wenigen Lebensmittel, die wir hatten, immer brüderlich miteinander teilten. Bei den Afrikanern, Afghanen und Asiaten hingegen gab es keine Solidarität. Jeder war auf sich allein gestellt, und es kümmerte niemanden, ob ein Volksgenosse am Hungertuch nagte.

Wirklich satt wurden wir natürlich alle nicht. Und Achmad, einer der Polizisten, der uns bewachte, machte sich einen Spaß daraus, jeweils die leckersten Speisen für sich zu bestellen, die er dann genüsslich vor unseren Augen verzehrte. Jeden Tag ließ er sich Pizza bringen, Lammspieße oder Döner mit Salat und trank dazu Cola oder Ayran, ein türkisches Joghurtgetränk. Und um dem Ganzen noch eins draufzusetzen, warf er jeweils die Hälfte davon, sichtbar für alle, in den Mülleimer. Ich sah die lechzenden Blicke vieler Afrikaner und anderer Gefangenen, die sich wünschten, wenigstens die Abfälle aus dem Müllcontainer essen zu dürfen. Aber Achmad grinste sie von seinem Thron aus nur dreckig an und labte sich förmlich an ihrem ungestillten Verlangen. Ich hasste ihn dafür. Oh wie ich diesen Kerl hasste! Wie konnte jemand so niederträchtig, so bösartig sein? Ich teilte meine Gefühle mit einem meiner iranischen Brüder, der nur die Augen rollte und mir zuraunte: »Du hast noch gar nichts gesehen, mein Freund.«

28 Der Preis des Schweigens

Die erste Nacht musste ich im Sitzen schlafen. Es war nicht einmal genug Platz, um die Beine auszustrecken. Die einzigen zwei Pritschen in der überfüllten Zelle waren vom Professor und vom General belegt. Alle anderen schliefen auf dem Boden, falls überhaupt von schlafen die Rede sein konnte. Jeder durfte sich ein paar Stunden an die Wand hocken. Mehr war nicht drin.

Meine Verhaftung lag jetzt schon fünf Tage zurück, und ich hatte meiner Familie noch immer kein Lebenszeichen von mir geben können. Sie waren bestimmt krank vor Sorge um mich. Ich musste dringend mit ihnen reden, um ihnen endlich zu sagen, wo ich war. Auf dem Flur gab es eine Telefonzelle, und für das Fünffache des normalen Preises konnte man Telefonkarten erwerben. Also kaufte ich mir eine Karte und rief Nasrin an. Als ich ihre Stimme am anderen Drahtende hörte, füllten sich meine Augen mit Tränen.

»Farzad! Dem Himmel sei Dank, du lebst!« Meine Schwester stieß einen tiefen Seufzer der Erleichterung aus. »Barzin und Mariam haben uns gesagt, was auf dem Flughafen passiert ist.«

»Haben sie es geschafft?«

»Ja. Sie sind jetzt in einem Asylantenheim in Brüssel. Es geht ihnen gut. Aber wo bist du? Was haben sie mit dir gemacht?«

»Sie haben mich ins Gefängnis gesteckt. Die behalten mich so lange hier, bis ich ihnen meine richtigen Personalien angebe. Dann werde ich abgeschoben.«

»Um Gottes willen, dazu darf es nicht kommen!«, rief Nasrin aufgeregt. »Wenn du in den Iran zurückgehst, bist du ein toter Mann! Du darfst ihnen deinen Namen nicht verraten! Unter keinen Umständen, hörst du? Versuch die Beamten zu bestechen! Die sind doch alle bestechlich.«

»Ich werd's versuchen«, versprach ich ihr. »Ruf den Fälscher an, der mir den Pass verkauft hat. Frag ihn, ob er irgendwelche Kontakte spielen lassen kann, damit ich hier rauskomme. Wie geht es Parisa und Parvis? Und Mama?«

Im Eiltempo tauschten wir die wichtigsten Neuigkeiten aus, denn hinter mir standen noch fünf andere Häftlinge, die telefonieren wollten und mich ständig drängten, das Gespräch zu beenden. Ich hatte noch keine fünf Minuten mit meiner Schwester geredet, als sich plötzlich Atilla, einer der beiden diensthabenden Polizisten, von hinten der Warteschlange näherte und uns einfach ohne ersichtlichen Grund mit dem Schlagstock auf den Kopf schlug.

»Los, zurück in die Zelle!«, befahl er auf Türkisch, und einer der Gefangenen übersetzte ihn. »Das Telefon ist ab sofort verboten!«

»Aber warum denn?«, fragte ein Angolaner.

»Sus lan!«, fauchte der Polizist und schlug ihm den Schlagstock so heftig über den Schädel, dass seine Stirn zu bluten begann.

»Was ist da los?«, fragte mich Nasrin besorgt, als sie das Gezeter im Hintergrund hörte. »Farzad?!«

»Ich muss auflegen«, flüsterte ich hastig in den Hörer. »Ich ruf dich wieder an.«

»Wann?«

»Ich weiß es nicht. Es tut mir leid. Ich liebe dich!«

»Ich liebe dich auch, mein Bruder!«

Atilla, ein grobschlächtiger Kerl mit Schnauzbart, riss mir kurzerhand den Hörer aus der Hand und trieb uns unter Stockhieben wie eine Viehherde zurück in unseren Stall. Achmad saß seelenruhig hinter seinem Schreibtisch und blätterte in einer Zeitschrift. Niemand verstand, was auf einmal in den Aufseher gefahren war, um uns das Telefonieren zu verbieten. Vielleicht war ihm das ewige Drängen der Wartenden auf den Geist gegangen. Vielleicht gab es aber auch überhaupt keinen Grund außer dem, dass es ihm Spaß machte, uns immer mal wieder daran zu erinnern, wer hier der Boss war. Als hätten wir das vergessen können.

Ich ergatterte mir einen Sitzplatz und dachte angestrengt über Nasrins Worte nach. Ich sollte einen Beamten bestechen, hatte sie mir vorgeschlagen. Aber die Unberechenbarkeit dieser Polizisten ließ mich daran zweifeln, ob dies überhaupt funktionieren würde. Ich erinnerte mich an mein Gespräch mit dem Professor tags zuvor, als er erwähnt hatte, der General würde Leute frei kriegen. Er hatte es zwar mit einem seltsamen Funkeln in den Augen gesagt, aber ich entschloss mich, den General trotzdem darauf anzusprechen. Fragen kostete ja nichts. Der General lachte mich nur aus.

»Du willst dich freikaufen? Junge, du bist gerade mal angekommen.«

»Na und? Ist es möglich? Könntest du die Beamten für mich bestechen, damit sie mich laufen lassen?«

Der General legte mir die Hand auf die Schulter und schenkte mir reinen Wein ein. »Hör zu. Du bist noch jung, viel zu jung, um hier zu sein. Deswegen will ich ehrlich zu dir sein. Achmad und die anderen Aufseher, die hier herumschwirren, haben keinen Einfluss auf so was. Und die Kommissare, die es tun könnten, verlangen 5000 Dollar, und das ohne Garantie.«

»5000 Dollar?!«, rief ich. »Diese Summe kann ich nicht aufbringen.«

»Das dachte ich mir beinahe«, sagte der General und fischte sich mit der Zunge ein paar Essensreste aus den Zähnen. »Ich sag es ja nur ungern, aber der einzige Schlüssel, um hier wieder rauszukommen, ist dein Name.«

Ich schüttelte den Kopf. »Den kann ich nicht preisgeben. Ich kann es einfach nicht.«

»Tja«, meinte der General und sah mich an. »Ich schätze, dann sitzt du hier fest.«

Am ersten Donnerstag wurde ich zusammen mit den anderen Iranern, mit Ausnahme des Professors, auf die iranische Botschaft gebracht. Der Botschafter befahl den türkischen Polizeibeamten in sehr schroffem Ton, sie sollten uns gefälligst die Handschellen abnehmen und draußen warten. Er wusste sehr wohl, dass man uns im Gefängnis wie Tiere behandelte, und ließ die Polizisten dafür seine ganze Verachtung spüren. Wenigstens solange wir uns auf iranischem Boden befanden, sollten wir mit etwas Würde und Respekt behandelt werden.

Einen um den anderen bat der Botschafter in sein Büro. Es war mir beinahe etwas peinlich, ihm in meinem erbärmlichen Zustand gegenüberzutreten. Ich sah entsetzlich aus. Ich hatte seit nunmehr *neun* Tagen nicht mehr geduscht, die Zähne geputzt oder mich rasiert und trug noch immer dieselbe Kleidung wie bei der Verhaftung am Flughafen. Nicht einmal meine Unterhose hatte ich wechseln können. Der Gestank, der von mir ausging, war einfach fürchterlich.

Der Botschafter war sehr freundlich und ließ mir Tee und ein Sandwich servieren. Ich musste weinen über so viel Güte.

»Mein Sohn, was machst du hier?«, fragte er mich väterlich besorgt. »Wie alt bist du?«

»Zwanzig«, sagte ich und wischte mir über die feuchten Augen. Dann begann ich zu essen. Und während ich das frische Brot kostete und den süßen Tee trank, füllten sich meine Augen erneut mit Tränen.

Der Botschafter beobachtete mich kopfschüttelnd. »Du bist noch so jung. Meine Kinder sind in deinem Alter. Weswegen bist du in die Türkei gekommen? Wolltest du etwa in den Bordellen rumhängen und dich betrinken?«

Im Iran war Alkohol streng verboten.

»Nein«, sagte ich, ohne von meinem Teller aufzusehen.

»Hast du überhaupt schon deinen Militärdienst geleistet?«

»Ja, hab ich.«

»Und warum bist du dann mit einem falschen Pass unterwegs? Hm?«

»Mein Pass ist nicht gefälscht«, log ich und schlang gierig den letzten Bissen des Sandwiches hinunter. Ich hätte zehn davon verdrücken können, so hungrig war ich.

Der Botschafter blieb gelassen, obwohl er genau wusste, dass ich nicht die Wahrheit sagte.

»Junge, dein Pass *ist* gefälscht. Die sind mit den modernsten technischen Geräten ausgerüstet in Ankara. Die machen keine Fehler. Warum sagst du mir nicht einfach, wie du heißt? Sag mir deine Personalien, unterschreibe dieses Dokument hier, damit ich dir einen provisorischen Pass ausstellen kann, und schon nächste Woche bist du zurück im Iran.«

Aber ich blieb stur. Ich konnte ihm nicht die Wahrheit sagen. Eher würde ich sterben, als in den Iran zurückzukehren.

»Mein Pass ist nicht gefälscht«, beharrte ich eisern auf meiner Lüge. »Mehr habe ich nicht zu sagen.«

Der iranische Botschafter betrachtete mich mit gerunzelter Stirn und versuchte, mich zur Vernunft zu bringen.

»Mein Sohn, tu dir das nicht an. Du weißt nicht, was noch alles auf dich zukommt. Ich frage dich ein letztes Mal: Wie ist dein Name?«

Ich nannte ihm die Personalien aus dem gefälschten Pass, worauf er sich seufzend von seinem Sessel erhob.

»Na schön«, meinte er. »Dann kann ich leider nichts mehr für dich tun.« Er griff nach einer Schachtel Zigaretten, die auf seinem Tisch lag, und reichte sie mir. »Hier. Versteck sie in deinen Unterhosen und teile sie mit den anderen, wenn du zurück bist.«

Ich bedankte mich, und er begleitete mich zur Tür. Die Hand bereits auf der Türklinke drehte er sich mir erneut zu, als wäre ihm noch etwas Wichtiges eingefallen.

»Sag mal, ist der Professor eigentlich immer noch dort?«

»Ja«, sagte ich. »Ist er.«

»Dann richte ihm bitte einen schönen Gruß von mir aus.«

»Mach ich.«

Er öffnete die Tür und sah mich ein letztes Mal fürsorglich an. »Pass auf dich auf, mein Sohn.«

Ich nickte betreten und verließ sein Büro.

Mein Geldvorrat schrumpfte in der feuchten Katakombengruft beängstigend rasch dahin. Kein Wunder. Jeden Tag benötigte ich zwischen 20 und 50 Mark für das zusätzliche Essen. Und wenn Achmad schlechte Laune hatte, verlangte er sogar 5 Dollar, um auf die Toilette gehen zu dürfen. Und dabei kassierte schon der General 5 Dollar allein für seine Erlaubnis, die Zelle verlassen zu dürfen.

Nach der Sperrung des öffentlichen Telefons hatte ich aber noch ein weiteres Dilemma: Wie sollte ich jetzt mit meiner Familie in Kontakt bleiben? Mir fiel ein, dass ich ja noch ein Handy hatte. Es lag in meinem Rucksack, und mein Rucksack wurde wie alle persönlichen Gegenstände der Insassen in einer separaten Kammer aufbewahrt.

Ich wandte mich an den General und fragte ihn, ob es eine Möglichkeit gäbe, an mein Handy ranzukommen.

»Sicher«, sagte er prompt. »Aber das kostet.«

»Wie viel?«, fragte ich.

»50 Dollar für mich und 50 Dollar für Achmad, dass er die Kammer für dich aufsperrt.«

»Okay«, willigte ich ein. In der Zwischenzeit war mir klar, wie der General es hinkriegte, innerhalb weniger Tage Tausende von Dollars zu verdienen. Auch wenn es nicht danach aussah, dieses 25 Quadratmeter große, stinkende Verlies war eine einzige Goldgrube.

Am Abend war es dann so weit. Achmad führte mich zu meinem Rucksack. Der General kam auch mit, um zu übersetzen. Es war allgemein bekannt, dass Achmad sich gerne unter den Nagel riss, was nicht ihm gehörte. Manchmal, wenn eine Ladung neuer Gefangener kam, mussten sie sich mit dem Gesicht zur Wand stellen und er nahm ihre Brieftaschen und steckte sich einen Teil ihres Geldes ein. Dass achtzig Leute ihn dabei beobachteten, kümmerte ihn nicht die Bohne. Als er nun meinen Rucksack durchwühlte, fiel sein Blick auf meine vergoldete Armbanduhr, die mir sehr viel bedeutete. Achmad nahm die Uhr aus der Tasche und betrachtete sie eingehend.

»Eine sehr schöne Uhr«, meinte er. »Ich finde, du solltest sie mir schenken.«

Ich schüttelte energisch den Kopf. »Auf keinen Fall! Meine Mutter hat mir die Uhr geschenkt!« Ich wandte mich Hilfe suchend dem General zu, doch der sagte bloß: »Gib sie ihm. Sonst kommt er später zurück und holt sich noch andere Dinge.«

»Aber ... die hab ich zu meinem vierzehnten Geburtstag gekriegt!«

»Gib sie ihm einfach.«

Es blieb mir nichts anderes übrig, als Achmad die Uhr zu geben. Er legte sie an und ich hätte ihm am liebsten mit einem Faustschlag sein dreckiges Grinsen aus der Visage geboxt. Ich hatte den Kerl von Anfang an gehasst für seinen Sadismus und den Spott in seinen Augen, wenn er uns terrorisierte. Aber jetzt hasste ich ihn noch viel mehr. Die Uhr war ein Geschenk meiner Mutter gewesen! Ich schluckte meine Wut herunter, schnappte mir mein Handy, und wir kehrten in unseren Käfig zurück.

»Gibt es hier irgendwo einen Ort, an dem ich ungestört telefonieren kann?«, fragte ich den General, als wir wieder Schulter an Schulter mit den anderen Gefangenen wie in einer vollgestopften Straßenbahn in der Zelle standen.

»Du kannst unter meine Pritsche kriechen«, schlug der General großzügig vor. »Wir hängen eine Decke drüber, dann ist es von beiden Seiten dunkel, und du kannst telefonieren. Mehr Privatsphäre kann ich dir leider nicht bieten.«

»Besser als gar nichts. Danke«, sagte ich und drängte mich zusammen mit dem General zu seinem Bett vor. Ich legte mich also unter sein Bett und rief meine Schwester an. Da niemand mich sehen konnte, ließ ich meinen Tränen freien Lauf.

»Bitte«, schluchzte ich in mein Handy hinein. »Holt mich hier raus! Bitte! Hast du den Fälscher erreicht?«

»Ja, aber der miese Kerl verlangt 10 000 Dollar. So viel Geld haben wir einfach nicht. Was ist bei dir? Konntest du einen von denen bestechen?«

»Nein. Das ist alles nicht so einfach, Nasrin. Ich weiß wirklich nicht, wie lange ich das noch durchhalte.«

»Farzad, du musst durchhalten! Wenn sie dich abschieben, ist das so gut wie dein Todesurteil!

Verstehst du, was ich sage, Farzad?! Du darfst auf keinen Fall zurück in den Iran! Auf keinen Fall!«

»Aber was soll ich denn tun?!«, weinte ich. »Es ist die Hölle hier! Du machst dir keine Vorstellungen!«

»Es tut mir so leid, Farzad. Aber uns sind die Hände gebunden.

Du musst einen anderen Weg nach draußen finden. Irgendeinen. Bloß: Sag ihnen deinen Namen nicht! Ich flehe dich an!«

Ich versprach es ihr, und wir beendeten das Telefongespräch auf beiden Seiten mit bitteren Tränen. Ich sah keine Möglichkeit, wie ich hier jemals wieder rauskommen sollte.

29 Leben unter Barbaren

Es waren bereits vier Wochen vergangen. Vier Wochen ohne Tageslicht mit Ausnahme der wöchentlichen Besuche auf der iranischen Botschaft, die nicht viel brachten, weil ich ohnehin über meine wahre Identität schwieg. Vier Wochen ohne Dusche, vier Wochen dieselbe Unterhose, dieselben Socken, derselbe Pullover. Ich hatte mich genau wie alle anderen in einen Zombie verwandelt.

Da ich bei Weitem der jüngste Insasse war, hatte mich der Professor unter seine Fittiche genommen und kümmerte sich um mich, als wäre ich sein eigener Sohn. Mit der Zeit bekam ich brutale Rückenschmerzen, weil ich mich nirgends ausstrecken konnte, und als ich dem Professor mein Leid klagte, bot er mir an, unter seiner Pritsche zu schlafen. Ich bedankte mich tausendmal für dieses Privileg, und so kroch in an diesem Abend unter sein Bett und freute mich auf das wohlige Gefühl, nach vier Wochen endlich wieder einmal meine Beine strecken zu können. Doch die Nacht unter der Pritsche wurde zu einem einzigen Albtraum.

Der Abstand vom Bett zum Boden betrug gerade mal dreißig Zentimeter. Das bedeutete, egal, in welcher Position ich mich da reinquetschte, ich musste in derselben Position verharren bis zum nächsten Morgen. Und das war noch nicht alles. Es ging auch nicht, nachts unter dem Bett hervorzukriechen, um auf die Toilette zu gehen. Am Fußende, am Kopfende und auf der linken wie der rechten Längsseite war alles verbarrikadiert von menschlichen Körpern. Wenn ich mich auch nur ein paar Zentimeter bewegte, stieß ich unweigerlich an irgendeinen Fuß oder eine Hand, und irgendjemand fauchte mich in seiner Sprache an, ich solle gefälligst aufpassen.

Mitten in der Nacht wachte ich plötzlich auf und öffnete die Augen. Es war pechschwarz um mich herum, und auf einmal hatte ich das beklemmende Gefühl, in einem Sarg zu liegen und ersticken zu müssen. Es war der absolute Horror. Ich versuchte mir zwischen den Leibern der schlafenden Häftlinge einen Weg ins Freie zu bahnen. Vergeblich. Die Männer hockten so dicht beieinander, dass ich einfach keine Lücke fand. Ich stemmte mich nach oben, aber das Gewicht des Professors machte es unmöglich, meine Stellung zu verändern. Es kam mir vor, als wäre ich lebendig begraben worden. Verzweifelt rang ich nach Luft und schubste meine Mitgefangenen so lange, bis ich mich endlich aus meiner Lage befreien konnte. Das war das erste und letzte Mal, dass ich unter der Pritsche des Professors schlief. Lieber nahm ich die Rückenschmerzen in Kauf, als eine weitere Nacht in diesem Sarkophag zu verbringen.

Eines Abends sah ich, dass hinter dem Schreibtisch eine wohlbeleibte Polizistin saß, die ich bisher noch nicht beim Wachdienst gesehen hatte. Atilla war ebenfalls anwesend. Ich hatte schon den ganzen Tag über furchtbare Kopfschmerzen, und so trat ich kurzerhand ans Gitter, hielt mich an den Eisenstangen fest und sprach die Frau an.

»Excuse me? Do you speak English?«

Sie sah auf und schüttelte den Kopf.

»Sprechen Sie Persisch?«, fragte ich sie auf Farsi.

»No«, antwortete sie.

»Deutsch?«, fragte ich weiter.

»Deutsch«, sagte sie und nickte. »Ich früher Deutschland.«

»Sie waren in Deutschland?«, wiederholte ich, und auf einmal vergaß ich alle Regeln und trat aus dem Menschenzwinger heraus. Die Gittertür war nie verschlossen, damit die Aufseher nicht ständig auf- und zuschließen mussten, wenn jemand auf die Toilette musste. Anfangs hatte ich mich darüber sehr gewundert und mir überlegt, warum dann die Häftlinge nicht längst einen Aufstand gemacht hatten. Aber selbst wenn wir alle gemeinsam aus der Zelle gestürmt und die ein oder zwei Polizeibeamten, die uns jeweils bewachten, als Geiseln genommen hätten, aus dem Keller wären wir trotzdem nicht rausgekommen. Und so brutal, wie die Wärter uns behandelten, wollte ich mir lieber nicht ausmalen, was mit uns geschehen wäre, wenn plötzlich ein ganzes Polizeibataillon das unterirdische Gewölbe gestürmt hätte.

Ich hatte mich noch keine zwei Schritte von der Zelle entfernt, als mich plötzlich ein Gummiknüppel mit voller Wucht von hinten am Kopf traf. Ich drehte mich um, und bevor ich überhaupt kapierte, was hier eigentlich los war, schlug mir Atilla seine Faust ins Gesicht. Blut schoss aus meiner Nase und aus einer aufgeplatzten Lippe. Die Gefangenen drängten sich ans Gitter. Der schnauzbärtige Beamte schrie irgendetwas auf Türkisch, was ich nicht verstand, und drosch unbarmherzig mit dem Schlagstock auf mich ein.

»Geh rein!«, hörte ich die Stimme des Generals von irgendwo aus der Menge. »Geh rein! Geh sofort in die Zelle!«

Die Hände schützend vor den Kopf haltend taumelte ich rückwärts in den Käfig, um mich vor dem rasenden Zorn des Polizisten in Sicherheit zu bringen. Er schrie und fluchte hinter mir her und schlug mit seinem Knüppel an die Gitterstäbe, dass alle Gaffer rasch ihre Finger einzogen.

»Ich hab doch gar nichts getan!«, rechtfertigte ich mich mit stockender Stimme und versuchte mit dem Ärmel meines Pullovers das Nasenbluten zu stoppen. »Warum hat er mich geschlagen? Warum?«

Atilla fixierte mich durchs Gitter und schnaubte noch immer wie ein gereizter Stier, während er mit seinem türkischen Redeschwall fortfuhr.

»Was sagt er denn? Was will er von mir?«

»Er sagt, was dir eigentlich einfallen würde, die Polizistin auf drei verschiedene Sprachen anzusprechen«, übersetzte mir der General, der sich bis zu mir vorgedrängt hatte. »Er glaubt, dass du dich aufspielen möchtest, weil du so viele Sprachen sprichst. Er sagt, hier würde nur türkisch gesprochen.«

»Aber ich wollte doch nur eine Kopfschmerztablette!«, stammelte ich, den Tränen nahe. »Ich wollte doch nur ... eine Kopfschmerztablette!«

Ich begann zu weinen.

»Du hättest mich erst fragen müssen«, erklärte mir der General. »Das war wirklich sehr dumm von dir, die Zelle einfach so zu verlassen. Wirklich sehr dumm. Du kannst froh sein, wenn er dir nicht die Nase gebrochen hat.«

Meine Nase hörte erst nach einigen Minuten zu bluten auf. Jetzt war mein stinkiger Pullover also auch noch blutverschmiert. Der Schrecken über diesen willkürlichen Angriff saß mir noch eine ganze Weile in den Gliedern. Meine Nerven flatterten und meine Hände zitterten, als wäre ich ein alter Mann. So viel war mir klar: Ich würde nie mehr etwas tun, ohne den General vorher um Erlaubnis zu fragen. Ich hatte meine Lektion gelernt. Die Prügel, die ich einkassiert hatte, waren aber nichts im Vergleich zu dem, was nur ein paar Tage später geschah.

Eines Morgens kam der Professor auf mich zu und sagte geheimnisvoll: »Heute kommt Dana aus dem Urlaub zurück.«

»Wer ist Dana?«, fragte ich.

»Eine bildhübsche türkische Polizistin, ungefähr 28, 29 Jahre alt«, sagte er. »Ich liebe dich wie einen eigenen Sohn. Deswegen gebe ich dir einen guten Rat: Schau dieser Frau nie in die Augen.«

»Wieso?«, fragte ich verwundert.

»Vertrau mir einfach. Wenn sie dich anschauen sollte, so senke unverzüglich den Blick, oder ich garantiere nicht für dein Leben.«

Am späten Nachmittag betrat eine schlanke, sehr gut aussehende Beamtin unsere Grotte.

»Das ist Dana«, raunte mir der Professor zu. »Denk an das, was ich dir gesagt habe.«

Ich konnte mir zwar beim besten Willen nicht erklären, was so gefährlich daran sein konnte, dieser Dana in die Augen zu schauen, aber keine halbe Stunde nach ihrem Dienstantritt erfuhr ich es. Zwei neue iranische Häftlinge wurden eingeliefert und mussten vor dem Schreibtisch stehen bleiben und ihre Taschen ausleeren. Dana blickte zu den beiden Männern auf, und sie schauten zurück. Plötzlich veränderte sich Danas Gesichtsausdruck, und die junge Polizistin schrie die zwei auf Türkisch an: »Schaut mich nicht an! Habt ihr verstanden?! Ihr sollt mir nicht in die Augen schauen!«

Die Iraner hatten natürlich keine Ahnung, was die Beamtin sagte, und starrten sie weiter an.

»Schaut mir nicht in die Augen!«, rief Dana hysterisch, und dann kam ihr Atilla zu Hilfe.

»Hände ausstrecken!«, befahl er einem der beiden Iraner.

Da der Iraner kein Wort verstand, packte Atilla seine Hände und zwang ihn, sie auf den Tisch zu legen. Ich hatte in meinem Leben schon einiges an Folter erlebt. Doch das, was sich nun vor meinen Augen und vor den Augen aller achtzig Insassen abspielte, war an Grausamkeit kaum zu überbieten. Atilla schlug mit dem Schlagstock auf die Hände des Iraners ein. Aber nicht nur so, wie ich das aus meiner Schulzeit aus dem Iran kannte. Nein. Der Polizist ließ seinen Gummiknüppel so lange auf die Hände dieses Mannes niedersausen, bis seine Finger mehrfach gebrochen waren und die Knochen aus den Gelenken hervorschauten. Der Iraner schrie wie am Spieß. Ich hatte so etwas noch nie gesehen.

»Verstehst du jetzt, warum ich dir gesagt habe, du sollst die Polizistin nicht ansehen?«, raunte mir der Professor zu, als man den Verletzten in die Zelle brachte und die Iraner mit ein paar Kleiderfetzen notdürftig seine Wunden verbanden. Die nächsten drei Tage schrie und weinte der arme Mann noch immer vor Schmerzen. Er bekam keine Schmerztabletten, und wir mussten ihn füttern wie ein kleines Kind, weil er seine Hände nicht mehr gebrauchen konnte.

Nachdem ich Zeuge dieser barbarischen Bestrafung geworden war, wusste ich, dass ich hier nicht bleiben konnte. Ich hielt das nicht mehr länger aus. Ich musste weg oder ich würde draufgehen.

»Gibt es hier irgendeine Möglichkeit zur Flucht?«, fragte ich den General eines Abends.

Er musterte mich skeptisch. »Wie viel wiegst du?«

»Keine Ahnung«, sagte ich, etwas verwundert über die Frage. »Nach all den Wochen hier vielleicht 50 Kilo. Wieso?«

Er betrachtete mich mit spitzem Mund. »Ich glaube, du könntest es schaffen. Dünn genug bist du. Hör zu.« Er legte mir den Arm auf die Schulter und senkte seine Stimme. »Drüben in der Zelle der Ehefrauen gibt es ein Fenster. Es ist vergittert, aber mit deiner schmalen Figur könntest du dich vielleicht hindurchzwängen.« Ich hörte ihm gespannt zu.

»Ich könnte dich in der Nacht auf die Toilette rauslassen«, fuhr er fort. »Und anstatt auf die Toilette zu gehen, schleichst du dich ins

Frauenzimmer. Da sind zurzeit sechs Frauen mit ihren Kindern untergebracht. Aber ich muss dich warnen: Wenn sie dich da drin sehen, denken sie womöglich, du wärst gekommen, um sie zu vergewaltigen und werden schreien. Und ihre Schreie werden den diensthabenden Polizisten anlocken. Und wenn der dich bei den Frauen erwischt, mein Junge, dann bist du erledigt. Du wärst nicht der Erste, den sie zu Tode prügeln. Oder sie bringen dich in den vierten Stock, dort musst du dich nackt ausziehen, wirst mit Wasser übergossen und mit Elektroschocks gefoltert. Und wenn sie ganz mies drauf sind, werfen sie dich aus dem vierten Stock und behaupten, du hättest versucht zu fliehen. Tja«, er zog die Augenbrauen hoch, »so viel zu den Risiken und Nebenwirkungen. Willst du es trotzdem wagen?«

Ich nickte. »Ja, das will ich.«

»Du bist entweder sehr mutig oder sehr verzweifelt«, meinte der General. »Wie auch immer. Du kennst das Risiko. Wann soll die Aktion steigen?«

»Heute Nacht«, antwortete ich entschlossen.

Der General verzog den Mund zu einem Lächeln. »Gut. Das macht dann 100 Dollar.«

30 Die Begegnung

Nachdem ich den Professor in meinen kühnen Plan eingeweiht hatte, kroch ich unter das Bett des Generals und rief meine Schwester an, um ihr zu sagen, dass ich in ein paar Stunden einen Fluchtversuch wagen würde.

»Ja, probier's!«, spornte sie mich an. »Du hast in Deutschland eine Bank überfallen. Also wirst du das auch noch hinkriegen. Du schaffst das! Ruf mich an, wenn du draußen bist. Ich drück dir die Daumen!«

Gegen ein Uhr nachts, wie vereinbart, ließ mich der General auf die Toilette raus. Achmad hatte Nachtdienst und saß mit verschränkten Armen und an die Wand gelehntem Kopf auf seinem Stuhl und schnarchte, was das Zeug hielt. Gut für mich. Ich hatte meine Schuhe ausgezogen, um ja keinen Lärm zu machen, und schlich mich auf Zehenspitzen in das Zimmer der Ehefrauen. Die sechs Frauen und ihre Kleinkinder schliefen alle tief und fest. Unter dem vergitterten Fenster stand ein Kajütenbett. Das untere Bett war von einer korpulenten Frau mittleren Alters belegt. Das obere war frei, was mir natürlich sehr gelegen kam. Vorsichtig kletterte ich auf das Stockbett hoch und öffnete das Fenster, durch welches ich hoffte, diesen Ort des Grauens endlich verlassen zu können. Ich warf einen Blick nach draußen und stellte zu meiner Überraschung fest, dass wir keine dreißig Meter von einer Bushaltestelle entfernt waren. Es gab keine Mauer, die das Gefängnis umgab, und ich sah mehrere Passanten, die durch die beleuchteten Straßen spazierten. Die Freiheit war wirklich zum Greifen nah. Ich hatte so lange in dieser unterirdischen Schattenwelt verbracht, dass mir das Leben, wie ich es von dem vergitterten Fenster aus sehen konnte, vorkam wie eine Fata Morgana.

Die Füße voran schlüpfte ich durch das Gitter hindurch. Ich schaffte es, meinen abgemagerten Körper bis zum Brustkorb zwischen den Gitterstäben hindurchzuzwängen. Aber dann steckte ich fest. Ich schob und presste, stützte mich in den Socken, soweit dies überhaupt möglich war, an der Außenwand ab, um beim Stoßen mehr Gegendruck zu entwickeln. Ich unternahm alles Mögliche, um mich durch die Lücke zu quetschen. Erfolglos. Ich kriegte meinen Oberkörper einfach nicht durch. Eine ganze Stunde lang klemmte ich in dem Fenster fest, und langsam stieg eine Höllenangst in mir auf. Was, wenn eine der Frauen aufwachte und Alarm schlug? Was, wenn Achmad mich hier hängen sah? Er würde mich zu Tode prügeln, dessen war ich mir sicher.

Es muss einfach gehen!, dachte ich. *Ich bin so nah dran!*

All meine Kraft, meinen eisernen Überlebenswillen und meinen kaum noch zu bändigenden Drang nach Freiheit bündelte ich in einem einzigen letzten Schub. Ein heftiger Ruck. Es knackte, und ein höllischer Schmerz ging durch meine Brust. Gleichzeitig schlitterte mein Oberkörper durch die Gitterstäbe hindurch. Es hatte geklappt! Alles bis auf meinen Kopf war nun draußen, wenn auch zum äußerst schmerzhaften Preis einer gebrochenen Rippe. Ich musste eine Pause einlegen, weil ich kaum noch Luft kriegte. Schließlich, nach ein paar Minuten schweren Atmens, biss ich tapfer auf die Zähne und versuchte, als Letztes meinen Kopf durch das Gitter zu stoßen. Ich dachte eigentlich, wenn mein ganzer Körper durch die schmale Öffnung gepasst hatte, würde mein Schädel mit Leichtigkeit durchflutschen. Doch ich dachte falsch. Der Kopf ging nicht durch!

Ich stieß, ich zerrte. Umsonst. Ab den Ohren steckte ich fest. Wie war das nur möglich? Ich hatte meine Hüften durchgekriegt, ich hatte meine Brust durchgekriegt, und meinen Hinterkopf kriegte ich nicht durch? Das durfte doch nicht wahr sein! Ich spuckte mir in die Hände, rieb mir mit dem Speichel die Schläfen und die Stirn ein, damit es besser rutschen würde. Es half alles nichts. Einzig und allein meine Schädeldecke trennte mich von meiner lang ersehnten Freiheit, und nachdem ich mindestens eine Viertelstunde gedrückt hatte, gab ich auf. Es hatte keinen Zweck. Ich musste zurück.

Unter unsäglichen Schmerzen manövrierte ich mich wieder

durch die Gitterstäbe ins Zimmer der Frauen hinein. Bei meinem Brustkorb hing ich erneut fest, diesmal auf der anderen Seite der Mauer, und als ich nochmals voller Kraft presste, hörte ich ein zweites Knacken. Jetzt hatte ich zwei gebrochene Rippen. Die Tränen schossen mir in die Augen. Ich war fix und fertig. Irgendwie schaffte ich es zurück auf das Kajütenbett, und gerade wollte ich mich vom oberen Bett rollen, als ich sah, wie eine der Frauen wach in ihrem Bett lag und entgeistert zu mir hochstarrte. Ich hielt den Zeigefinger auf den Mund, sah sie flehend an und hoffte, sie würde mich nicht verraten. Sie tat es nicht und nickte ruhig mit dem Kopf.

Vom Stockbett runterzusteigen war die reinste Qual. Ich konnte nicht mehr aufrecht stehen. Ich konnte nicht mehr richtig atmen. Und die Schmerzen in meiner Brust waren unbeschreiblich. Vornübergekrümmt kämpfte ich mich bis zur Tür vor und checkte die Lage auf dem Flur. Achmad saß noch immer auf seinem Stuhl und sägte wie ein Weltmeister. Ich schleppte mich Richtung Zelle, wo mich der General und der Professor entdeckten und erschrocken und verwirrt in Empfang nahmen.

»Wir dachten, du wärst längst über alle Berge!«, flüsterte der General, während er mich rasch in den Käfig hineinzog. »Was tust du noch hier? Was ist passiert?«

»Ich hab mir zwei Rippen gebrochen«, hauchte ich, »ich hab's versucht. Aber ich pass nicht durch. Ich ... pass einfach nicht durch.«

Sogar das Sprechen fiel mir schwer, und die Schmerzen raubten mir beinahe die Besinnung. Der General und der Professor bahnten sich mit mir einen Weg durch die schlafenden Leute und besorgten mir eine Lücke an der Wand, damit ich mich hinsetzen konnte. Es war bereits halb vier Uhr in der Früh. Ich hatte mich ganze zweieinhalb Stunden mit den Gitterstäben abgemüht - und hatte es doch nicht geschafft, mich zu befreien. Der letzte Funke Hoffnung, den ich mir bis zu dieser Nacht aufbewahrt hatte, war nun auch noch erloschen. Es gab nichts mehr, das ich tun konnte, um von hier wegzukommen. Es war vorbei.

In den nächsten Tagen und Wochen verwandelte ich mich mehr und mehr in eine lebende Leiche. Ich war so kaputt. Die Rippen waren nach vier Wochen einigermaßen verheilt, meine Seele nicht.

»Ich kann nicht mehr«, gestand ich dem Professor eines Tages. »Ich halt das nicht mehr länger durch. Ich unterschreibe das verfluchte Dokument. Ich unterschreibe es. Und wenn ich im Iran ankomme, erhänge ich mich. Ich bin bereit zu sterben. Es spielt eh keine Rolle mehr. Ich bin so oder so ein toter Mann. Mein Leben ist zu Ende.«

Beim wöchentlichen Pflichtbesuch auf der iranischen Botschaft sagte ich dem Botschafter, dass ich bereit wäre auszusagen. Er stellte mir einen provisorischen Pass aus und am Montagabend, elf Wochen, nachdem ich dieses gotterbärmliche Kerkerloch zum ersten Mal betreten hatte, sollte ich zusammen mit anderen iranischen Häftlingen in einem Reisebus an die iranische Grenze befördert und dort dem iranischen Zoll übergeben werden.

Ich rief meine Schwester an. Mein Handy hatte zwar schon vor Wochen den Geist aufgegeben, aber ein Elektriker aus unserer Zelle hatte es irgendwie hingekriegt, auf der Toilette Strom anzuzapfen und damit meinen Akku neu aufzuladen. Nasrin war ganz und gar nicht begeistert, als sie hörte, dass ich mein Schweigen gebrochen hatte.

»Sag mal, spinnst du? Warum hast du unterschrieben? Du weißt doch, was passiert, wenn du in den Iran zurückgehst! Das weißt du doch! Bitte, versuch auf der Fahrt zu fliehen. Vielleicht bei einem Toilettenstopp. Diesmal muss es klappen. Es muss, oder du bist tot! Bitte, Farzad! Tu es mir zuliebe!«

»Okay, ich werd's probieren«, sagte ich, auch wenn ich mir keine großen Chancen einräumte.

Je näher der Tag meiner Abschiebung rückte, desto elender fühlte ich mich. Es kam mir vor, als würde ich im Todestrakt sitzen und auf meine Hinrichtung warten. Manchmal schnürte mir das Wissen, in meinen sicheren Untergang zu reisen, die Luft ab. Dann wieder hatte ich fürchterliche Albträume und wachte mitten in der Nacht schweißgebadet auf, weil ich mich kopfüber von der Decke baumeln sah, während ich mit dicken Kabeln blutig geschlagen wurde. Die Stunde des Schicksals rückte unaufhaltsam näher und entzog mir sämtliche Lebensenergie. Ich war psychisch und physisch am Ende. Da war nichts mehr, woran ich mich festklammern konnte. Kein Lichtblick. Nichts. Nur der Scherbenhaufen meines Lebens und die beklemmende Gewissheit, dass meine Zeit abgelaufen war.

Und dann war er da. Der verhängnisvolle Montag, an dem ich an die iranische Grenze gebracht werden sollte. Mit schwabbeligen Beinen ging ich ein letztes Mal auf die verdreckte Toilette unseres Gefängnistrakts. Ich verriegelte die Tür, damit niemand mich stören konnte, ging auf die Knie und faltete meine Hände.

»Gott«, betete ich voller Verzweiflung, und dicke Tränen rollten über meine eingefallenen Wangen, »ich weiß nicht, wer du bist. Ich weiß nicht mal deinen Namen, ob du Jehova heißt oder Allah oder Jesus. Aber wenn es dich gibt, wenn es dich *wirklich* gibt, wie so viele Menschen behaupten, dann gib mir ein Zeichen.« Ich weinte bitterlich, und die Tränen tropften auf meine gefalteten, von Dreck verkrusteten Hände.

»Ich bitte dich, befreie mich aus den Händen meiner Feinde und ich verspreche dir, ich *verspreche* dir, ich werde mein Leben ändern!«

Die Worte meines Gebetes kamen aus tiefstem und aufrichtigstem Herzen. Gekrümmt und demütig kniete ich auf dem Boden vor einem Gott, den ich nicht kannte, während ich immer wieder von heftigen Schluchzern durchgeschüttelt wurde.

»Man sagt, du bist ein Gott, der Wunder tut«, redete ich stockend weiter. »Bitte, zeig mir heute ein Wunder! Bitte zeig dich mir! Ich will dich sehen! Wenn es dich wirklich gibt, dann will ich dich sehen! Zeig dich mir, und ich werde dir mein Leben lang folgen. Zeig dich mir! Wer auch immer du bist, zeig dich mir!«

Wie ich so auf dem schmutzigen Boden kniete und mir die Seele aus dem Leib weinte, geschah auf einmal etwas Wundersames. Ich merkte plötzlich, dass ich nicht allein in dem Raum war. Da war jemand bei mir! Ganz deutlich spürte ich, wie mir jemand die Hand auf die Schulter legte, und als die Hand mich berührte, war es, als ob ein Feuerstrom durch meinen ganzen Körper strömte. Mein Herz brannte wie glühende Lava, und gleichzeitig fühlte es sich an, als hätte jemand Wasser darüber gegossen. Und dann hörte ich eine Stimme, ob mit meinen Ohren oder in meinem Herzen, vermochte ich in dem Moment nicht zu beurteilen. Aber ich hörte sie ganz klar und deutlich, und sie sagte nur das eine: »Es wird alles gut. Es wird alles gut.«

Mit einem Schlag, auch wenn es dafür keine logische Erklärung gab, wusste ich, dass es Jesus Christus war, der zu mir sprach. Es war nicht Mohammed, es war nicht Buddha, es war Jesus, der sich mir dort auf dem dreckigen Gefängnisklo offenbarte! Jeder Zweifel war ausgeschlossen. Der unbekannte Gott, den ich in meiner Verzweiflung angerufen hatte, war kein anderer als Jesus Christus. Und seine Gegenwart erfüllte den ganzen Raum. Ich wusste einfach: Er ist da. Jesus war bei mir, und er versprach mir, es würde alles gut werden. Und auch wenn ich wusste, dass ich auf dem Weg ins Verderben war, wurde ich mit einem Mal still. Die Wogen des Sturmes in meinem Innern glätteten sich, und alles, was ich tun konnte, war, mich vor diesem wunderbaren Gott niederzubeugen. Tränen der Ergriffenheit liefen mir übers Gesicht.

»Ich lege mein Schicksal in deine Hände«, flüsterte ich.

Ich wollte, dass dieser zärtliche, dieser innige Moment zwischen ihm und mir nie mehr enden würde. Wie lange ich dort auf dem Boden kniete, hätte ich nicht sagen können. Irgendwann wischte ich mir mit dem Ärmel meines Pullovers die Tränen aus den Augen, stand auf und verließ die Toilette.

Der Professor, der General und alle anderen Gefangenen sahen mich an, als käme ich von einem anderen Stern.

»Was ist denn mit dir los?«, wunderte sich der General. »Du leuchtest ja richtig. Was hast du da drin gemacht?«

»Nichts«, sagte ich.

Das, was ich dort drinnen mit Gott erlebt hatte, war so intim, dass ich es mit niemandem teilen wollte. Wahrscheinlich hätten sie es ohnehin nicht verstanden. Oder geglaubt. Ich konnte es ja selbst kaum glauben: Der allmächtige Gott war mir, mir kleinem Häufchen Elend, begegnet, und es war der süßeste, beruhigendste und tröstlichste Moment meines ganzen Lebens gewesen. Was auch immer mit mir geschehen würde, Jesus war bei mir. Mehr brauchte ich nicht zu wissen.

31 Feuer

Die Iraner umarmten mich zum Abschied und der Professor drückte mich lange an sich, lächelte mich an und meinte: »Pass auf dich auf, mein Sohn.«

Ohne Hand- oder Fußschellen wurden ich und zwei andere Iraner zum wartenden Bus gebracht. Einer der beiden hieß Babak. Er war erst vor wenigen Tagen in unsere Zelle gekommen, nachdem er mehrere Jahre in einem anderen Knast wegen Drogenhandels abgesessen hatte. Bevor wir in den Bus stiegen, zog er mich unauffällig beiseite und raunte mir zu: »Hey, auf der Fahrt werde ich versuchen zu fliehen. Kommst du mit?«

Ich nickte eifrig. »Ja. Ich hatte eh dasselbe vor.«

»Gut«, meinte er. »Dann machen wir's zusammen. Beim Toilettenstopp versuchen wir's.«

»Okay«, sagte ich.

Wir stiegen ein. Mein Rucksack mit meinen wenigen Habseligkeiten wurde im Gepäckraum unter dem Bus verstaut. Aber ich hatte noch eine kleine schwarze Aktentasche mit meinem provisorischen Pass und meinem Handy, die ich mit in den Bus nehmen durfte. Es befanden sich zirka vierzig iranische Häftlinge in dem Bus, die von anderen Gefängnissen eingesammelt worden waren. Es war ein ganz gewöhnlicher Reisebus, und wir wurden von drei bewaffneten Polizisten in Zivil begleitet. Babak setzte sich in den hinteren Teil des Busses, ich in die Mitte. Als wir losfuhren, warf ich einen letzten Blick zurück auf die Folterkammer, in der ich elf Wochen lang gefangen gewesen war. Endlich konnte ich dieses leidvolle Kapitel in meinem Leben abschließen. Doch zu welchem Preis?

Der Fahrer legte eine Kassette mit iranischer Musik auf, und die Iraner begannen, fröhlich dazu zu klatschen und zu singen. Es herrschte eine heitere Stimmung unter den Gefangenen, denn die meisten von ihnen waren jahrelang im Knast gewesen und freuten sich darauf, ihre Familien wiederzusehen. Nur ich, ich freute mich ganz und gar nicht, in den Iran zurückzukehren, und grübelte die ganze Zeit über den Fluchtversuch nach, den Babak und ich machen wollten.

Gegen 19 Uhr hielt der Bus zum ersten Mal für einen Toilettenstopp an.

Jetzt oder nie, dachte ich und tauschte einen vielsagenden Blick mit Babak aus, der mir von hinten kaum merklich zunickte. Aber leider scheiterte unser Plan schon vor der Ausführung.

Die Sicherheitsvorkehrungen machten eine Flucht schlicht unmöglich. Wer auf die Toilette musste, wurde einzeln rausgeholt, und die drei Polizisten überwachten jeden Schritt mit durchgeladenen Pistolen.

»Wir werden ohne zu zögern auf euch schießen, wenn ihr versuchen solltet zu fliehen«, bläuten sie uns ein. »Also denkt nicht mal dran.«

Ich war mir ziemlich sicher, dass sie tatsächlich von ihren Schusswaffen Gebrauch gemacht hätten. Resigniert, dass meine letzte Chance auf Freiheit soeben flöten gegangen war, wartete ich, bis ich an der Reihe war, die Toilette zu benutzen. Das war's dann wohl. Ende. Aus der Traum.

Als ich nach dem Klobesuch wieder in den Bus einstieg und mich auf meinen Platz setzen wollte, hatte ich auf einmal ein ganz merkwürdiges Gefühl. Ich konnte es mir nicht erklären. Vielleicht war es eine Art Intuition. Irgendetwas stimmte nicht, und ich spürte, wie jemand oder etwas in mir drin sagte: »Das ist nicht dein Platz. Setz dich nicht hier hin.«

Eigentlich ergab das überhaupt keinen Sinn, denn ich hatte schon drei Stunden auf diesem Platz gesessen. Warum sollte ich mich woanders hinsetzen? Aber der Eindruck, mich nicht mehr hier hinzusetzen, war so stark, dass ich ihn nicht ignorieren konnte. Also ging ich ganz nach hinten und fragte einen der Männer, der am linken Fenster direkt unter der Heckscheibe saß, ob er mir seinen Platz überlassen würde.

»Ich möchte eine Zigarette rauchen«, war meine simple Begründung, und der Iraner war damit einverstanden und suchte sich einen anderen Platz im vorderen Teil des Busses.

Die Reise ging weiter. Ich holte mein Handy hervor, steckte meinen Kopf unter den Sitz und rief meine Schwester an. Als ich ihr sagte, es wäre unmöglich zu fliehen, begann sie zu weinen.

»Du bist verloren, mein kleiner Bruder! Wir können dir nicht mehr helfen! Du bist verloren!«

Ich gab mir Mühe, nicht auch zu weinen. Ich wusste selbst, dass ich verloren war. Der nächste Stopp, so hatten uns die Polizisten gesagt, wäre die iranische Grenze. Es gab kein Entkommen mehr. Es war vorbei.

Nach ungefähr zwei Stunden Fahrt auf der Autobahn begann es auf einmal in Strömen zu regnen. Es goss wie aus Kübeln, und die Sichtweite war praktisch gleich null. Die Iraner tanzten und lachten zur Musik, die aus dem Lautsprecher schmetterte, während ich am Fenster saß und dumpf in die verregnete Nacht hinausstarrte. Plötzlich kam der Bus auf der nassen Fahrbahn ins Schleudern. Er vollführte einen gefährlichen Schlenker nach rechts, dann nach links. Ich hörte das Quietschen der Reifen. Der Fahrer versuchte, den Bus wieder unter Kontrolle zu bringen und riss hektisch das Lenkrad hin und her. Doch der Schwung war bereits zu groß, und der Bus kippte auf die rechte Seite. Wir verloren alle das Gleichgewicht und purzelten übereinander. Da ich ganz links außen gesessen hatte, flog ich auf alle anderen drauf. Die Fensterscheiben zersprangen. Funken stoben auf, während der Reisebus bestimmt hundert Meter über die Autobahn schlitterte.

Ich begann zu lachen, denn irgendwie kam mir das alles wie ein surrealer Traum vor. Mir war nicht wirklich klar, was da passierte. Es ging alles viel zu schnell, und mein Hirn vermochte die ganzen Eindrücke gar nicht mehr in Echtzeit zu verarbeiten. Im Bruchteil einer Sekunde zog mein gesamtes Leben wie ein Film vor meinen Augen vorbei, während von überall her wie aus weiter Ferne gellende Schreie, das Splittern von Glas und metallisches Quietschen zu mir durchdrangen. Als der Bus endlich zum Stehen kam, blickte ich mich wie in Trance um. Die ganzen Sitzbänke hatte es aus ihrer Verankerung gerissen. Unter mir waren die Leute zwischen den Sitzen und messerscharfen Metallteilen eingeklemmt.

Ich rappelte mich auf und versuchte, mit dem Ellenbogen die Heckscheibe einzuschlagen. Aber ich konnte zu wenig Schwung holen. Hinter uns hielten Autos an. Männer kamen mit Brecheisen herbeigeeilt. Sie fuchtelten mit den Armen in der Luft herum und schrien irgendetwas auf Türkisch. Ich konnte sie zwar nicht verstehen, aber den Eisenstangen nach zu urteilen, wollten sie damit die Heckscheibe einschlagen. Ich duckte mich, um keine Splitter abzubekommen.

Während die Männer von draußen die Scheibe einschlugen, sah ich plötzlich, dass in der Mitte des Busses, genau dort, wo ich die ersten drei Stunden gesessen hatte, Flammen aufstiegen. Die Sitzbänke hatten Feuer gefangen. Innerhalb kürzester Zeit verwandelten sich der mittlere und vordere Teil des Busses in ein einziges Inferno aus Flammen. Die Schreie von den eingeklemmten Menschen werde ich nie im Leben vergessen.

»Schnell! Raus hier! Raus hier!«, rief ein Iraner voller Panik und kletterte an mir vorbei zur eingeschlagenen Heckscheibe hinaus. Ich überlegte nicht lange und wollte ihm folgen, als mich von unten jemand am Fuß packte. Ich blickte in die flehenden Augen eines Mannes, der bis zur Brust zwischen den Trümmern feststeckte und aus mehreren tiefen Schnittwunden stark blutete.

»Bitte, Bruder, bitte lass mich nicht hier sterben!«

Ich versuchte, die Sitze auseinanderzuschieben, um ihn herauszuziehen. Aber es ging nicht. Es war alles hoffnungslos ineinander verkeilt, und ich hatte nicht genug Kraft. Ein paar Iraner, die nicht so schwer verletzt waren, konnte ich hochziehen, und einigen gelang es auch, sich selbst zu befreien. Die Flammen in der Mitte des Busses schlugen indessen immer höher. Wir mussten den Bus dringend verlassen, bevor das Feuer sich weiter ausbreitete. In der Zwischenzeit versuchten ein paar türkische Autofahrer mit Feuerlöschern, den Brand zu bekämpfen. Dass es sich bei dem Bus um einen Gefängnisbus handelte, war Gott sei Dank nicht zu erkennen, sonst hätte es vielleicht nicht so viele freiwillige Helfer gegeben.

Ich griff nach meiner kleinen schwarzen Aktentasche, die auf einem der umgestülpten Sitze lag, und kletterte durch die Heckscheibe ins Freie. Ich wusste gar nicht, was ich jetzt machen sollte. Ich stand total unter Schock. Wie ein Geisteskranker begann ich, auf der Straße hin- und herzulaufen. Es regnete noch immer in Strömen, und innerhalb weniger Minuten war ich patschnass. Erst jetzt fiel mir auf, dass ich von oben bis unten voller Blut war. Ich hatte keine Ahnung, wo ich blutete, und Schmerzen hatte ich auch keine. Aber irgendwoher musste das viele Blut ja kommen. Ich tastete meinen ganzen Körper ab, konnte aber keinerlei Schnittwunden oder andere Verletzungen an mir finden. Das Blut musste von den anderen stammen, denn meines war es nicht. Ich sah auch, dass ich einen Schuh verloren hatte. Auch wenn es wirklich keinen Grund gab, mich darüber aufzuregen, tickte ich deswegen völlig aus. Ich konnte einfach nicht mehr klar denken.

Jäh packte mich jemand von hinten am Arm. Ich drehte mich um, und Babak stand vor mir.

»Komm«, sagte er. »Lass uns fliehen!«

»Fliehen?!« Ich stand noch immer total neben mir. »Aber mein Schuh! Ich brauch meinen Schuh!«

»Vergiss den blöden Schuh! Lass uns fliehen!«

Ich schüttelte energisch den Kopf. »Nein. Ich brauch meinen Schuh! Er ist noch im Bus drin! Ich brauch ihn!«

»Na schön. Ich hol ihn dir!«, brummte Babak genervt und kletterte tatsächlich zurück in den brennenden Bus.

Ganz offensichtlich war auch er nicht mehr in der Lage, rationale Entscheidungen zu treffen, sonst hätte er sich bestimmt nicht wegen eines dämlichen Schuhs zurück in das Flammenmeer gewagt. Der Bus stand nun lichterloh in Flammen. Alle Versuche der Helfer, das Feuer zu löschen, scheiterten. Machtlos mussten sie zusehen, wie die Feuersbrunst den Bus in eine einzige lodernde Fackel verwandelte. Die Schreie aus dem Inneren gingen mir durch Mark und Bein. Wer auch immer noch in dem Bus drin war, würde es kaum mehr lebend bis nach draußen schaffen. Am Straßenrand saßen die vielen Verletzten. Einige weinten laut. Andere standen einfach nur da und starrten in die Flammen. Alle waren hoffnungslos überfordert mit der Situation.

Ich hatte schon fast vergessen, dass Babak und ich eigentlich fliehen wollten, als er plötzlich rußverschmiert vor mir auftauchte und mir prompt meinen Schuh in die Hand drückte.

»Hier. Dein Schuh. Komm jetzt!«

Das allgemeine Chaos, der starke Regen und die Dunkelheit machten es ziemlich einfach, sich unbemerkt davonzuschleichen. Ein paar Momente tappten wir jedoch verwirrt von einer Seite zur anderen, weil wir einfach nicht mehr wussten, aus welcher Richtung wir eigentlich gekommen waren. In dem ganzen Durcheinander hatten wir total die Orientierung verloren.

»Wir müssen dem Stau folgen!«, sagte ich schließlich. »Da lang!«

Wir trabten zwischen den vielen Autos hindurch, bis wir nach einigen hundert Metern auf die ersten Polizeiautos und Krankenwagen stießen, die sich im Schritttempo einen Weg zwischen den Fahrzeugen hindurchbahnten. Als ich sah, dass einer der Polizisten die Scheibe herunterkurbelte und uns durch den prasselnden Regen irgendetwas auf Türkisch zurief, glaubte ich, mein Herz würde stillstehen.

»Sie haben uns! Oh Gott, sie haben uns!«, stammelte ich vom Grauen gepackt, doch Babak fasste meinen Arm und raunte mir zu: »Bleib cool. Die wissen nicht, dass wir entflohene Sträflinge sind. Er fragt uns bloß, was wir gesehen hätten und wie viele Verletzte es unserer Meinung nach gäbe.«

»Vielleicht ist es eine Falle!«, meinte ich besorgt, während Babak sich auf das Polizeiauto zubewegte. »Wir müssen weg hier!«

»Halt die Klappe!«, zischte Babak. »Lass mich das regeln, ich spreche perfekt türkisch.«

»Sie werden uns verhaften!«

»Wenn du dich weiter so aufführst, bestimmt. Bleib einfach ruhig, okay? Vertrau mir. Ich mach das schon.«

Widerwillig folgte ich Babak zum Streifenwagen, und er begann sich auf Türkisch mit den Polizisten zu unterhalten und immer wieder die Straße hinaufzudeuten. Ich stand mit meiner blutverschmierten Kleidung daneben und wäre am liebsten, so schnell mich meine Beine tragen konnten, davongelaufen. Was für ein Irrsinn, sich hier aufzuhalten! Ausgerechnet jetzt, wo wir der Freiheit so nahe waren, musste Babak alles aufs Spiel setzen. Was, wenn in diesem Moment ein Funkspruch reinkäme, dass der Reisebus in Wirklichkeit ein Gefangenentransport war? Wir wären geliefert.

Ich hielt es kaum noch aus und trat nervös von einem Bein aufs andere. Jetzt stiegen die Polizisten zu allem Übel auch noch aus ihrem Dienstwagen aus. Mir wurde schlecht. Ich sah bereits Handschellen um meine Handgelenke zuschnappen, als die Beamten sich plötzlich von uns abwandten und auf den Krankenwagen zuliefen, der gleich hinter ihnen im Stau feststeckte. Nun stiegen auch die Sanitäter mit ihren Erste-Hilfe-Taschen aus ihrem Auto, und während Polizisten und Notärzte zu Fuß Richtung brennendem Bus an uns vorbeistürmten, eilten wir in die entgegengesetzte Richtung weiter.

»Mann! Das war vielleicht knapp!«, stieß ich erleichtert hervor. »Ich hab uns schon im Knast gesehen.«

Babak grinste. »Ich sagte dir doch, ich regle das. Bis die wissen, was es mit dem Bus auf sich hat, sind wir längst über alle Berge.«

»Hast du eine Ahnung, wo wir hier sind?«, fragte ich ihn keuchend.

»Nein. Aber die Straße führt zurück nach Istanbul, so viel ist sicher. Ich kenn dort ein paar Leute, bei denen wir Unterschlupf finden. Komm, gehen wir auf die andere Autobahnseite. Per Anhalter sind wir schneller.«

Wir hatten Glück. Schon zehn Minuten später hielt ein LKW-Fahrer an und wir durften zu ihm in die Kabine hochspringen. Natürlich war er erst etwas skeptisch, als er das Blut an unseren Kleidern sah. Babak erzählte ihm von dem Busunglück, natürlich ohne zu erwähnen, dass wir zwei flüchtige Gefangene waren. Er sagte einfach, wir wären iranische Touristen, und der Lastwagenfahrer hatte keinen Grund, dies anzuzweifeln. Während Babak sich auf Türkisch mit dem Trucker unterhielt, saß ich schweigend daneben und blickte wie versteinert vor mich hin. Zum ersten Mal seit dem Unfall realisierte ich, was eigentlich geschehen war. Ich begann zu weinen. Babak und der Trucker waren in ein angeregtes Gespräch vertieft, und ich saß da und weinte wie ein kleines Kind.

Danke, lieber Gott!, betete ich in meinem Herzen. *Jetzt weiß ich, dass es dich gibt. Du hast mir ein Zeichen gegeben! Du hast mich da rausgeholt! Ein Ding der Unmöglichkeit! Ein Ding der Unmöglichkeit, und du hast es getan! Ich danke dir! Ich danke dir! Ich danke dir!*

Mit zitternden Händen griff ich nach meinem Handy in der kleinen Aktentasche, die ich aus dem Bus hatte retten können, und wählte die Nummer meiner Schwester. Es war kurz vor Mitternacht.

»Nasrin?«, rief ich aufgeregt in den Hörer. »Nasrin, es ist etwas Unglaubliches passiert!«

»Wo bist du?«, fragte sie besorgt. »Seid ihr schon im Iran?«

»Nein. Wir hatten einen Unfall. Der Bus ist auf der Autobahn umgekippt und hat Feuer gefangen.«

»Oh mein Gott! Bist du verletzt? Bist du im Krankenhaus?«

»Nein, Nasrin. Ich bin frei! Ich bin frei!« Die Worte aus meinem eigenen Mund trieben mir erneut die Tränen in die Augen. Doch Nasrin schien mir die fantastische Neuigkeit gar nicht abzukaufen.

»Lüg mich nicht an, Farzad. Wo bist du? Bist du schwer verletzt?«

»Ich bin nicht verletzt! Ich hab keinen einzigen Kratzer abgekriegt! Keinen einzigen! Nasrin ... ich ... ich bin frei ... verstehst du? Ich bin frei!«

Meine Stimme versagte. Ich konnte nicht mehr weiterreden, und die Tränen liefen mir in Sturzbächen die Wangen hinunter. Ich war so glücklich, so unbeschreiblich glücklich! Gott hatte sich mir gezeigt. Ich wusste jetzt ohne den geringsten Zweifel, dass er es gewesen war, der mir gesagt hatte, ich solle den Platz wechseln. Ich hatte ihn um ein Zeichen gebeten, und er hatte mir nicht nur ein Zeichen gegeben, er hatte das Unmögliche möglich gemacht und mir zur Flucht verholfen! Er hatte sogar dafür gesorgt, dass ich mir bei dem schweren Unglück keine einzige Schramme zuzog! Ich hatte mir nichts gebrochen, ich hatte keine Schnittwunden, ich hatte nicht mal einen einzigen Glassplitter abgekriegt! Nichts!

Ich war zutiefst berührt von dem, was Gott soeben für mich getan hatte. Es gab ihn! Es gab ihn wirklich! Er war keine Erfindung von irgendwelchen schrägen Menschen, die sich wünschten, es würde eine höhere Macht geben. Nein! Gott war kein Hirngespinst, sondern greifbare Realität! Er war da! Ich hatte gesehen, was er tun konnte! Ich hatte ihn erlebt! Gerade eben!

Ich sagte Nasrin, ich würde sie wieder anrufen, sobald ich in Istanbul wäre, und legte auf. Ich war viel zu aufgelöst, um noch weiter mit ihr zu reden. Ich weinte und weinte.

Danke, Gott! Danke, Jesus! Danke, danke, danke! Mein Herz und meine Seele sprudelten vor lauter Glück und Ergriffenheit über, und meine Augen hörten gar nicht mehr auf zu tränen. *Jetzt glaube ich an dich, Jesus! Ich werde mein Leben ändern! Ich werde dir nachfolgen!*

Ich konnte noch immer nicht ganz fassen, was für eine unerwartete Wende mein vorgezeichnetes Schicksal genommen hatte, weil Gott in letzter Minute eingegriffen hatte. Er hatte mich befreit. Er hatte mein Leben vor dem sicheren Tod bewahrt. Es war schlicht überwältigend!

Es gibt dich wirklich!, schoss es mir immer und immer wieder durch den Kopf. *Du bist tatsächlich Gott! Du bist keine Lüge! Du bist echt! Du bist echt!*

Wir erreichten Istanbul am frühen Morgen, bedankten uns bei dem Trucker und suchten uns ein Straßencafé, um erst einmal ausgiebig zu frühstücken. Es war das beste Frühstück, das ich seit Ewigkeiten gegessen hatte. Langsam hatte ich den Eindruck, meine Lebensgeister kehrten zu mir zurück.

»Was hast du jetzt vor?«, fragte mich Babak.

»Ich fliege nach Sarajevo und von dort kämpfe ich mich illegal bis in die Schengenstaaten durch«, sagte ich. »Meine ganze Familie lebt in Deutschland. Ich bin dort aufgewachsen. Es wird Zeit, nach Hause zurückzukehren. Und was ist mit dir?«

»Ich geh erst mal zu meinen Kumpels, und dann sehen wir weiter. Wenn du willst, darfst du gerne mitkommen, bis die Luft wieder rein ist. Ich glaube, bei uns bist du zurzeit sicherer als in irgendeinem Hotel. Die Polizei sucht bestimmt schon nach uns.«

Damit hatte er wohl recht. Wir machten uns auf den Weg zu seinen Freunden, aber vorher kauften wir uns noch T-Shirts. Was für eine Wohltat, nach elf Wochen endlich diesen verstunkenen, blutverschmierten Pullover gegen ein neues Hemd einzutauschen! Als wir die Wohnung von Babaks Freunden erreichten (sie hausten in einer sehr kriminellen Gegend), glaubten sie zuerst, ein Gespenst würde vor der Tür stehen.

»Babak! Wir dachten, du wärst im Gefängnis!«

Sie ließen uns rein, Babak stellte mich seinen Kumpels vor und berichtete ihnen von dem Gefangenentransport und unserer abenteuerlichen Flucht. Die Gesichter der drei Türken wurden immer länger.

»Mein Gott! Sie haben was im Radio darüber erzählt!«, stellte einer fest und schaltete sofort den Fernseher ein. Er switchte durch die Kanäle, bis er bei einem Nachrichtensender hängen blieb, der gerade eben erschreckende Bilder von dem brennenden Bus brachte und wie ein Kran ihn wieder auf seine vier Räder kippte.

Wir versammelten uns alle vor dem Fernseher, und Babaks Freunde waren nicht weniger schockiert als wir selbst. Das Ausmaß des Unfalls wurde mir erst jetzt so richtig bewusst. Es war wirklich ein Wunder, dass ich es lebend und unversehrt aus diesem Bus geschafft hatte! Ich sah die Bilder all der Schwerverletzten, die auf Tragen in die Rettungswagen geschoben wurden. Die Polizei war da und mehrere Krankenwagen. Babak übersetzte mir, was der Kommentator auf Türkisch sagte. Es hieß, dreizehn Menschen, die im mittleren Teil des Busses gesessen hatten, wären bei lebendigem Leibe verbrannt.

Mein Gott, dachte ich nur. *Einer dieser dreizehn wäre ich gewesen.*

Ein Schauer durchfuhr mich, als mir erneut klar wurde, was geschehen wäre, hätte ich nicht auf diese innere Stimme gehört und den Platz gewechselt. Ich wollte lieber nicht länger darüber nachdenken.

Zum Schluss der Reportage hieß es noch, drei Häftlinge wären entflohen. Namen wurden nicht genannt, aber es war auf jeden Fall ein sehr komisches Gefühl, zu wissen, dass ich einer davon war.

Wer auch immer der dritte Flüchtige war, ich wünschte ihm von Herzen, dass er es schaffte.

Einer von Babaks Kumpeln fragte mich, ob ich vielleicht duschen wollte, was mir einen lauten Seufzer entlockte.

»Oh ja, bitte! Ich hab seit elf Wochen keine Seife mehr in den Händen gehalten!«

Die Burschen gaben mir frische Unterwäsche, Socken, Jeans und Turnschuhe zum Anziehen und zeigten mir das Bad. Ich traute meinen Augen nicht, als ich mich im Spiegel sah. Im Gefängnis hatte es keinen Spiegel gegeben, und ich hatte nur erahnen können, wie fertig ich aussah. Aber jetzt, wo ich mein Spiegelbild betrachtete, erschrak ich vor mir selbst.

Bin das wirklich ich?!, dachte ich und berührte mein Gesicht. Ich erkannte mich kaum wieder.

Ich nahm eine lange heiße Dusche und wusch den ganzen elfwöchigen Dreck und Gestank von mir ab. Es war ein herrliches Gefühl, sauber und wohlriechend aus der Dusche zu steigen und mich nicht mehr vor mir selbst ekeln zu müssen. Und nachdem ich in meine neuen Kleider geschlüpft war und mich auch noch rasiert und etwas Gel in die Haare geschmiert hatte, fühlte ich mich zum ersten Mal seit Langem wieder als Mensch. Das Leben als Neandertaler gehörte damit endgültig der Vergangenheit an. Jetzt musste nur noch mein dritter Fluchtversuch nach Europa gelingen, und es würde alles gut werden. Genau so, wie Gott es mir versprochen hatte.

32 Ein verhängnisvoller Fußmarsch

Die nächsten Tage blieb ich bei Babak und seinen Freunden und genoss jede Minute davon. Ich kam mir vor wie im Paradies. Endlich wieder in einem richtigen Bett schlafen und die Beine ausstrecken können. Endlich wieder frische Luft atmen und die Sonne sehen. Endlich wieder normal essen. Es war einfach wunderbar. Fast wie ein Traum. Auch meine Familie war überglücklich, dass ich es geschafft hatte zu fliehen. Meine Mama hätte vor Freude beinahe einen Herzinfarkt gekriegt, als ich es ihr am Telefon sagte, und dann weinten wir beide. Bald, sehr bald schon würden wir uns wiedersehen. Ich konnte es kaum noch erwarten.

Meine Schwester schickte mir Geld für den Flug nach Sarajevo und für die Schlepperbande, die mich in die Schengenstaaten bringen sollte. Etwas nervös war ich schon, als ich eine Woche später zum dritten Mal auf dem Flughafen von Istanbul vor dem Zoll anstand, diesmal mit meinem echten Pass, der mir aus einem sicheren Versteck zugesandt worden war und den ich eigentlich von Anfang an hätte benützen sollen, anstatt mir einen gefälschten zu besorgen. Ich hatte eine Höllenangst davor, die iranische Botschaft könnte meine Personalien an die türkischen Behörden weitergegeben haben und sie würden mich am Zoll wieder abfangen und zurück ins Gefängnis stecken. Aber alles lief bestens. Auch in Sarajevo gab es diesmal keinerlei Probleme mit misstrauischen KFOR-Soldaten, und so war ich endlich in dem Land angekommen, das ich eigentlich schon vor vier Monaten hatte erreichen wollen: Bosnien. Ich war so glücklich, als hätte ich eine Million Mark im Lotto gewonnen.

Ich suchte denselben Schlepper auf, der schon Barzin und Mariam illegal über die Grenze geschmuggelt hatte. Er und seine Leute empfingen mich fast wie einen Helden, denn meine Schwester hatte ihnen am Telefon bereits ausführlichst von meiner spektakulären Flucht erzählt.

»Sieh an. Du bist also der Glückspilz, dem die Flucht aus einem Gefangenentransport gelungen ist«, sagte Milan, der Kopf der Bande, der der Bekannte eines Bekannten meines Bruders Barzin war. »Willkommen in Bosnien. Hier bist du in Sicherheit.«

Ich musste ihnen ausführlichst meine ungewöhnliche Geschichte schildern, und alle waren absolut begeistert und wollten die Geschichte immer und immer wieder hören. Ich kam mir vor wie ein kleiner Star.

Beim gemeinsamen Essen weihte mich Milan dann in den Ablauf meiner Reise ein.

»Deine Gruppe geht in drei Wochen los. Ihr fahrt mit dem Taxi an die bosnisch-kroatische Grenze. Dort übernachtet ihr in einer Scheune. Am nächsten Morgen bringt euch ein LKW an die kroatisch-slowenische Grenze. Dann geht es zu Fuß weiter nach Slowenien. Und von Slowenien schließlich nach Italien. Nimm nur mit, was du wirklich brauchst, denn der Fußmarsch nach Slowenien dauert 15 Stunden. Die Leute wissen das nicht. Wir haben ihnen gesagt, es wären nur zwei Stunden, damit sie nicht hysterisch werden und uns Probleme machen. Aber du bist einer von uns, deswegen sag ich es dir. Bloß: behalt es für dich, ja?

Ach, und noch was: nimm deinen Pass nicht mit. Denn wenn sie dich mit dem Pass erwischen, stecken sie dich ins nächste Flugzeug und schicken dich zurück in den Iran. Aber wenn du keinen Pass hast, kannst du in jedem Land Asyl beantragen. Ganz egal, ob du in dem Land bleibst oder am nächsten Tag weiterziehst, du stellst einen Asylantrag. Deinen Pass überlässt du mir. Ich schicke ihn für dich nach Deutschland zu deiner Familie. So weit alles klar?«

Ich nickte. »Alles klar.«

»Gut«, sagte er und versetzte mir einen freundschaftlichen Klaps. »Dann kann's ja losgehen.«

Am 13. Januar 2001 war es dann so weit. Die Gruppe, der ich zugeteilt wurde, bestand aus knapp vierzig iranischen Flüchtlingen: Ehemänner mit ihren Frauen und kleinen Kindern sowie ältere Männer und Frauen und ein paar Junggesellen. Alle hatten eine Unmenge an Gepäck dabei, schleppten riesige Koffer und Taschen mit sich, in denen sie vermutlich ihr ganzes Hab und Gut verstaut hatten, alles, was ihnen lieb und teuer war.

Auweia, dachte ich nur und erinnerte mich an Milans Worte bezüglich des 15-stündigen Fußmarsches, der uns allen bevorstand. *Das kann ja heiter werden.*

Die erste Nacht, unmittelbar vor der kroatischen Grenze, wurden wir in einem leer stehenden Haus untergebracht, das sich noch im Rohbau befand. Es gab kein Licht, keine Heizung, keine Toilette und zerrissene Planen anstelle von Fenstern. Wir mussten alle im selben Raum bleiben, einem vielleicht dreißig Quadratmeter großen komplett leeren Zimmer, und ein bosnischer Schlepper bewachte uns. Mir fiel auf, dass eine Pistole in seinem Hosenbund steckte, dachte mir aber nicht viel dabei.

Als wir das Haus erreichten, wurde es gerade dunkel. Jeder suchte sich planlos irgendein Plätzchen in dem uns zugeteilten Raum, und das viele Gepäck stand bald kreuz und quer auf dem Boden herum. Ich erahnte schon, was für ein Chaos das werden würde, sobald die Nacht hereinbrach und wir kein Licht mehr hatten. Kurzerhand ergriff ich das Wort.

»Hört mal alle her!«, rief ich auf Farsi. »Ich glaube, so funktioniert das nicht. Warum stellen wir nicht all unsere Taschen und Koffer in eine Ecke, damit wir nachts nicht darüberstolpern?«

Verdutzt blickten mich die Iraner an, und ein etwas älterer Mann mit grauem Bart entgegnete etwas gereizt: »Du bist noch ein halbes Kind und willst uns herumkommandieren? Haben deine Eltern dir keinen Respekt beigebracht?«

»Tut mir leid. Es war nur eine Idee«, sagte ich und hob entschuldigend die Achseln. Ich wollte mich nicht streiten. Die Leute wandten sich wieder ab und breiteten ihre Nachtlager aus. Ich suchte mir eine ruhige Ecke, legte meinen Rucksack ab und wollte mich gerade hinsetzen, als mich jemand von hinten antippte. Es war ein vielleicht 45-jähriger Iraner. Ich hatte ihn bei unserer Ankunft mit einer Frau und zwei kleinen Kindern zusammen gesehen.

»Das, was du gesagt hast, war wohlüberlegt«, stellte er fest. »Du bist nicht wie die anderen Iraner. Woher kommst du?«

Ich erzählte ihm meine Geschichte in Kurzform, und er hörte mir interessiert zu und meinte danach höflich: »Du bist ein sehr intelligenter Mensch. Ich werde mich an dich halten. Alles, was du sagst, das werde ich tun.«

Ich wölbte stolz meine Brust bei diesen Worten. So viel Wertschätzung hatte mir schon lange keiner mehr entgegengebracht. Wenn ich es mir genau überlegte: Es war eigentlich noch nie vorgekommen, dass mich jemand um meiner selbst willen achtete. Den nötigen Respekt hatte ich mir immer mit einer Waffe erzwingen müssen. Es war sehr ungewohnt, von einem wildfremden Menschen gewürdigt zu werden, bloß, weil ich einen Vorschlag zum Wohl der Gruppe gemacht hatte. Aber es fühlte sich auf jeden Fall sehr gut an.

Nachdem sich alle eingerichtet hatten, musste plötzlich jeder auf die Toilette.

»Toilette! Toilette!«, riefen alle durcheinander, bis der Bosnier hereinkam und uns in seiner Muttersprache wütend anfauchte, auch wenn ihn keiner verstand.

»Wir müssen auf die Toilette!«, erklärte ihm einer der Iraner. »Please. Do you speak English?«

»No«, sagte der Bosnier. »Deutsch.«

Natürlich gab es niemanden, der deutsch sprach – niemanden außer mir.

»Hier! Hier!«, rief der Familienvater, dem ich ein wenig aus meinem Leben erzählt hatte, und deutete aufgeregt in meine Richtung. »Deutsch! Deutsch! Farzad!«

Der Schlepper kam auf mich zu und musterte mich skeptisch. »Du sprichst deutsch?«, fragte er mich mit einem starken Akzent.

»Ja«, sagte ich. »Ich spreche deutsch.«

»Gut. Dann sag deinen Leuten, sie sollen gefälligst den Rand halten. Da drüben sind Wohnhäuser. Wenn euch jemand hört und die Polizei kommt, muss ich lebenslang ins Gefängnis für das, was ich hier tue. Und damit das klar ist: Ich werde eher jemanden von euch erschießen als in den Knast zu wandern. Sag ihnen das.«

Ich übersetzte es ihnen, auch wenn ich seine Drohung nicht wirklich ernst nahm.

»Aber wir müssen auf die Toilette!«, warf einer dazwischen.

»Ich weiß, ich weiß«, sagte ich und hob beschwichtigend die Hände, bevor das Stürmen der Leute wieder zu laut wurde. »Ich frag ihn, wie wir das Problem lösen können, okay?«

Ich redete mit dem Bosnier, und er zeigte Verständnis für die Situation, verschwand kurz und kam mit zwei Eimern zurück.

»Hier«, sagte er. »Einer für die Männer, einer für die Frauen. Das ist alles, was ich auftreiben konnte. Jetzt ist aber Ruhe!«

Nun, wo die Iraner merkten, wie nützlich ich als Vermittler war, wollte auf einmal jeder mein Freund sein. Ich konnte mich kaum noch retten vor lauter Extrawünschen. Die einen wollten etwas zu essen, die anderen bettelten um Wasser, andere baten um ein paar Kerzen, denn in der Dunkelheit - wie ich es vorausgesagt hatte - stolperten sich alle gegenseitig über die Füße. Die Frauen kreischten und quietschten, wenn sie beim Gang auf die Toilette über die vielen Koffern strauchelten, und schon bald schwoll der Lärmpegel wieder gefährlich an. Der Bosnier erschien erneut an der Tür. Im Schein einiger Teelichter, die er uns besorgt hatte, sah ich, wie er seine Pistole aus dem Hosenbund zog. Ein Schalldämpfer war vorne draufgeschraubt, was mir gar nicht gefiel. Und sein Gesichtsausdruck verhieß ebenfalls nichts Gutes.

»Ich sag es zum letzten Mal: Wer noch einen Mucks von sich gibt, kriegt eine Kugel in den Kopf! Es wäre nicht das erste Mal, dass ich einen Flüchtling erschieße. Übersetz das!«

Jetzt wurde es mir doch etwas unheimlich zumute. »Seid bitte ruhig!«, flehte ich die Iraner an. »Er bringt euch sonst um! Das ist kein Witz! Er bringt euch um, wenn ihr nicht endlich Ruhe gebt, versteht ihr?!«

Das wirkte. Schlagartig wurde es still in dem Raum, und keiner gab mehr einen Laut von sich. Sie hatten den Ernst der Lage erkannt, und ich war froh, als der Bosnier seine Waffe wieder einsteckte und sich entspannte.

Am nächsten Morgen in aller Frühe wurden wir geweckt. Draußen stand ein LKW, der uns durch Kroatien fahren sollte. Während wir uns alle mitsamt dem vielen Gepäck in den engen Laderaum pferchten, erklärte uns der Bosnier, wie es von dort aus weiterging. Ich übersetzte alles, auch wenn es mir schwerfiel, die Gruppe wegen der Länge des Fußmarsches zu belügen, der uns bevorstand. Schließlich wusste ich als Einziger Bescheid, und ich fragte mich ernsthaft, ob die Leute genügend Kraft haben würden, um das Siebenfache der versprochenen Wanderzeit durchzuhalten. Ich hatte gar kein gutes Gefühl bei der Sache.

Die Fahrt an die slowenische Grenze war ziemlich holprig. Ich vermutete, dass der Weg mitten durch die Pampa ging, und wir wurden derart durchgeschüttelt in dem stockdunklen und stickigen Laderaum, dass sich einige übergeben mussten. Eine Stunde später erreichten wir eine Scheune auf einer Waldlichtung, wo wir den Tag verbrachten. Spät am Abend kamen dann zwei bewaffnete Bosnier, die uns abholten, um uns zu Fuß nach Slowenien zu bringen. Es war ein Fußmarsch, den ich mein Leben lang nicht vergessen werde.

Bevor wir aufbrachen, mahnten uns die Schlepper noch so ganz nebenbei, immer in den Spuren des Vordermannes zu gehen.

»Die ganze Gegend hier ist vermint«, erklärten sie nüchtern. »Ist noch vom Krieg. Ein falscher Schritt, und es könnte euren Tod bedeuten.«

Jetzt verstand ich, warum die Schlepper es vorzogen, nichts von einem 15-Stunden-Marsch zu erwähnen. Das Chaos wäre vorprogrammiert gewesen. Und so marschierten wir also los, quer durch den verschneiten und verminten Wald in Richtung Grenze. Es war eine klirrend kalte Winternacht. Der Mond schien von einem sternenklaren Himmel und zauberte sein silbernes Licht auf den glitzernden Schnee zwischen den Bäumen. Die Gegend war wildromantisch, aber von Romantik war in dieser Nacht nicht viel zu spüren.

Ich war der Einzige mit einem leichten Rucksack. Alle anderen mühten sich mit ihrem viel zu schweren Gepäck ab und trösteten sich gegenseitig damit, dass es ja nicht mehr weit wäre. Einige hatten ihre ganzen Fotoalben mitgenommen, ein junger Mann sogar eine zehn Kilogramm schwere Melone, die er an sich drückte, als wäre sie ein neugeborenes Baby. Viele hatten kleine Kinder dabei, vier-, fünfjährige Kinder, die sie auf dem Rücken trugen. Ein paar der iranischen Frauen waren zudem übergewichtig und fielen die ganze Zeit hin.

»Wir können nicht mehr!«, klagten sie, nachdem wir schon über drei Stunden gelaufen waren. »Die haben gesagt, es wären nur zwei Stunden. Wann sind wir endlich dort?«

Die Bosnier, einer lief an der Spitze, der andere ganz hinten, kannten allerdings kein Erbarmen, wenn jemand stürzte.

»Los! Aufstehen!«, brüllten sie jeweils und traten die Frauen mit ihren Stiefeln. »Keine Zeit vertrödeln! Weiter, weiter!«

Mühsam rappelten sich die Frauen dann wieder auf und schleppten sich weiter durch den Schnee. Wir liefen und liefen. Stunde für Stunde. Das Gepäck und die kleinen Kinder wurden immer schwerer, und die meisten waren völlig fertig und kurz davor zusammenzubrechen.

Nach ungefähr acht Stunden brach wirklich einer zusammen. Die ganze Karawane kam zum Stillstand. Ich hörte den einen Bosnier am Ende der Kolonne herumschimpfen. Der andere stapfte durch die Fußspuren nach hinten und sagte mir im Vorbeigehen, ich solle mitkommen, damit ich übersetzen könne. Ich folgte ihm, und als wir das Ende des Zuges erreichten, sah ich, wie ein etwa vierzigjähriger Iraner etwas abseits von der Gruppe im Schnee lag. Ich kannte seinen Namen nicht, erinnerte mich aber daran, ihn am Abend zuvor dabei beobachtet zu haben, wie er Opium rauchte und eine Menge Alkohol konsumierte. Er erinnerte mich irgendwie sehr stark an meinen Bruder Barzin.

»Steh auf!«, befahlen ihm die Bosnier grob. »Ausruhen kannst du dich später.«

»Ich kann nicht mehr«, stöhnte der Mann. »Ich kann nicht mehr.«

Der eine der beiden Schlepper zog seine Pistole aus dem Hosenbund. »Steh auf, oder ich jag dir eine Kugel in den Kopf!«

Ich übersetzte es meinem Landsmann, obwohl ich natürlich davon ausging, der Bosnier würde nur bluffen.

Der Iraner atmete heftig und sah mich flehend an. »Bitte, sag ihnen, sie sollen mich hier zurücklassen. Ich schaff es nicht.«

»Nein, steh auf!«, bat ich ihn. »Die machen keine Witze. Die werden dich abknallen, wenn du nicht aufstehst.«

Er schüttelte nur den Kopf. »Tut mir leid. Ich kann nicht ... ich kann nicht mehr.«

»Was sagt er?«, wollte der Schlepper mit der Waffe wissen.

»Er sagt, er kann nicht mehr.«

»Ist er sich ganz sicher?«

»Ja«, sagte ich, als der Iraner es mir erneut bestätigt hatte. »Er sagt, er hat keine Kraft mehr.«

Was dann geschah, übertraf alles, was ich je an Kaltblütigkeit erlebt hatte. Der Bosnier nickte, lud seelenruhig seine Pistole durch, und vor meinen Augen schoss er dem Iraner einfach in den Kopf. Er war sofort tot. Blankes Entsetzen spiegelte sich in meinen Augen. Ich konnte nicht glauben, was ich da sah.

»Nein!«, schrie ich und kniete mich neben dem Mann in den Schnee. »Nein! Nein! Nein!!!«

Ich schüttelte ihn, damit er wieder aufwachte. Aber er bewegte sich nicht mehr. Das ganze Blut rann aus seinem Hinterkopf und färbte den Schnee rot. Die Blutlache wurde rasch größer, und der Bosnier riss mich vom Waldboden hoch und fauchte mich an: »So. Jetzt geh und sag deinen Leuten, dass jeder, der zurückbleibt, genauso endet! Verstanden?!«

Ich nickte hektisch und taumelte zurück zu den anderen. Mir war speiübel und ich glaubte, ich müsse mich jeden Moment erbrechen. Vieles hatte ich in meinem jungen Leben schon gesehen, vieles, aber noch nie war ich Zeuge davon gewesen, wie ein Mensch vor meinen eigenen Augen hingerichtet wird. Es war entsetzlich. Die Iraner hatten den Schuss ebenfalls gehört und starrten fassungslos in meine Richtung, als ich mit blutverschmierten Händen zu ihnen zurückkam und ihnen wie unter Hypnose die Botschaft der Schlepper überbrachte.

»Ihr habt gesehen, wozu sie fähig sind!«, sagte ich den Leuten und hatte dabei Mühe, nicht die Fassung zu verlieren. »Also lasst eure scheiß Taschen zurück und lauft!«

Ich brauchte sie nicht zweimal dazu aufzufordern. Alle begannen, ihre Taschen, Koffer und Rucksäcke wegzuschmeißen und nur noch das Allernötigste mitzunehmen. Unser Fußmarsch hatte sich soeben in einen Horrortrip auf Leben und Tod verwandelt.

Wir liefen weiter. Auch wenn wir uns kaum noch auf den Beinen halten konnten, zwangen wir uns dennoch weiterzugehen. Wenn jemand kurz davor war, zusammenzusacken, wurde er von den anderen gestützt. Wir alle wussten, was auf dem Spiel stand und dass Aufgeben keine Option mehr war. Wollten wir am Leben bleiben, mussten wir laufen. Also bissen wir die Zähne zusammen und liefen weiter. Weiter und immer weiter. Immer einen Schritt vor den anderen. Einen Atemzug um den nächsten. Den Blick stur auf die Fußstapfen des Vordermannes gerichtet. Ohne auf die Kälte, den nagenden Hunger oder die Blasen an den Füßen zu achten. Einfach nur weiter. Ohne an die Minen zu denken oder den erschossenen Iraner, den wir irgendwo im Schnee zurückgelassen hatten. Einfach nur weiter. Immer weiter. Mit dem einzigen tröstlichen Gedanken, der uns alle vorantrieb: die Freiheit.

Irgendwann kurz vor Mittag kamen wir zu einer Scheune und die Schlepper sagten uns, wir hätten unser Ziel erreicht. Es gab kein Jubelgeschrei. Die Leute waren nach all den Strapazen viel zu geschwächt, um überhaupt noch reden zu können. Wir waren alle fix und fertig. Schweißgebadet hockte ich mich in den Schnee und lehnte mich an einen Baum. Ich griff in meine Hosentasche und fischte ein Bonbon heraus. Es war tiefgefroren. Da wurde mir erst bewusst, wie kalt es eigentlich war. Ich war so erschöpft, dass ich einfach zur Seite kippte, meinen Kopf in den Schnee legte und auf der Stelle einschlief.

33 Frei

Einen Tag und eine Nacht blieben wir in dieser Scheune, um uns von dem Monstermarsch erholen zu können. Dann wurden wir mit einem LKW in die Nähe eines Dorfes gebracht, und von dort aus ging unsere Reise in kleinen, unauffälligen Grüppchen mit dem Zug weiter. Wir fuhren erst nach Ljubljana, der Hauptstadt Sloweniens, und anschließend weiter bis an die italienische Grenze. Das letzte Stück legten wir wieder zu Fuß zurück, was diesmal wirklich ein Kinderspiel war. Von Italien aus trennten sich unsere Wege und jeder ging allein weiter. Einige wollten sich nach England durchschlagen, andere nach Belgien oder Holland. Mein Ziel war Mailand. Denn in Mailand wartete meine Schwester auf mich, um mich abzuholen und endlich, endlich nach Hause zurückzubringen.

Niemand kann ermessen, was in mir vorging, als ich am Bahnhof von Mailand aus dem Zug stieg und meine Schwester mir entgegenkam. Wir fielen uns auf dem Bahnsteig in die Arme, sie küsste mich, und ich begann laut zu weinen. Ich weinte und weinte, und sie hielt mich fest, so fest, als wolle sie mich nie wieder loslassen. Es war ein unbeschreiblicher Augenblick. Fast ein Jahr war vergangen, seit ich Nasrin zum letzten Mal gesehen hatte, kurz bevor ich in den Iran abgeschoben worden war. Zehn Monate lang war ich durch die Hölle gegangen und hatte die fürchterlichsten Torturen erlitten, um wieder in meine Heimat zurückzukehren. Und jetzt war ich hier, in Italien, zurück in Europa, und meine geliebte Schwester war bei mir und drückte mich an sich. Ich war der glücklichste Mann der Welt.

»Mein Gott, Farzad, ich erkenne dich nicht wieder«, stellte Nasrin erschüttert fest, nachdem wir uns wieder losgelassen hatten und sie die Gelegenheit hatte, mich aus der Nähe zu betrachten. »Du siehst ja so kaputt aus. Und abgemagert bist du. Hast du überhaupt was gegessen in den letzten Monaten?«

»Du hast ja keine Ahnung«, sagte ich bloß und wischte mir die Tränen aus dem Gesicht.

»Komm, gehen wir zum Auto«, sagte sie und zog mich am Arm mit sich fort. »Mama hat mir tonnenweise Essen für dich mitgegeben. Und Parisa ist auch schon ganz gespannt auf ihren Onkel.«

Ich strahlte übers ganze Gesicht. »Du hast meine kleine Parisa mitgenommen?«

»Du wirst staunen«, schmunzelte Nasrin. »Sie ist richtig groß geworden.«

Wir erreichten das Auto, und meine vierjährige Nichte, die auf der Rückbank in ihrem Kindersitzchen festgeschnallt war, streckte sofort ihre patschigen Händchen nach mir aus und rief ganz begeistert: »Onkel! Onkel!«

War das eine Freude! Ich küsste und knuddelte sie und musste schon wieder weinen. Meine Schwester holte unterdessen einen riesigen Korb aus dem Kofferraum, der vollgestopft war mit den köstlichsten Leckereien: Käse, Tomaten, Sandwichs, Cola, Fanta, Schokolade, Chips. Es hätte für ein ganzes Bataillon gereicht, aber ich hatte einen Heißhunger und verschlang das meiste davon in Rekordzeit.

Nasrin gab mir auch eine Winterjacke und drehte für mich die Heizung in ihrem Wagen auf das Maximum, denn ich schlotterte vor Kälte. Auf der ganzen Flucht durch Bosnien, Kroatien und Slowenien war ich praktisch nur draußen gewesen, und das bei Minustemperaturen und ohne Jacke. Ich hatte in verlassenen Gebäuden und Scheunen übernachtet und einmal sogar draußen im Schnee geschlafen. Daher war ich seit Tagen völlig durchfroren, und es dauerte mehrere Stunden, bis mein Körper wieder einigermaßen warm wurde.

Während ich fröstelnd auf dem Beifahrersitz saß und mich bereits über mein drittes Schinken-Käse-Sandwich hermachte, tastete sich Nasrin an ein unangenehmes Thema heran.

»Farzad, ich weiß, wie sehr du dich darauf freust, nach Hause zurückzukehren. Aber Mama, Milad und ich haben uns die Sache nochmals gründlich durch den Kopf gehen lassen. Es wäre im Moment sehr leichtsinnig, nach Deutschland zu kommen. Dein Name ist in den deutschen Computern registriert. Du darfst die Bundesrepublik fünf Jahre lang nicht betreten. Wenn sie dich erwischen, setzen sie dich ins nächste Flugzeug, und du bist wieder im Iran. Das ist es nicht wert, Farzad.«

Auch wenn ich es nicht gerne zugab, ich musste ihr recht geben. »Aber wo soll ich sonst hin? Nach Brüssel zu Barzin?«

Nasrin schüttelte den Kopf. »Das Asylheim, in dem Barzin und Mariam untergekommen sind, ist hoffnungslos überfüllt. Aber Milad meinte, wir sollten es in der Schweiz probieren.«

»In der Schweiz?« Diese Möglichkeit hatte ich noch gar nicht in Betracht gezogen.

»Ja«, sagte meine Schwester. »Die Schweiz gehört nicht zur EU, also ist die Chance groß, dass du nicht in ihren Kriminaldateien gespeichert bist. Du könntest ein neues Leben beginnen. Und wir können dich jederzeit besuchen. Was meinst du?«

»Hört sich gut an«, nickte ich. »Einen Versuch ist es auf jeden Fall wert.«

»Gut«, meinte Nasrin zuversichtlich. »Dann fahr ich dich jetzt in die Schweiz. Kurz vor der Grenze versteckst du dich im Kofferraum. Ich bin sicher, das wird klappen.«

Gesagt, getan. Nach dreieinhalb Stunden Autofahrt setzte mich meine Schwester am Hauptbahnhof in Zürich ab und drückte mir zweihundert Schweizer Franken in die Hand.

»Viel Glück, kleiner Bruder. Du schaffst das schon.«

Wir umarmten uns zum Abschied, und dann fuhr sie fort, und ich war wieder mal auf mich allein gestellt. Ich begab mich in den zweiten Stock des Bahnhofsgebäudes, wo sich eine Polizeistation befand. Einen kurzen Moment blieb ich etwas unsicher vor der Tür stehen.

Und wenn sie doch mit der deutschen Datenbank vernetzt sind?, ging es mir durch den Kopf, die Hand schon auf der Türklinke. *Was mach ich, wenn sie rausfinden, dass ich eine Bank überfallen habe?*

Der Gedanke ließ mich nicht mehr los. Aber schließlich nahm ich all meinen Mut zusammen, atmete tief durch und betrat den Raum. Ein Polizist stand hinter einer Theke und sah mich fragend an.

»Ja, bitte?«

»I am a refugee«, sagte ich auf Englisch. »Please, Asyl.«

Natürlich hätte ich den Beamten in perfektem Deutsch ansprechen können. Aber das schien mir nicht sehr klug zu sein.

»Scho wieder so en chaibe Asylant«, murmelte er auf Schweizerdeutsch, ohne zu wissen, dass ich jedes seiner Worte verstehen konnte.

»Papers?«, fragte er mich.

»No papers«, sagte ich.

Er wandte sich seinem Kollegen zu, und ich hörte, wie sie in ihrem Dialekt abschätzige Bemerkungen über mich machten. Aber ich stellte mich dumm und blieb bei meinem gebrochenen Englisch. Nachdem sie mich durchsucht hatten, gaben sie mir zwanzig Franken und ein Zugticket nach Kreuzlingen. Dort war ein Auffanglager, in dem ich eine Woche bleiben musste, damit sie meine Personalien aufnehmen konnten. Sie scannten auch meine Fingerabdrükke ein, und meine Angst war groß, dass sie durch meine Fingerabdrücke alles über mich herausfinden und mich abschieben würden. Aber sie fanden nichts. Mein Name war laut Computersystem sauber. Es war alles in bester Ordnung. Gott sei Dank! Die größte Hürde war geschafft. Und über den Rest machte ich mir keine Gedanken mehr.

Ich wurde einem Asylheim in Thalwil am Zürichsee zugeteilt und hatte wie jeder Asylant eine sechsmonatige Arbeitssperre. Danach, so erklärte man mir, wäre ich ein vorläufig aufgenommener Asylant mit Arbeitsbewilligung und könne mir einen Job suchen. Weil ich ja deutsch sprach, wusste ich, dass dies kein Problem sein würde. Bis es aber so weit war, hatte ich etwas, was in dieser hektischen Welt ein beneidenswertes Privileg ist: Zeit. Ich hatte jede Menge davon, und ich wusste auch schon ganz genau, womit ich sie ausfüllen wollte.

Farzad, sagte ich mir. *Jetzt ist es an der Zeit, dein Versprechen einzulösen. Du hast Gott versprochen, dein Leben zu ändern und ihm nachzufolgen. Jetzt ist es an der Zeit, das zu tun.*

Ich kaufte mir eine Bibel und begann, jeden Tag mehrere Stunden darin zu lesen. In zwei Monaten hatte ich sie durch und fing wieder von vorne an. Es war faszinierend, diesen Gott, der sich mir in der Türkei gezeigt hatte, in einem so uralten Buch wiederzufinden und seine Geschichte zu lesen und zu sehen, wie viel Leid, Unrecht und Folter er um unserer, um *meiner* Freiheit willen erduldet hatte. Er war angespien, ausgepeitscht und nackt ans Kreuz genagelt geworden. Er hatte für unsere Sünden, für *meinen* ganzen Schrott einen qualvollen Tod erlitten. Und alles, was er sagte, während seine Peiniger ihn ans Kreuz schlugen und seine Hände und Füße mit Nägeln durchbohrten, war: »Vater, vergib ihnen, denn sie wissen nicht, was sie tun.«

Als ich diese Worte zum ersten Mal bewusst las, traf es mich mit einer solchen Wucht, dass ich mich in meinem Zimmer auf den Boden warf und laut zu weinen begann. Wie oft war ich in meinem Leben zum Peiniger geworden. Ich hatte Menschen mit der Waffe bedroht, ich hatte eine Bank überfallen, ich hatte schreckliche Dinge getan, Dinge, für die ich mich so sehr schämte, dass es wehtat in der Brust. Ich war es nicht würdig, mich überhaupt einen Christen zu nennen. Ich war es nicht würdig, von Gott geliebt zu werden. Ich weinte bitterlich, während ich Jesus um Verzeihung bat für alles, was ich in meinem Leben verbockt hatte. Ich fühlte mich so schlecht. So elend und schmutzig. Und es tat mir alles so leid, so furchtbar leid!

Wie viele Stunden ich auf dem Boden kniete und schluchzte und wimmerte, weiß ich nicht. Irgendwann hob ich den Blick und schaute mit verquollenen Augen zum Fenster hinaus. Unserem Wohnblock gegenüber befand sich eine Kirche. Ich hatte die Kirche schon oft gesehen, aber nie zuvor war mir das Kreuz auf dem Kirchturm aufgefallen. Ich schaute auf das Kreuz, und mit einem Mal überkam mich ein unendlicher Friede.

Es war menschlich nicht zu erklären. Aber wie damals auf der Toilette im türkischen Gefängnis, spürte ich auf einmal wieder Gottes Gegenwart im Raum. Sie war genauso stark und intensiv wie damals. Jesus war da. Hier und jetzt. Und er verurteilte mich nicht für all meine Vergehen, sondern umschloss mich einfach mit seiner

Liebe, einer Liebe, die ich wohl niemals wirklich fassen oder begreifen werde. Und wie ich dort in meinem Zimmer klein und zerbrochen vor meinem Gott auf dem Boden lag, war es mir auf einmal, als würde ich Jesus auf einem Felsen sitzen sehen. Ich selbst kniete zu seinen Füßen, den Kopf auf seinem Schoß, während er mir mit den Händen durch meine Haare strich. Dieses Bild schenkte mir so viel Trost und Geborgenheit, dass jeder Muskel in mir drin sich entspannte. Meine aufgepeitschte Seele wurde ruhig wie die eines kleinen Kindes in den Armen eines liebenden Vaters.

Tränen der Dankbarkeit rollten über meine Wangen, und eine tiefe Gewissheit durchdrang mich, dass Jesus mir längst alles vergeben hatte. Die Last, die von meinen Schultern fiel, war gewaltig. Ich wischte mir über die feuchten Augen und fühlte mich auf einmal unendlich frei und beschwingt, gerade so, als hätte mein Geist Flügel bekommen. Ein Lachen stieg aus meiner Kehle. Ich wurde erfüllt von einer Freude und Zuversicht, wie ich sie bisher nicht gekannt hatte. Ich war frei. Zum ersten Mal in meinem Leben war ich *wirklich* frei. Es war ein unbeschreibliches Gefühl! Und weit mehr als das: Die Sicherheit, das neue Selbstwertgefühl, die Kraft, die ich aus meiner Begegnung mit Jesus schöpfte, war mit nichts zu vergleichen, was Menschen je erfunden hatten, um die Leere in ihren Herzen zu füllen.

Gott, der allmächtige Gott, hatte einen Bund mit mir geschlossen. Er war bei mir. Egal, was vor mir lag, egal, wie oft ich noch straucheln würde. Er war da. So wie er immer da gewesen war, die ganze Zeit über. Womit hatte ich seine Barmherzigkeit bloß verdient? Ich hatte ihn gehasst - und er hatte mich geliebt. Ich hatte ihn verflucht - und er hatte mich beschützt. Er war es gewesen, der mir im Bus gesagt hatte, ich solle mich auf einen anderen Platz setzen. Er war es gewesen, der meinen Hilfeschrei gehört hatte, als ich damals im Duschraum von den Russen eingekeilt worden war. Und er war es gewesen, der meinen Selbstmordversuch verhindert hatte, indem er einen Beamten in meine Zelle schickte, gerade in dem Moment, als ich den Stuhl unter mir wegkicken wollte.

Ich war mit Gott fertig gewesen - und er hatte mich trotzdem nie aufgegeben. Im Gegenteil. Er hatte mich mehrmals aus den Fängen des Todes befreit und mir ein neues Leben gegeben. Und dieses Leben war weit mehr als bloß ein frischer Start in einem neuen Land. Es war ein Leben, das tief in mir drin begann, Wurzeln zu schlagen. Ich hatte meinen inneren Frieden gefunden. Mit Gott - und mit mir selbst.

Meine Flucht war endlich zu Ende.

Ich war frei.

Nachwort von Damaris Kofmehl

Farzads Geschichte faszinierte mich vom ersten Moment an, als ich sie hörte. Und ich empfinde es als großes Privileg, dass ich sie aufschreiben durfte. Vieles konnte ich eins zu eins aus seinen Tagebüchern entnehmen, die so spannend und detailgetreu geschrieben sind, dass ich oft kaum etwas daran verändern musste.

Farzad ist ein außergewöhnlicher Mensch, und die Art und Weise, wie Gott ihm begegnet ist, ist absolut einzigartig. Nach all den vielen Zeugnissen, die ich schon gehört habe, komme ich nie aus dem Staunen heraus, wie individuell und auf den jeweiligen Menschen und seine ganz persönliche Situation zugeschnitten Gott doch handelt. Und wie unendlich groß seine Liebe zu uns Menschen ist.

Heute lebt Farzad nach wie vor in der Schweiz, geht in eine christliche Gemeinde in Zürich, und es geht ihm sehr gut. Zum Schluss möchte ich noch ein Gedicht von ihm anfügen, das mich sehr bewegt hat, vor allem, wenn man bedenkt, was er alles durchgemacht hat in seinem jungen Leben.

Wo soll ich hin? Als müder Wanderer?
'Lang ich bei Deinem Kreuze an
und weiß nun gründlich, dass kein andrer
mich schuld'gen Sünder retten kann.
Ich fragte nach dem Hort des Lebens
und bettelte um Trost und Licht
an tausend Schwellen - ach, vergebens!
An deine Schwelle trat ich nicht.
Wo soll ich hin? Die trüben Bäche
der Erdenweisheit schöpft' ich aus,
wie viel verhieß die bunte Fläche!
Die Tiefe barg des Zweifels Graus.
Nur dämmernde Vermutungsschimmer,

mehr »Nein« als »Ja« ward mir zuteil.
Verbürgtes sucht', doch fand ich nimmer,
ich sucht' ja nicht bei Dir mein Heil!
Wohin? So lang in eigner Stärke
erfüllen wollt' ich Dein Gebot.
Was nützten alle eignen Werke?
Auch das Gesetz bracht' Fluch und Tod!
Doch alle meine Fragen enden,
seit ich am Kreuz den Anker warf:
Ich fand in den durchgrabnen Händen
auf ewig, was mein Herz bedarf!

Und das, lieber Leser, wünsche ich auch dir. Von ganzem Herzen.

Damaris Kofmehl

Gedanken von Farzad Rasuli

Wahrscheinlich fragt sich jetzt mancher Leser, wie denn heute mein Verhältnis zu meiner Familie und vor allem zu meinem Bruder Rashno ist. Dazu möchte ich sagen, dass ich gegen meine Familienangehörigen weder Zorn noch Groll empfinde. Ich liebe die Bibelstelle aus dem Römerbrief, Kapitel 12, Verse 17-21, in der es heißt:

»Vergeltet anderen Menschen nicht Böses mit Bösem, sondern bemüht euch allen gegenüber um das Gute. Tragt euren Teil dazu bei, mit anderen in Frieden zu leben, soweit es möglich ist! Liebe Freunde, rächt euch niemals selbst, sondern überlasst die Rache dem Zorn Gottes. Denn es steht geschrieben: ›Ich allein will Rache nehmen; ich will das Unrecht vergelten‹, spricht der Herr. Handelt stattdessen so, wie es in der Schrift heißt: ›Wenn dein Feind hungrig ist, gib ihm zu essen, wenn er durstig ist, gib ihm zu trinken, und er wird beschämt darüber sein, was er dir angetan hat.‹ Lass dich nicht vom Bösen überwinden, sondern überwinde das Böse durch das Gute!«

Dass Vergebung größer ist als Vergeltung, habe ich wirklich erfahren. Gerade bei meinem Bruder Rashno. Ich hatte ja seit der Geschichte mit dem Banküberfall jeglichen Kontakt mit ihm abgebrochen. Er versuchte zwar immer wieder, mich zu treffen, aber ich blockte ihn ab. Es war einfach zu viel passiert, und ich hatte Angst, dass all die alten Wunden wieder aufreißen würden, wenn ich ihm eines Tages doch wieder begegnen sollte. Aber auch hier tat Gott ein Wunder. Ich las das Buch »Shannon« von Damaris Kofmehl, und mein Herz war tief berührt von dieser Geschichte und vor allem davon, dass Shannon ihrem Vater trotz allem Leid, das ihr seinetwegen widerfahren war, vergeben hatte. Ich legte das Buch beiseite und bat Jesus darum, mir ebenfalls die Kraft zu schenken, um Rashno alles zu verzeihen, was er mir in meiner Kindheit angetan hatte. An diesem Abend schrieb ich in mein Tagebuch: *»Shannon« hat mir vor Augen geführt, dass ich niemals glücklich werden kann, wenn ich die alte Last nicht ablege.*

Das war am 22. Juni 2007, neun Jahre, nachdem ich meinen Bruder zum letzten Mal gesehen hatte. Ich beschloss, Rashno gleich am nächsten Tag einen Brief zu schreiben, um ihm mitzuteilen, dass ich jetzt ein bekennender Christ bin, der vergeben muss, um Vergebung zu erlangen. Es ist schon unglaublich, wie Gott uns Menschen Samen ins Herz pflanzt. Am 22. Juni fand in meinem Herzen ein Sinneswandel statt, und am 23. Juni, nur einen Tag später, erhielt ich prompt einen Brief von Rashno. Auch er hatte offenbar einen Sinneswandel durchgemacht. Seit dem Banküberfall, so gestand er mir, war er über Jahre hinweg von schrecklichen Schuldgefühlen und Gewissensbissen verfolgt worden. Er bereute aus tiefstem Herzen, was er mir angetan hatte, und bat mich um Vergebung. Wer war ich schon, um ihm diese Vergebung zu verweigern? Und so haben mein Bruder und ich uns nach all den Jahren wieder getroffen. Und genau wie damals, als ich Barzin im Gefängnis in Teheran besucht hatte, war auch die Begegnung mit Rashno eine Begegnung der Versöhnung.

Gott hat eine Beziehung um die andere wieder ins Reine gebracht. Auch für meine Mutter, die heute 72 Jahre alt ist, empfinde ich nichts als Liebe, auch wenn sie mir bis heute nicht in die Augen schauen und mir sagen kann, dass sie mich liebt. Sie lebt in einem inneren Gefängnis, aus dem ihr der Ausbruch im Laufe ihres Lebens nicht gelungen ist. Aber soll ich deswegen vor ihr stehen und den klagenden Richter spielen? Nein. Ich nehme sie in den Arm und melde mich regelmäßig bei ihr, damit sie in den Jahren, die ihr verbleiben, wenigstens noch ein bisschen Liebe empfangen kann.

Abschließend möchte ich noch allen Menschen meinen tiefsten Dank aussprechen, die mir im Leben die Treue gehalten haben. Herrn R. W., meinem Jugendgerichtshelfer, der mich in meiner Jugendzeit in Bayern mehr als nur einmal vor einer mehrjährigen Gefängnisstrafe bewahrte. Meinem Rechtsanwalt Herrn Dr. M. V., für dessen unermüdliche Arbeit ich besonders große Wertschätzung empfinde. Meinem ehemaligen Lehrmeister Herrn E. M., der mir in der Schweiz die Möglichkeit bot, eine Ausbildung als Lebensmitteltechnologe zu beginnen, und meinen letzten Arbeitgeberinnen

Frau K. K,, sowie Frau I. B., die mir in meiner größten Not ihre helfende Hand darboten.

Dankbarkeit empfinde ich auch gegenüber meinem über alles geliebten Schöpfer, der zwischen mir und der Autorin Damaris Kofmehl eine tiefe Freundschaft entstehen ließ, die mit Gottes Hilfe hoffentlich ein Leben lang anhalten wird. Ich danke auch allen anderen Beteiligten (deren Namen ich zu ihrer eigenen Sicherheit nicht nennen werde), die mich immer wieder ermutigten, meine Autobiografie zu erzählen. Meinem treuesten Freund D. K. danke ich für die tiefe und loyale Freundschaft, die schon seit Jahren zwischen uns herrscht. Er ist für mich der lebendige Beweis dafür, dass wahre und selbstlose Freundschaften sogar in der heutigen Welt noch möglich sind. Und zu guter Letzt möchte ich auch meiner Freundin K. und ihrer Familie danken, die mir in der Schweiz ein neues Zuhause gegeben haben. Ich danke Euch allen, dass Ihr mich nie aufgegeben habt und an mich glaubt.

Farzad Rasuli

Informationen zur Autorin

Damaris Kofmehls Homepage:
www.damariskofmehl.org

Damaris Kofmehls E-mail:
kofmehl@hotmail.com

Farzad Rasulis E-mail:
bankraeuber1998@gmail.com

New Chance International (gegründet von Damaris Kofmehl und ihrem Mann Demetri Betts):
Hilfswerk, um die junge Generation in der Schweiz, in Deutschland, Brasilien und weltweit mit dem Evangelium zu erreichen.
www.newchanceinternational.com

Damaris Kofmehl

Der Neonazi

Die wahre Gechichte des Nico M.

Paperback, 13,5 x 20,5 cm, 304 S.
Nr. 395.086, ISBN 978-3-7751-5086-6

»Aus dir wird einmal eine Nazigröße!« Diesem Ausspruch seines Großvaters eifert Nico schon von klein auf nach. Sein Spitzname in der Szene: Slayer. Der Schlächter. Doch dann geschieht etwas, was ihn völlig aus der Bahn wirft ...

Damaris Kofmehl, Demetri Betts

Jack Ross – Der Countdown

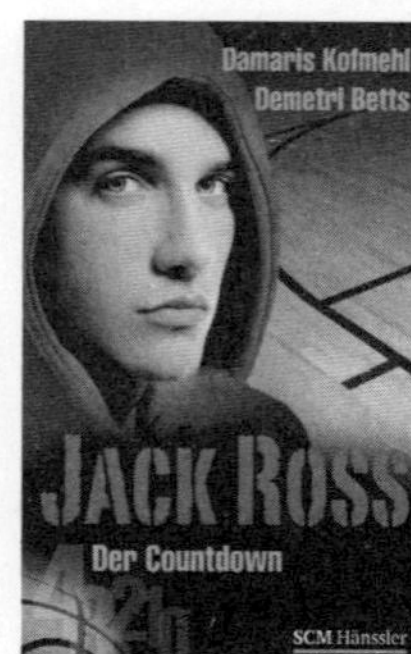

Gebunden, 13,5 x 20,5 cm, 192 S.
Nr. 395.257, ISBN 978-3-7751-5257-0

Jack Ross wird von Visionen verfolgt, die so krass sind, dass er ihretwegen von der Schule fliegt. Der Siebzehnjährige findet heraus, dass sie Hinweise auf eine furchtbare Tragödie sind, die nur er verhindern kann. Ein Wettlauf gegen die Zeit beginnt.

Bitte fragen Sie in Ihrer Buchhandlung nach diesen Büchern!
Oder schreiben Sie an: SCM Hänssler, D-71087 Holzgerlingen; E-Mail: info@scm-haenssler.de

Randy Singer

Das Spiel

Paperback, 13,5 x 20,5 cm, 416 S.
Nr. 395.198, ISBN 978-3-7751-5198-6

Nach einem Amoklauf verklagen die Angehörigen der Opfer die Firma, die die Tatwaffe hergestellt hat. Kelly Starling und Jason Noble vertreten die beiden Seiten. Nach und nach entdecken sie: Sie sind nur Figuren in einem Spiel, das von unsichtbarer Hand gesteuert wird.

Randy Singer

Die Vision

Thriller

Paperback, 13,5 x 20,5 cm, 432 S.
Nr. 394.957, ISBN 978-3-7751-4957-0

Warum weiß Reporterin O'Rourke so viel über die jüngsten Kindsentführungen? Woher kennt sie den Bibelvers, den der »Der Rächer« am Tatort hinterlässt? Hat sie übernatürliche Visionen? Ein rasanter Thriller über Recht und Gerechtigkeit.

Bitte fragen Sie in Ihrer Buchhandlung nach diesen Büchern!
Oder schreiben Sie an: SCM Hänssler, D-71087 Holzgerlingen; E-Mail: info@scm-haenssler.de